Texte . Medien

DAVID FERMER

# Justice

Schroedel

Texte.Medien

»Justice« von David Fermer

Mit freundlicher Genehmigung des Thienemann Verlags (Thienemann Verlag GmbH), Stuttgart/Wien

Herausgegeben von Ingrid Hintz

Materialteil erarbeitet von Marie-Luise Willers

Das Texte.Medien -Programm zu »Justice«:
978-3-507-47098-9 Textausgabe mit Materialien
978-3-507-47398-0 Lesetagebuch
978-3-507-47298-3 Informationen für Lehrerinnen und Lehrer
Informationen und Materialien im Internet: **www.schroedel.de/textemedien**



Druck A 2 / Jahr 2014
Alle Drucke der Serie A sind im Unterricht parallel verwendbar.

Redaktion: Barbara Holzwarth, München
Herstellung: Andreas Losse
Umschlaggestaltung und Layout: JanssenKahlert Design, Hannover
Umschlagfoto: © plainpicture/Endless image
Satz: Bock Mediengestaltung, Hannover
Druck und Bindung: Westermann Druck Zwickau GmbH

ISBN 978-3-507-**47098**-9

# INHALT

DAVID FERMER

## Justice



## Materialien

## Zu diesem Buch

Dieses Buch erzählt von einer mysteriösen Mordserie: In Kapstadt treibt ein Killer sein Unwesen. Zehnmal hat er schon zugeschlagen und jeder fragt sich, wer das nächste Opfer sein wird. Es scheint, als wolle sich der Mörder an Anhängern des früheren Apartheidregimes rächen. Seit Milan mit Zeni zusammen ist, muss er sich auf einmal auch mit dem Rassenkonflikt zwischen Weißen und Schwarzen auseinandersetzen. Und schließlich wird er sogar in die Mordfälle hineingezogen.

Es gibt viele Jugendliche, die gern Bücher lesen. Das ist erfreulich, denn wer liest, nimmt teil an den Lebensgeschichten, Erlebnissen, Problemen, Gedanken und Gefühlen der Buchfiguren. Deshalb sagt man: Wer liest, lebt doppelt.

Die Bücher der Reihe **Texte.Medien** wollen zum Lesen motivieren – im Unterricht in der Schule, aber auch zu Hause in der Freizeit. Sie wollen die Freude am Lesen steigern und „Lust auf mehr Bücher“ machen.

Zu jedem Buch gibt es ein **Lesetagebuch**, das dabei helfen soll, sich selbstständig – individuell und gemeinsam mit anderen, die ebenfalls dieses Buch lesen – mit dem Inhalt und den Personen auseinanderzusetzen.

## Viel Freude beim Lesen des Buches!

**Apartheid**, die [Afrikaans für „Trennung“]; die von der Republik Südafrika praktizierte Politik der Rassentrennung zwischen weißer und nicht weißer Bevölkerung, die die Vorherrschaft der Weißen sichern sollte (1948–94).

*Handlung und Personen dieses Buches sind frei erfunden. Eventuelle Übereinstimmungen oder Ähnlichkeiten mit lebenden oder toten Personen sind rein zufällig.*

David Fermer
# Justice

## Auf dem Weg zu Themba Mbete

„He du! Wohin gehst du, Junge?“

Die Stimme der Frau schallte durch die Nacht. Sie hatte eine warme Stimme, eine gütige Stimme. Sie war tief und voll und bot Milan Geborgenheit an. Schutz sogar. Doch Milan schenkte der Stimme keine Beachtung. Er konnte es sich nicht erlauben. Nicht jetzt. Er hatte keine Zeit. Mit großen Schritten marschierte er den staubigen Bürgersteig entlang.

Nun spürte er plötzlich eine Hand auf seiner Schulter. Er blieb überrascht stehen und drehte sich um. Die Frau mit der dunklen Stimme stand jetzt direkt hinter ihm. Die beiden schauten sich einen Augenblick lang an. Die Frau hatte ein rundes Gesicht, das von tiefen, dunklen Furchen geprägt war. An der Stelle ihrer Schneidezähne klaffte eine Lücke. Ihre großen braunen Augen sahen traurig aus.

„Es ist dunkel“, hauchte sie atemlos und blickte auf das Blut an Milans Hemd. „Du musst nach Hause, mein Junge. Du musst zu deiner Familie.“

Milan senkte den Kopf. Er wäre natürlich lieber zu Hause gewesen. Bei seiner Mutter, in dem großen ummauerten Haus, wo sich wirklich jeder geborgen fühlen konnte. Bei seiner Familie. Allein die Erwähnung dieses Wortes stach Milan ins Herz wie ein Messer. Für Milan gab es kein Zuhause mehr.

Der Junge schüttelte den Kopf. Seine bleiche Haut glänzte in feuchtkaltem Schweiß. Er war deutlich größer als die kleine alte Frau, die vor ihm stand. Sein Körper war drahtig und muskulös, seine Schultern kräftig. Die Frau betrachtete sein hübsches Gesicht mit einem fragenden Blick: die frische, jugendliche Haut, das kantige Kinn, die hohen Wangenknochen, die schmalen Augen. Sein Körper hätte der eines erwachsenen Mannes sein können, doch sein Gesicht war noch so unschuldig.

Milan sah die Frage in ihren Augen. Er sah auch das Blut auf seinem eigenen Hemd. Es klebte an seiner Brust. Doch bevor die Frau ihre Antwort fand, drehte er sich wortlos um und eilte weiter die Straße entlang.

„Sei vorsichtig, mein Junge!", rief sie ihm besorgt nach, aber die Dunkelheit schien ihre Stimme zu verschlucken. „Du musst auf dich aufpassen. Du musst zusehen, dass du nach Hause kommst!"

Township → *siehe Glossar, S. 246*

Wie besessen lief Milan durch die nächtliche Township. Seine Schritte waren fest und entschlossen. Er war wie ein Jagdhund, der die Witterung seines Opfers aufgenommen hatte. Er atmete schwer, sein Hemd war schweißnass. Er war müde, doch sein ganzer Körper stand unter Strom. Es gab nur ein Ziel: das Haus von Themba Mbete.

Weitere Stimmen riefen Milan empört hinterher. Es waren die Stimmen von Menschen, die noch nie einen weißen Jungen auf diesen Straßen gesehen hatten. Doch ihre Rufe waren alle vergeblich, denn Milan hörte nur eine Stimme. Die in seinem Kopf. Sie sagte: *Du musst ihn töten!*

Bure → *siehe Glossar, S. 244*

„Hau ab, du Bure!"

Auch das Gelächter der Kinder und Jugendlichen ließ ihn kalt. Sie tauchten aus den düsteren Gassen auf und liefen neben ihm her. Sie schubsten ihn, versuchten ihn zum Stolpern zu bringen, spuckten ihm direkt vor die Füße.

Plötzlich blieb einer der Jungen wie angewurzelt stehen. „Ach du Scheiße!", rief er entsetzt. „Er hat 'ne Waffe!"

Die anderen Kinder machten ebenfalls halt. Auch sie sahen jetzt den Handgriff einer Pistole, der an Milans Rücken aus seiner Hose hervorstand. Milan ignorierte sie weiter und bahnte sich seinen Weg durch die Township, während die Kinder und Jugendlichen dem seltsamen Fremden sprachlos hinterherblickten.

Aber er kam nicht weit.

Ein Mann stolperte aus einer Gasse und blieb wie eine Mauer vor dem Jungen stehen. Ein großer Mann mit rasiertem Schädel, blutunterlaufenen Augen und eingefallenen Wangen. Ein kranker Mann. Ein Junkie. Milan wollte sich an ihm vorbeidrängen, aber sein Gegner streckte seine drahtigen Arme aus und versperrte ihm den Weg.

„Was hast du hier zu suchen, du Penner?“, knurrte der Mann. Er legte den Kopf in den Nacken und schaute den Fremden aus halb geschlossenen Augen an.

Milan spürte die Pistole an seinem Rücken, eng anliegend zwischen Haut und Hosenbund, nur einen Handgriff entfernt. Er überlegte, sie herauszuziehen und seinem Gegner damit Angst einzujagen, aber der Junkie war das Risiko nicht wert. Er konnte kaum aufrecht stehen.

„Hey, du Arschgeige, hörst du mich nicht?“, schnauzte ihn der Fixer wieder an. „Was du hier zu suchen hast, will ich wissen!“

Milan schaute sich um. Eine Menschenmenge hatte sich innerhalb kürzester Zeit um die beiden versammelt. Milan war der einzige Weiße in einem Meer von schwarzen Gesichtern. Sie starrten ihn neugierig an, aber ihre Blicke ließen ihn kalt. Milan hatte keine Angst. Er machte einen Schritt zur Seite und versuchte noch einmal, an dem Junkie vorbeizugehen, doch der Mann packte ihn am Arm und hielt ihn zurück.

„Du bleibst hier.“

Ein zweiter Mann trat aus der Menschenmenge hervor. Er war nicht viel älter als der Junkie, aber die Spuren eines harten Lebens zeichneten sich ebenfalls in seinem Gesicht ab. Allerdings war dieser Mann sauber. Keine Drogen, kein Alkohol.

Xhosa → *siehe Glossar, S. 246*

Er sprach den Fixer auf Xhosa an. Milan verstand nur einzelne Worte, aber genug, um den Sinn zu begreifen. Sie wollten Milan dazu bringen, die Township zu verlassen, bevor etwas passierte.

Der Junkie starrte Milan mit roten Augen an. Er hörte dem Älteren zu und rührte sich nicht von der Stelle. Schließlich nahm der Mann Milan sanft am Arm und zog ihn aus der Menschenmenge.

„Komm mit", sagte er, und die Schaulustigen machten den Weg für sie frei. „Ich habe ein Auto. Ich fahre dich nach Hause."

Milan folgte dem Mann wie ein Hund seinem Herrchen. Jetzt, wo die Konfrontation vorbei war, verloren die Menschen ihr Interesse an dem weißen Eindringling. Das Spektakel war zu Ende.

Ohne innezuhalten, reichte der Mann Milan die Hand. „Gib mir deine Waffe", forderte er mit Nachdruck.

Milan reagierte nicht. Er schaute über die Schulter und sah, wie die Menschenmenge sich auflöste.

„Wir sind gleich da", betonte der Mann. „Ich will die Waffe haben, bevor du ins Auto steigst. Die Straßen hier gehören den Tsotsis. Denen ist deine Hautfarbe egal, verstehst du? Die töten dich so oder so, wenn du eine Knarre dabeihast."

Tsotsi *Gangster oder Schläger (Straßenslang)*

Bei jedem Schritt drückte der lange Pistolenlauf gegen Milans Gesäß. Der Mann meinte es gut – das war Milan klar –, aber er hatte keine Ahnung, worum es hier ging. Milan war nicht in Khayelitsha, weil er nirgendwo anders

Khayelitsha *drittgrößte Township in Südafrika*

sein konnte. Er war hier, weil er hier sein *musste*. Er konnte nicht abhauen. Er konnte seine Pistole nicht abgeben. Nicht jetzt. Vielleicht auch später nicht. Milan hatte keine Vorstellung, was danach passieren würde.

Mit Erleichterung nahm der Mann wahr, wie Milan schließlich hinter sich griff und die Pistole aus seiner Hose zog. Doch die Erleichterung wich der puren Angst, als Milan die Waffe hob und fast unhörbar murmelte: „Es tut mir leid."

Gnadenlos schlug der Siebzehnjährige dem älteren Herrn mit der Waffe ins Gesicht. Der Mann stieß einen ohrenbetäubenden Schrei hervor und sackte in sich zusammen. Ohne einen Moment zu zögern, floh Milan aus dem Licht der Straßenlaterne und suchte Deckung in der dunklen Nebengasse.

„Du Idiot!", rief ihm der Verletzte hinterher. „Sie werden dich kriegen. Du hast keine Chance!"

Milan lief zielstrebig weiter. Auch vor den Tsotsis hatte er keine Angst. Es war, als wäre er immun. Immun gegen jede Gefahr. Milans Wut und sein Schmerz machten ihn unantastbar.

Bald konnte er sich wieder orientieren. Er war kaum von seinem Weg abgekommen. Das Ziel war nah. Er war schon mehrmals hier gewesen, in dieser Straße. Er erkannte das Gemeindezentrum, das einzig hohe Gebäude in der Gegend. Er schlich hinter das Haus und sprang über den Zaun. Das offene Gelände, das er jetzt betrat, war stockdunkel und menschenleer. Müllberge häuften sich entlang des Zauns. Es stank nach verfaulten Lebensmitteln und Kot. Hier war Milan mit Zeni während der Hochzeit spazieren gegangen. Hinter der Kirche auf der anderen Straßenseite hatten sie sich zum ersten Mal geküsst. Nicht weit entfernt lag Thembas Haus, zum Greifen nah. Themba würde jetzt zu Hause sein. Er *musste* jetzt zu Hause sein.

Als Milan das Gelände überquerte, raste ein Auto um die Ecke und hielt mit quietschenden Reifen neben der Kirche. Fünf Gestalten stiegen aus. Milan sah die blauen Mützen, die sie alle fünf trugen. Ihr unverwechselbares Erkennungszeichen. Es waren Tsotsis. Die Nachricht über den weißen Jungen mit der Waffe hatte sie also schon erreicht.

Die fünf Gangmitglieder eilten mit festem Schritt über das Gelände auf Milan zu. Zwei von ihnen trugen Baseballschläger, die anderen hielten Messer in den Händen. Die metallischen Klingen glänzten im gelben Licht, das aus den Kirchenfenstern fiel.

Milan schaute sich verzweifelt um. Ein kleiner Zaun umgab den Friedhof auf seiner rechten Seite. Über den Friedhof konnte er die Kirche erreichen, um dann zurück auf die Straße zu kommen, wo Themba Mbete wohnte.

Mit großen Schritten kamen die Männer näher. Milan hatte keine Wahl. Er nahm die Pistole aus seiner Hose, zielte in die Luft und schoss zwei Mal. Die fünf Gangmitglieder ließen sich zu Boden fallen und riefen aufgeregt durcheinander. Milan sprang schnell über den Zaun und schlängelte sich zwischen den Gräbern hindurch. Bis die erschrockenen Tsotsis überhaupt wieder auf die Beine kamen, war er schon längst verschwunden.

Von nun an vermied Milan jegliche Lichtquelle. Er schlich geduckt an den Fenstern der Blechhütten vorbei und hielt sein weißes Gesicht gesenkt. Er hörte die Gangmitglieder ins Auto steigen und mit aufheulendem Motor davonrasen. Sie würden nicht aufgeben, bis sie ihn gefunden hatten.

Auf der anderen Seite der Kirche sah Milan die rote Tür von Themba Mbetes Haus. Die solide Betonkonstruktion war eines der besseren Gebäude im Viertel. Es hatte sogar ein richtiges Dach. Das Haus stand im starken Kontrast zu den verwahrlosten Hütten der Gegend.

Milan wartete, bis niemand mehr in der Nähe war. Dann huschte er über den staubigen Weg. An der nächsten Ecke bog das Auto der Tsotsis in die Straße ein. Schnell versteckte sich Milan hinter einem Müllcontainer. Das Auto fuhr im Schritttempo an ihm vorbei. Die Männer lehnten sich aus den Fenstern und suchten die leeren Straßen nach ihm ab. Als der Wagen um die Ecke verschwand, raffte sich Milan auf und ging leise zu Thembas Haustür. Ganz sanft drückte er die Klinke nach unten. Die Tür sprang auf.

Lautlos wie ein Tiger schlich er ins Haus. Er hörte Geräusche aus der Küche am Ende des Flurs. Es wurde gekocht. Mit dem Rücken zur Wand ging Milan langsam den schmalen Flur entlang. Hinter der Wohnzimmertür hörte er Kinder lachen. Der Fernseher lief. Auch die Stimme von Thembas Frau war deutlich zu hören. Es war also Themba, der sich in der Küche aufhielt. Der gute Familienvater. Der Ernährer. Das Familienoberhaupt. Und er war allein.

In der Küche warf Themba etwas in die Pfanne. Der Rauch zog bis in den Hausflur. Zum ersten Mal, seit er die Township betreten hatte, verspürte Milan Angst. Sein Herz schlug laut und schnell. Sein Atem war unruhig. Für einen flüchtigen Augenblick überwältigte ihn das Gefühl, dass er es nicht schaffen würde. Noch konnte er abhauen. Niemand hatte ihn gehört. Er hätte die Pistole wegstecken, leise aus dem Haus schleichen und sich auf den Weg nach Hause machen können. Aber jetzt gab es kein Zurück mehr.

Milan schluckte schwer und sammelte sich. Dann umfasste er seine Pistole mit beiden Händen, zog den Hahn mit dem Daumen zurück und sprang in die Küche. Themba fuhr völlig überrascht herum und ließ den Holzlöffel zu Boden fallen. Als er die Waffe in Milans Hand sah, hielt er instinktiv die Hände hoch.

Plötzlich verschwand Milans Angst. Was er machte, war richtig.

„Du Drecksau", knurrte er und zielte auf Thembas Brust.

Themba riss die Augen ängstlich auf. „Was machst du, Milan? Bist du verrückt geworden?"

„Du verdammte Drecksau!"

Mit seiner linken Hand ließ Milan die Pistole los. Er griff in seine Hosentasche und zog eine Brille heraus. Die blau getönten Gläser waren zerschlagen, der dünne goldene Metallrahmen war stark verbogen.

„Ist das deine Brille?", zischte Milan voller Wut.

Themba schaute das kaputte Gestell an, als ob es sein Todesurteil wäre. „Ja."

Milan machte einen Schritt nach vorne und zielte auf Thembas Kopf.

„Ich verstehe nicht", stammelte Themba wie vor Schreck gelähmt. Er stolperte zurück und stieß einen Stuhl um. „Was habe ich getan?"

Milans Zeigefinger zuckte bereits am Abzug. Nur eine kleine Bewegung und es wäre alles vorbei.

„Du hast meine Mutter getötet!", sagte er, kaum in der Lage zu sprechen.

Themba protestiere nicht. Vor Angst und Entsetzen riss er die Augen auf und ließ sich auf die Knie fallen.

„Milan! Nein! Es tut mir leid!" Seine Stimme zitterte.

Das war es. Das Geständnis. Milan sah es in Thembas Augen. Jetzt musste er nur noch abdrücken. Nur ganz leicht den Zeigefinger nach hinten ziehen. Eine minimale Bewegung. Nicht mal einen Zentimeter.

*Los, Milan!,* sagte die Stimme in seinem Kopf. *Tu es. So wie Themba es getan hat. So wie er es verdient hat. Das miese Schwein. Dann sind die Schmerzen weg. Dann wird die Wut vergehen. Danach wird es nicht mehr wehtun.*

Milan machte die Augen zu und zog langsam den Abzug zurück.

# Zeni Kumalo

Herr Stein stand am Klassenzimmerfenster und schaute hinaus auf den berühmten Tafelberg, das Wahrzeichen von Kapstadt. Die steilen Felswände ragten hoch in den klaren blauen Himmel und endeten in einem flachen Gipfel. Der Tafelberg, auch „Table Mountain" genannt, machte seinem Namen alle Ehre. Er war flach wie ein Tisch. Vor dem Berg erstreckte sich die „Mutterstadt Südafrikas" bis zu den türkisfarbenen Gewässern des Atlantischen Ozeans. Kapstadt wirkte wie ein Mosaik aus sonnendurchtränkten Dächern, weißen Gebäuden und grünen Bäumen.

Irgendwie ähnelte der stämmige Geschichtslehrer dem Berg, auf den er gerade schaute. Er selbst war nicht groß, aber seine Schultern waren breit, sein Körper kompakt und kräftig. Für einen Mann, der auf die Sechzig zuging, war er in bester körperlicher Verfassung. Seine kurzen, stoppeligen Haare waren bereits grau. Sein Stoffsakko mit Fischgrätmuster verlieh ihm einen Hauch Intellektualität, aber im Prinzip sah Stein aus wie ein veralteter Türsteher, der in seiner zweiten Lebenshälfte einen konservativen Geschmack für Mode entwickelt hat.

„Der Nationalsozialismus in Deutschland", sagte der Lehrer mit festem Blick auf den Tafelberg, „war der Apartheid in Südafrika nicht unähnlich."

Er legte eine kurze Pause ein, damit seine Schüler den Vergleich verarbeiten konnten. Oben auf dem Berg fuhr die berühmte Seilbahn langsam hinab zur Bodenstation.

„Die Begründer der Apartheid waren stark vom deutschen Nationalsozialismus beeindruckt", fuhr er fort. „Während des Zweiten Weltkrieges saßen sogar Leitfiguren der Apartheid hier im Gefängnis, weil sie das NS-Regime befürworteten. Die Nazi-Ideologie entsprach genau ihrem Weltbild: die weiße Herrenrasse, Klassifikationsmerkmale für alle anderen Rassen, Antikommunismus, antidemokratische Systeme, staatliche Kontrolle in jedem öffentlichen Bereich. Die Liste ist lang."

Stein drehte einen Stift zwischen seinen Fingern.

„Ich möchte, dass ihr euch mit diesem Zusammenhang beschäftigt", kündigte er seiner Klasse an. „Die Parallelen zwischen den beiden Systemen. Auch die Unterschiede."

Der athletische dunkelhaarige Junge, der ganz hinten saß, meldete sich zu Wort: „Kann man die beiden Systeme wirklich vergleichen?"

„Wieso nicht?", konterte Stein mit einer Gegenfrage.

„Die Ausmaße waren doch völlig verschieden", antwortete Milan. „Die Nazis haben einen Weltkrieg angezettelt. Sie wollten den Nationalsozialismus verbreiten und die Juden ausrotten. Die Apartheid hatte ganz andere Ziele."

„Ja, bis zu einem gewissen Punkt", stimmte Herr Stein ihm ruhig zu. „Das Apartheidregime hat natürlich nicht sechs Millionen Juden systematisch ermordet. Es hat auch nicht den totalen Krieg erklärt. Aber – und hier könnte man vielleicht doch einen Vergleich ansetzen – die weiße Minderheitsregierung hat während der Apartheid fünf Mal so viele Menschen ihrer Grundrechte vollkommen beraubt – und das über einen deutlich längeren Zeitraum, als der Nationalsozialismus andauerte. Schließlich waren die Nazis nur zwölf Jahre an der Macht. Das Apartheidregime dagegen über vierzig Jahre."

Auch Milans bester Freund Alexander schüttelte ablehnend den Kopf. Als deutschstämmige Südafrikaner wollten die Jugendlichen aus Steins Klasse nicht mit Nazi-Deutschland in einen Topf geworfen werden. Obwohl die Abschaffung der Apartheid schon sechzehn Jahre zurücklag, wurden sie tagtäglich mit ihren Folgen konfrontiert. Die

Schwarzen, die in orangefarbenen Arbeitskitteln die Gehwege fegten oder die Autos in die leeren Parklücken hineinwinkten. Die Weißen, die zum größten Teil noch immer einen höheren Lebensstandard als ihre schwarzen Landsleute genossen. Die Gemeinde der Farbigen, die meistens für sich blieb und selten auffiel. Wenn man genau hinschaute, war die Ungleichheit zwischen den einst streng unterteilten Rassen immer noch da.

„Aber trotzdem“, kam Alexander Milan zu Hilfe. „Völkermord ist eine ganz andere Sache.“

Stein folgte mit seinen Augen weiter der Abwärtsbewegung der Seilbahn. „Das bestreite ich nicht“, sagte er. „Aber der Staatsapparat, der dazu führte, ist durchaus mit dem der Apartheid zu vergleichen. Fallen sonst noch jemandem Parallelen ein?“

Jetzt meldete sich das rothaarige Mädchen neben Alexander zu Wort. „Liebesbeziehungen zwischen den Rassen waren verboten“, sagte sie mit ihrem Berliner Akzent. Ihre Eltern waren erst in den 90er-Jahren nach Südafrika ausgewandert.

„Das Militär hatte einen hohen Stellenwert“, kam ein weiteres Argument.

„Die Geheimdienste hatten viel Macht …“

„Richtig!“, stimmte Stein allen drei Schülern zu. Am Tafelberg trafen sich die beiden Seilbahnen gerade in der Mitte. Die eine setzte ihren Aufstieg fort, während sich die andere dem Ende ihres Ausfluges näherte. „Gemischtrassige Eheschließungen waren illegal in Deutschland *und* während der Apartheid. Militarismus stand auch ganz oben auf der Tagesordnung. Hier in Südafrika hatte es nichts mit Expansionspolitik zu tun wie damals in Deutschland, sondern vielmehr mit der Bekämpfung der heimischen Widerstandsbewegung beziehungsweise damit, die weiße

Herrschaft sicherzustellen. Das Gleiche gilt für die Geheimdienste. Sie waren dringend nötig, um die Schwarzen im Zaum zu halten. Schließlich handelte es sich um über siebzig Prozent der Bevölkerung."

„Warum hat die Welt eigentlich nichts dagegen unternommen?", fragte Daniel, ein Schweizer, der erst vor ein paar Jahren nach Kapstadt gezogen war.

„Warum wohl!", rief Sarah aus der hinteren Reihe. Das Mädchen mit den schwarz gefärbten Haaren und der gepiercten Nase war von Natur aus eine Rebellin. Sie brauchte nicht viel Fantasie, um sich in den Befreiungskampf der Schwarzen hineinzuversetzen. „Wegen des Geldes. Solange Südafrika Gold und Rohstoffe lieferte, war alles bestens, egal, was mit den Schwarzen passierte."

„Das stimmt nicht", protestierte Felix. „Es gab auch Sanktionen."

Sarah lachte herablassend. „Sagst du! Weißt du, wie viele deutsche Firmen hier während der Apartheid tätig waren? Ich sag es dir: jede Menge. Die haben sich einen Scheißdreck für Menschenrechte interessiert!"

Felix machte den Mund auf, um Sarahs vernichtender Analyse etwas entgegenzusetzen, aber ihm fiel kein Argument mehr ein. Herr Stein schaute auf die Uhr. Die Stunde war fast um.

„Man darf nicht vergessen, dass die Rassentrennung in Südafrika schon vor der Apartheid existierte", sagte Stein zum Abschluss. „In ganz Afrika gehörte sie zum kolonialen Alltag. Auch in den Südstaaten der USA herrschte noch bis 1968 Rassentrennung. Aber der Punkt ist: In den 60er- und 70er-Jahren wurden alle afrikanischen Länder unabhängig und die Schwarzen kamen an die Macht. Nur in Südafrika wurde die Rassentrennung immer stärker, die Unterdrückung immer gnadenloser. Das hat mit dem damaligen

Rassentrennung → *siehe Glossar, S. 245*

Staatsapparat zu tun. Und diesen Staatsapparat will ich mit euch genauer unter die Lupe nehmen."

Auf dem Tafelberg dockte die obere Seilbahn an. Stein drehte sich um und kehrte hinter seinen Schreibtisch zurück.

„Für heute müssen wir Schluss machen", kündigte er an. „Morgen geht es an dieser Stelle weiter. Ich wünsche euch noch einen schönen Tag."

Die Schulglocke läutete und unterbrach Herrn Steins letzte Worte. Die zwölf Schüler des Geschichte-Leistungskurses verließen langsam das Zimmer. Als Milan und Alexander an ihrem Lehrer vorbeigingen, schaute Stein kurz hoch und sagte freundlich: „Wir sehen uns später beim Training."

Herr Stein war nämlich nicht nur Milans Geschichtslehrer, sondern auch der Trainer seiner Drachenbootmannschaft. Durch das Drachenbootfahren hatte Milan Stein zum ersten Mal kennengelernt. Damals war Milan noch in der achten Klasse. Herr Stein, selbst ein leidenschaftlicher Ruderer, hatte die verrückte Idee gehabt, an einem Drachenbootwettbewerb teilzunehmen. Er wollte eine Schulmannschaft aufstellen. Milan wusste bis zu diesem Tag nicht einmal, was ein Drachenboot war. Er machte sich im Internet schlau und sah die Bilder von den Booten aus China, die vorne einen dekorativen Drachenkopf trugen und hinten am Heck einen spiralförmigen Schwanz. Die Vorstellung, mit solchen Booten durch die Tafelbucht zu paddeln, kam Milan so irre vor, dass er sich sofort bei Herrn Stein anmeldete. Zusammen mit Alexander und Natalie hatte er das neu erworbene Boot dekoriert und den feurigen Drachenkopf am Bug bemalt. Während der Fertigstellung stand das Boot wochenlang im Schulhof, für jeden sichtbar. Es erweckte so viel Neugierde, dass Stein bald seine achtzehnköpfige Mannschaft zusammenhatte.

Das Drachenbootfahren wurde schnell zu Milans Hobby. Er trainierte zwei- bis dreimal die Woche mit der Mannschaft und liebte es, das große Boot über die weite Fläche der Tafelbucht zu jagen. Er mochte das Geräusch des tobenden Wassers um sich herum, die Schreie seiner Mitfahrer, den peitschenden Rhythmus der Trommeln, das offene Meer. Ein Drachenbootrennen war ein Akt der Kraft, Ausdauer und des Teamgeists. Die Paddler saßen paarweise auf Bänken nebeneinander, der Trommler ganz vorne und der Steuermann – oder in Milans Mannschaft die Steuerfrau Natalie – im Heck. Als stärkste Paddler, die sogenannten „Schlagleute“, saßen Milan und Alexander immer vorne und gaben den Rhythmus an.

Nach der Schule fuhr Milan mit seiner Vespa nach Hause. Er hatte noch Zeit, bevor das Drachenboottraining um fünf Uhr anfing. Seine Familie wohnte in einem großen Haus, das von hohen Mauern umgeben war. Das Haus lag unterhalb von Lion's Head, dem zweiten, kleineren Berg, um den Kapstadt gebaut war. Oben auf der Mauer, die das Haus umgab, erstreckte sich Stacheldraht. Das Schild neben dem Eingangstor warnte potenzielle Einbrecher vor bewaffneten Schutzpatrouillen. Auch eine Überwachungskamera war neben der Hausklingel angebracht. In diesem Haus lebte Milan seit seiner Geburt. Er kam kurz nach der Entlassung Nelson Mandelas zur Welt. Damals waren die Hausmauern nicht so hoch wie heute, meinte jedenfalls Milans Vater. Außerdem war der Stacheldraht noch nicht nötig. Aber mit der neuen Freiheit nach der Apartheid organisierte sich auch die Unterwelt neu. Die im Anschluss folgende Welle von Kriminalität und Gewalt brachte Milans Familie fast dazu, wieder nach Deutschland zurückzuziehen.

Nelson Mandela → *siehe Glossar, S. 245*

Zurück war gut. Eigentlich war Milan Südafrikaner, kein Deutscher. Sein Vater auch. Nur sein Großvater war in

Deutschland geboren worden, während des Zweiten Weltkrieges. Als Kind kam Milans Opa mit seiner Familie nach Südafrika und Kapstadt wurde zu seiner neuen Heimat. Milans Mutter jedoch war eine „waschechte Deutsche". Sie kam aus einer Kleinstadt in der Nähe von Freiburg und hatte Milans Vater in einer schicken Kapstadter Bar kennengelernt, die ausschließlich Weißen vorbehalten war. Sie hatten sich auf Anhieb ineinander verliebt und Sabine blieb, um dann in die Familie Julitz einzuheiraten. Ein paar Jahre später war Milan – ihr einziges Kind – unterwegs.

In den Jahren nach der Apartheid war Milan öfter in Deutschland gewesen. Mit seiner Familie besuchte er seine Großeltern bei Freiburg und reiste durch die Heimat seiner Mutter. In Deutschland hatte Milan allerdings keinen Ort wie Kapstadt gefunden. Die Kombination aus endloser Küste, spektakulären Bergen und der schönen Architektur, von Häusern im Kolonialstil bis hin zu hochmodernen Wolkenkratzern, war einfach unschlagbar. Zum Glück war seine Familie damals in Südafrika geblieben. Es wäre für Milan unvorstellbar, woanders zu leben.

In der Garage stellte Milan seine Vespa ab und ging auf die Haustür zu. Mit Erschrecken stellte er fest, dass sie einen Spaltbreit offen stand. Auch wenn seine Eltern zu Hause waren, ließen sie die Haustür nie auf. Egal, ob die hohen Außenmauern genügend Schutz vor Einbrechern boten oder nicht. In Südafrika konnte man es sich nicht leisten, nachlässig zu sein.

Mit rasendem Herzen schob er die Tür vorsichtig zur Seite und betrat das Haus. Es war totenstill. Von der Eingangshalle aus konnte er quer durch das lange Wohnzimmer sehen, bis auf den Balkon. Dahinter war das schimmernde Meer kaum vom blauen Himmel zu unterscheiden. Auch hier war niemand zu sehen. Mit leisen Schritten schlich er in den großen Raum. Die offene Küche war ebenfalls menschenleer. Es gab keine Spuren eines Einbruchs. Milan wollte gerade nach seiner Mutter rufen, als die Tür des Arbeitszimmers aufging und ein Mädchen heraustrat. Sie blickte den Jungen erschrocken an.

„Ach du lieber Himmel!", fluchte sie auf Xhosa und schlug eine Hand an die Brust. „Du hast mich aber erschreckt!"

Milan blieb fast das Herz stehen. Nicht nur wegen des unbekannten Eindringlings, sondern auch weil das Mädchen umwerfend schön war. Sie war ungefähr so alt wie er und sie war schwarz. Sie trug einen engen roten Pullover und Jeans, die ihren reifen Körper betonten. Ihr Rücken war kerzengerade, ihr Hintern stippte hervor, ihr Busen war rund und voll. Sie hatte ein herzförmiges Gesicht mit strahlend weißen Zähnen und vollen rosafarbenen Lippen. Ihre großen braunen Augen waren wachsam und glänzten energisch.

„Wer bist du?", fragte Milan verwirrt.

„Mein Name ist Zeni", stellte sich das Mädchen vor und lächelte. „Meine Mutter ist krank. Sie konnte heute nicht kommen."

„Deine Mutter?", stammelte er, immer noch etwas von der Rolle.

„Eure Putzfrau", erwiderte Zeni.

Erst dann nahm Milan den Besen in ihrer Hand wahr und fühlte sich zutiefst beschämt. „Ach so ... Verstehe ..."

„Deine Mutter weiß Bescheid. Sie war vor einer Stunde noch hier. Sie ist in die Stadt gefahren. Aber sie kommt gleich wieder."

Milan wusste nicht, was er sagen sollte.

„Ich habe den Boden gewischt", berichtete sie. „Ich habe die Badezimmer geputzt und überall abgestaubt."

Milan verdrängte das flaue Gefühl im Magen. Zeni hatte seine Verlegenheit falsch verstanden.

„Nein, das meinte ich nicht", er lachte unsicher und wechselte schnell das Thema. „Sag mal, willst du einen Kaffee oder irgendwas anderes?"

Zeni schüttelte den Kopf. „Nein danke. Ich muss noch das Arbeitszimmer fertig machen."

„Nein, nein!", widersprach Milan. „Lass es. Ich mache das später. Bitte. Willst du wirklich nichts trinken?"

Zeni zögerte noch kurz. „Ein Glas Wasser vielleicht?"

„Ja natürlich."

Milan ging zielstrebig in die Küche und holte eine Wasserflasche aus dem Kühlschrank. Zeni setzte sich auf einen Barhocker neben der Anrichte.

„Ihr habt ein schönes Haus", sagte sie und schaute sich im Wohnbereich um.

Was als Kompliment gemeint war, erweckte bei Milan ein ungutes Gefühl. Er schämte sich. Man konnte davon ausgehen, dass Zeni nicht aus ähnlichen Verhältnissen kam. Vor allem nicht, wenn ihre Mutter bei ihnen putzte.

Er gab seinem hübschen Gast das Glas Sprudelwasser und ignorierte ihre Anmerkung. „Wo wohnst du eigentlich?", fragte er stattdessen.

Zeni wirkte überrascht. „Das weißt du nicht?"

„Ähm, nein", gab Milan verlegen zu. „Ich habe deine Mutter noch nie gesehen."

„Doch, doch", korrigierte sie ihn mit einem breiten Grinsen. „Das hast du wohl. Ein Mal. Du warst krank. Du bist zu Hause geblieben. Meine Mutter hat dir Tee gebracht."

Milan zuckte peinlich berührt die Achseln. „Ich kann mich daran nicht erinnern."

„Ich schon“, schmunzelte Zeni. „Ich weiß sogar, dass du Fieber hattest. Du Armer!“

Zeni lachte. Milan auch. Wie seltsam, dass sie sich irgendwie kannten, obwohl Milan nicht mal von ihrer Existenz wusste.

„Ich wohne in Khayelitsha“, antwortete das Mädchen schließlich auf Milans Frage. „Mit meiner Mutter und meinen zwei Schwestern. In der Nähe von Ilitha Park. Kennst du das?“

Milan schüttelte den Kopf. Khayelitsha war die größte Township in Kapstadt, aber Milan war noch nie dort gewesen.

„Arbeitet deine Mutter oft hier in der Gegend?“, fragte er.

„Nur dienstags. Sie hat hier drei Kunden. Ansonsten arbeitet sie im Zentrum, in einem Bürogebäude, aber das gefällt ihr nicht so gut. Sie sagt, die Leute hier sind besser. Das Geld auch.“

„Und was macht dein Vater?“

Zeni schaute flüchtig nach unten. Dann atmete sie tief ein und hob stolz den Kopf. „Ich habe keinen Vater mehr“, sagte sie und blickte dabei Milan direkt in die Augen. „Er ist tot.“

Milan zuckte betroffen zusammen. „Oh, das tut mir leid.“

„Es muss dir nicht leidtun. Es ist lange her. Er starb, als meine Mutter mit mir schwanger war.“

„Wie furchtbar.“

„Ja. Aber meine Mutter kriegt das alles hin. Wir kommen über die Runden. Besser als die meisten.“ Zeni lächelte Milan freundlich an. Dann trank sie ihr Wasser aus und brachte das leere Glas zur Küchenspüle. „Ich muss jetzt gehen.“

Milan sprang von seinem Hocker auf. „Willst du nicht noch ein bisschen bleiben?"

Zeni spülte das Glas. „Nein danke", lächelte sie und schüttelte den Kopf. „Mein Bus fährt gleich."

Sie ging ins Wohnzimmer zurück, sammelte die Putzutensilien zusammen und stellte sie in die Besenkammer. Milan schaute ihr eine Weile fasziniert zu. Sie hatte wirklich etwas ganz Besonderes.

Dann sprang er vom Hocker und eilte auf Zeni zu. „Ich kann dich nach Hause fahren", bot er ihr an.

„Danke, das ist nett, aber deine Mutter hat mir schon Geld für den Bus gegeben."

Zeni ging in die Eingangshalle. Milan fing sie dort ab.

„Aber es ist Rushhour!", beharrte er mit Nachdruck. „Es dauert bestimmt zwei Stunden von hier nach Khayelitsha. Ich habe eine Vespa. Das geht viel schneller. Bist du schon mal mit 'nem Roller gefahren? Es macht total viel Spaß. Einen Helm habe ich auch für dich."

Zeni senkte den Blick und lachte. „Ich weiß nicht, ob das eine gute Idee ist."

Aber Milan war nicht mehr zu bremsen. „Das musst du ausprobieren!", rief er begeistert. Er hatte nicht vor, ein Nein von Zeni gelten zu lassen.

Schließlich gab das Mädchen nach. Sie holte ihre Jacke vom Haken herunter und sagte grinsend: „In Ordnung. Aber nicht zu schnell fahren, hörst du!"

## Neue Heimat

Milan war glücklich wie nur selten zuvor. Er genoss den festen Griff seiner Beifahrerin, ihre Arme um seine Taille, die gefalteten Hände an seinem Bauch, ihre Oberschenkel eng neben seinen, ihre Brüste an seinem Rücken. Manchmal schlug Zenis Helm gegen seinen, wenn sie sich umschaute oder wenn er unerwartet bremsen musste. Die ganze Zeit hielt sie sich an ihm fest, als fürchtete sie um ihr Leben. Ab und zu warf Milan einen Blick nach unten und sah ihre langen drahtigen Finger, die aneinandergepresst waren. Feine Hände, wie die einer Klavierspielerin. Er hätte ihre Finger gerne berührt, doch er traute sich nicht. Stattdessen konzentrierte er sich auf die Straße.

„Bist du o. k.?“, rief er zwischendurch über seine Schulter.

Zeni, die am Anfang vor lauter Aufregung hin und her gerutscht war, gewöhnte sich schnell an das für sie ungewöhnliche Fortbewegungsmittel.

„Mir geht’s gut!“, rief sie zurück.

Milan liebte es, auf seiner Vespa durch Kapstadt zu fahren. Er brauchte kein bestimmtes Ziel. Er konnte einfach aufbrechen und schauen, wo ihn die Straßen hinführten. Er mochte die Farben und die Geräusche der Stadt, das rege Treiben der Geschäfte und die stillen Momente der einsamen Gestalten. Er mochte die Gerüche, die ihm immer wieder in die Nase wehten, das Gefühl des vibrierenden Motors unter ihm, die Freiheit und die Selbstbestimmung. Auf der angesagten Long Street saßen die Leute draußen in Cafés, auf der Adderley Street bummelten sie die Einkaufsstraße entlang. Um den Hauptbahnhof herum wimmelte es von Menschen, die auf das öffentliche Verkehrsnetz angewiesen waren. Manchmal fuhr Milan zur

Seilbahnstation am Tafelberg hoch und schaute sich die Touristen aus aller Welt an. Dann ging er oft nach Camps Bay hinunter und beobachtete die Superreichen oder er fuhr nach Lansdowne Road, um sich ein Fußballtraining von Santos anzusehen. Kapstadt hatte viele Gesichter, von den gewaltigen Hochhäusern des Handelszentrums bis hin zu den überfüllten Townships, von den bunt bemalten Reihenhäusern und zerbröckelnden weißen Moscheen des Bo-Kaap-Viertels bis hin zur lebhaften Promenade am Sea Point. Es war Milan meistens egal, wo er hinfuhr, denn überall gab es etwas zu sehen.

Als sie sich Khayelitsha näherten, standen immer mehr Blechhütten am Rand der Schnellstraße. Die Armut hier war nicht zu übersehen. Kinder spielten Fußball direkt neben der Autobahn, Fußgänger überquerten die dreispurige Straße, als wäre es die normalste Sache der Welt. Milan nahm die Ausfahrt am Mew Way, doch bevor er in die innere Township fuhr, tippte ihm Zeni auf die Schulter und rief: „Ich steige hier ab."

Milan hielt an der Kreuzung an. Von der erhöhten Autobahnausfahrt hatte er einen weiten Blick über das Meer von Hütten, das die sogenannte „Neue Heimat" ausmachte. Das bedeutete nämlich „Khayelitsha" in Zenis Muttersprache Xhosa. Fast alle Dächer waren aus Wellblech, Holz oder sogar Pappe. Breite Straßen teilten den Stadtteil in ein Raster auf, dazwischen häuften sich die Blechhütten, als wären sie tatsächlich aufeinandergestapelt, besonders jene neben der Autobahn. Khayelitsha war wie ein Labyrinth. Milan konnte sich ein Leben hier nicht vorstellen, auch wenn der Stadtteil nur eine halbe Stunde von seinem eigenen Zuhause entfernt war. Es war eine ganz andere Welt.

„Wo wohnst du?", fragte Milan mit Blick auf die ausufernde Township.

Zeni deutete vage die Hauptstraße entlang. „Dahinten. Von hier aus kann ich zu Fuß gehen.“

„Ich bringe dich nach Hause“, bot Milan an. „Du musst mir nur den Weg sagen.“

„Nein danke“, wies Zeni zurück und stieg von der Vespa ab. „Das ist nicht nötig.“

„Es ist kein Problem. Ich kann dich ...“

Zeni wehrte leicht genervt ab. „Ist schon gut! Ich gehe lieber allein.“

Milan zuckte zusammen, erstaunt über Zenis schroffe Reaktion. Plötzlich wurde ihm bewusst, wie viele Blicke auf sie gerichtet waren. Aus allen Richtungen starrten Leute die beiden an. Ein weißer Junge und ein schwarzes Mädchen auf einer alten Vespa in Khayelitsha – das sah man hier nicht alle Tage.

„Alles klar“, gab Milan kleinlaut nach. „Es tut mir leid.“

Zeni senkte verschämt den Kopf und nickte. „Ich habe das nicht so gemeint ...“

Ihre Worte ließen Milan hoffen. „Sehen wir uns wieder?“

Zeni mied Milans Blick. „Ich weiß nicht“, murmelte sie.

„Was machst du morgen? Kann ich dich abholen?“

„Ich ...“

„Wir könnten irgendwo hinfahren. Ans Meer.“

„Ich bin mir nicht sicher ...“

„Kann ich dich anrufen?“

Zeni musste lachen. Sie schaute Milan ungläubig an. „Du bist sehr hartnäckig!“

Milan blickte sich um. „Soll ich irgendwo auf dich warten?“ Am Straßenrand stand ein einsamer Baum. Seine Äste spendeten den einzigen Schatten an der Kreuzung. Milan deutete mit dem Kopf auf die Stelle. „Dort warte ich morgen auf dich. Ab fünf Uhr bin ich hier. Nur wenn du willst ..."

Zeni lachte scheu, aber bevor sie ihm eine Antwort geben konnte, jagte Milan den Motor hoch. „Ich bin einfach morgen da. Also, vielleicht bis dann!"

Ohne zurückzuschauen, machte sich Milan auf den Heimweg. Er fuhr, als hätte er Flügel, und bekam wenig von seiner Umgebung mit. Er sah nicht die Zeitungsverkäufer an den Kreuzungen, die Bettler auf den Bürgersteigen, die Läden, die am Ende eines langen Arbeitstages schlossen. Vor seinem geistigem Auge sah er nur eins: das Gesicht von Zeni, ihr bezauberndes Lächeln, die Güte in ihren Augen, ihre langen Finger an seinem Bauch. Er wäre gerne bei ihr geblieben.

Erst am Kongresszentrum wachte er aus seinen Tagträumen auf. Ein dichter Stau hatte sich vor dem modernen Glasgebäude gebildet. Der Verkehr bewegte sich im Schritttempo. Zahlreiche Polizeifahrzeuge standen vor der Einfahrt, auch ein Krankenwagen. Der gesamte Gehweg war abgesperrt. Fotografen, Journalisten und Schaulustige hatten sich an der Absperrung versammelt. Ein Polizist winkte den Verkehr weiter, während die Autofahrer neugierig aus ihren Fenstern schauten. Hinter der Absperrung sah Milan eine blaue Plastikplane, die auf dem Boden ausgebreitet war. Am Fußende ragte ein menschliches Bein hervor.

Schon wieder eine Leiche auf den Straßen von Kapstadt.

Bevor Milan nach Hause fuhr, schaute er bei Alexander vorbei. Er wohnte nur einige Straßen von Milan entfernt. Die prächtigen Häuser unter dem Lion's Head waren eng nebeneinandergebaut, fast Mauer an Mauer. Die Straßen durchzogen den wohlhabenden Stadtteil parallel zur

Küste, eine Villa reihte sich an die andere, den immer steiler werdenden Abhang hinauf. Die meisten Häuser hatten einen Garten, manche sogar ein Schwimmbecken. Lauter idyllische Inseln. Der Kontrast zum Leben in der Township hätte kaum stärker sein können.

Milan spürte die angespannte Stimmung, als er das Haus von Alexanders Familie betrat. Er wusste ganz genau, wie Alex unter der Scheidung seiner Eltern litt. Es ging auch ziemlich hässlich zur Sache: gegenseitige Beschuldigungen, angestaute Aggressionen, Verbitterung, ein Kampf bis aufs Blut, ohne Rücksicht auf Alex oder seine kleine Schwester. Die Schwermut bei der Familie Langer passte gar nicht zu Milans schwindeligen Glücksgefühlen. Trotzdem ging er mit Alexander in dessen Zimmer hoch.

„Was war das vorher mit dem Training?“, fragte Alex, als sie alleine waren. „Ich weiß nicht, ob Stein mir das mit dem Zahnarzt abgekauft hat …“

Milan war das egal. Er erzählte Alex die gute Nachricht: „Ich habe ein Mädchen kennengelernt.“

Alex schien wenig interessiert zu sein. Er zog lediglich eine Augenbraue hoch und fragte: „Kenne ich sie?“

„Nein. Sie heißt Zeni.“

Alex runzelte überrascht die Stirn. „Zeni?“

„Sie kommt aus Khaya“, sagte Milan. „Sie ist die Tochter unserer Putzfrau.“

Alexander ließ sich aufs Bett fallen und pfiff beeindruckt durch die Zähne. „Wow! Meinst du es ernst mit ihr?“

Milan nickte.

Alexander ließ sich die Neuigkeit durch den Kopf gehen. „Glaubst du, dass es mit ihr klappen kann?“, fragte er schließlich.

Milan stockte. „Warum denn nicht?"

„Na ja. Ist doch klar. Ihr seid sehr unterschiedlich. Das weißt du doch selber."

„Na und?" Milan wurde unruhig. „Das heißt nicht, dass es nicht funktionieren kann."

„Ja, ja." Alex stand auf und machte den Fernseher an. „Wie du meinst. Ich wünsche dir auf jeden Fall viel Glück."

Milan rührte sich nicht von der Stelle. Er starrte seinen Freund verwundert an, aber er wusste ganz genau, worauf Alexanders Desinteresse basierte: Der neue Partner seiner Mutter war ebenfalls schwarz.

„Ich muss jetzt gehen", sagte Milan nach einer Weile. Es machte keinen Sinn, mit Alex das Gespräch zu suchen.

Erst als Milan die Tür aufmachte, schaute Alexander hoch und sagte: „Zeni ist ein schöner Name."

Das stimmt, dachte Milan. Dann ging er die Treppe hinunter und verließ das Haus.

Später in der Nacht konnte Milan nicht einschlafen. Er lag auf seinem Bett und starrte die Decke an. Eine Serie lief im Fernsehen, aber Milan schaute nicht hin. Südafrika präsentierte sich von seiner multikulturellen Seite. Die Schauspieler wechselten flüssig zwischen Englisch, Xhosa, Afrikaans und Zulu. Untertitel ermöglichten das Verständnis für diejenigen, die nicht alle elf Amtssprachen des Landes beherrschten. Aber die dramatischen Dialoge im Fernsehen dienten Milan nur als wohlige Geräuschkulisse im Hintergrund. Er verschränkte die Arme hinter dem Kopf und dachte an Zeni. Er stellte sich ihr Leben vor, ihr Haus in Khayelitsha, ihre Mutter, Schwestern und Verwandten, ihre Schule und Freunde, ihren Alltag. Er machte sich ein Bild von Zeni und sich als Paar und malte sich zahlreiche

Situationen aus: wie sie Hand in Hand durch die Stadt gehen würden – aber auch durch die Township –, wie sie in Cafés sitzen würden und wie es wäre, wenn die Familien zusammenkämen. Er versuchte, sich das Unvorstellbare vorstellbar zu machen. Hier in der Stadt sah man gelegentlich gemischte Paare. Am Wochenende in der Long Street mischten sich Menschen aller Herkunft ungehemmt untereinander. Alexander hatte unrecht. Es *war* möglich, auch wenn ihre Welten noch so unterschiedlich waren.

Gleichzeitig freute sich Milan auf den nächsten Tag. Er war gespannt, ob Zeni seine Einladung annehmen würde. Im Nachhinein war ihm klar, warum sie lieber allein nach Hause gehen wollte. In seinem Eifer hatte er die Situation unterschätzt. Sie wollte sich nur schützen. Vor den neugierigen Blicken und dem leeren Geschwätz. Vor dem Gerede und den üblichen Vorurteilen. Milan hoffte nun, dass die Angst vor solchem Gerede Zeni nicht von einem baldigen Wiedersehen abhalten würde. Sie wirkte stark und eigenwillig, nicht wie eine, die sich von den Erwartungen der anderen lenken ließ. Hoffentlich war sie stark genug.

Milan war so in Gedanken vertieft, dass er nicht bemerkte, wie die Serie zu Ende ging und die Spätnachrichten begannen. Erst als der Mord am Kongresszentrum erwähnt wurde, wurde er plötzlich wieder aufmerksam. Er richtete sich in seinem Bett auf und blickte zum Fernsehgerät. Ein Reporter stand an der gleichen Stelle, an der Milan vor nur wenigen Stunden vorbeigefahren war. Hinter dem Fernsehreporter war sogar die blaue Plastikplane zu sehen. Das Bein des Opfers war mittlerweile zugedeckt worden.

„Der Apartheid-Killer hat wieder zugeschlagen“, erklärte der Reporter mit ernster Miene. „Heute wurde vor dem Kongresszentrum in Kapstadt der ehemalige Polizeipräsident aus Gauteng ermordet – wieder durch einen Schuss

Gauteng *Provinz in Südafrika*

aus nächster Nähe. Es ist der zehnte Mord des Apartheid-Killers in den letzten sechs Monaten."

Seit dem ersten Mord an einem Wissenschaftler, der das Biowaffenprogramm des Apartheidregimes geleitet hatte, verfolgte Milan die Mordserie mit großem Interesse. Wie viele andere Menschen im Land war Milan neugierig und geschockt zugleich. Er konnte sich nicht vorstellen, was das für ein Mensch war, der so viele Morde beging.

Erst nach dem dritten Mord hatte die Polizei festgestellt, dass es sich eindeutig um einen Rachefeldzug handelte: Vergeltungsmorde für angeblich politisch motivierte Verbrechen unter dem damaligen Apartheidregime. Fälle, die nie vor ein Gericht oder vor die Wahrheitskommission gekommen waren. Inzwischen wurden Männer und Frauen aus allen Bereichen des repressiven Staatsapparats umgebracht – von Polizisten über Informanten bis hin zu den hochrangigsten Entscheidungsträgern der damaligen Regierung. Für viele Menschen brachte der Apartheid-Killer jene Arbeit zu Ende, an der die Wahrheits- und Versöhnungskommission Ende der 90er-Jahre gescheitert war: Er sorgte für Gerechtigkeit. Für andere war er einfach verrückt. Milan sah beides in ihm.

Wahrheitskommission
→ *siehe Glossar, S. 246*

„Bei mir, um den neuesten Fall zu besprechen, ist der Polizeipräsident von Kapstadt, Herr Abbot", fuhr der Reporter fort. Neben ihm stand ein alter Mann mit kleinen Knopfaugen und einer langen spitzen Nase. „Guten Abend, Herr Abbot. Vielen Dank, dass Sie sich Zeit für uns genommen haben."

„Guten Abend", räusperte sich der Polizeichef.

„Kannten Sie Herrn Rice persönlich?"

„Ja natürlich", erwiderte Abbot sichtlich berührt. „Er war bis '92 im Amt. Ein ausgezeichneter Mann und ein guter Polizist. Dieser Mord ist grundlos und barbarisch."

„Was halten Sie von der Namensliste, die auf seinem Leichnam gefunden wurde?"

Der Polizeichef reagierte aufgebracht. „Auf der Liste stehen acht Namen von Personen, die seit den zivilen Unruhen in Gauteng im Jahre 1988 als vermisst gemeldet sind. Ich sehe keinen Zusammenhang zwischen Herrn Rice und diesen vermissten Personen. Die Namenslisten, die bis jetzt bei allen zehn Mordopfern gefunden worden sind, sind die reinste Verleumdung."

Der Reporter unterbrach den Polizeipräsidenten höflich. „Es gibt Aussagen der Familien ..."

Der Polizeichef wurde rot. „Das Gesetz kann sich nicht mit persönlichen Beschuldigungen beschäftigen!", fauchte er den Reporter an. „Es liegen keine Beweise vor. Selbstjustiz ist in unserer Gesellschaft inakzeptabel. Ich bin fest davon überzeugt, dass diese Opfer unschuldig sind. Sie haben keine Menschen getötet. Nicht während der Apartheid und auch nicht danach. Das hier ist eine Schande!"

Selbstjustiz *Ahndung einer Straftat außerhalb der staatlichen Gesetze*

„Vielen Dank, Herr Abbot", beendete der Reporter das kurze Gespräch und drehte sich wieder zur Kamera. „Nach Angaben der Polizei gibt es immer noch keine Spur, die auf die Identität des Apartheid-Killers hinweist. Und jetzt zurück ins Studio ..."

Milans Augenlider wurden plötzlich schwer. Es war spät und der heutige Tag war lang gewesen. Als im Studio der Nachrichtensprecher die nächste Meldung anmoderierte, konnte Milan sich nicht länger wach halten. Es bestand kein Zweifel daran, wovon er träumen würde: von Zeni Kumalo, dem Mädchen mit dem Sonnenschein im Gesicht.

## Paradise Road

Herr Stein war ziemlich sauer. Bereits vom anderen Ende des Flurs sah Milan es ihm an. Schon allein sein Gang verriet seinen aufgestauten Ärger. Der kräftige Geschichtslehrer schritt zielstrebig auf Milan zu und blieb abrupt vor ihm stehen.

„Wieso warst du gestern nicht beim Training?", fauchte er ihn barsch an.

Milan versuchte, sich rauszureden. „Hat Alexander Ihnen nichts gesagt?", tat er überrascht. „Ich musste zum Zahnarzt."

Steins Gesicht verfinsterte sich, seine Stimme wurde kratzig und laut. „Sag mal, hältst du mich eigentlich für blöde?"

Milan senkte beschämt den Kopf. „Es tut mir leid", gab er nach und entschied sich für die Wahrheit. „Ich musste dringend weg. Wegen eines Mädchens."

Stein deutete auf die beiden Helme, die Milan in den Händen trug. „Das habe ich mir schon gedacht. Ist sie wenigstens nett?"

Milan lächelte erleichtert. „Ja, sie ist toll. Wirklich toll. Ich treffe sie gleich. Hoffentlich."

„Gut", nickte Stein nicht weniger ernst. „Aber eins muss dir klar sein: Du darfst nicht noch einmal beim Training fehlen, verstanden? Nicht vor dem Wettkampf in Durban. Egal, wie toll das Mädchen ist. Wir brauchen dich, das weißt du hoffentlich."

Milan nickte eifrig. Er war froh, dass Stein so viel Verständnis zeigte. „Es kommt nicht wieder vor", sagte er. „Ich verspreche es Ihnen."

„Das ist gut. Dann wünsche ich dir heute noch viel Spaß. Und denk dran: Gut Ding will Weile haben. Lass dir Zeit mit dem Mädchen. Überstürz die Dinge nicht."

Milan bedankte sich für den Rat und eilte zum Parkplatz. Punkt siebzehn Uhr stand er an der Kreuzung vor Khayelitsha. Es war ein heißer Sommertag, doch im Schatten des Baumes war es etwas kühler. Er setzte sich auf den staubigen Bordstein. Ab und zu kam eine erfrischende Brise aus der Richtung des Indischen Ozeans, durchmischt mit dem Duft von gebratenem Fleisch. Am Rand der breiten Straße, die nach Khayelitsha hineinführte, standen zahlreiche Grillstände. Sie boten alles von brutzelnder Leber, saftigen Lammkoteletts bis hin zu gebratenen Schafsköpfen an. Die abgesägten Schafsköpfe grinsten breit, ein starrer Gesichtsausdruck, der beim Durchtrennen ihrer Kehle eingefroren war. Hinter Milan weidete eine einzelne Kuh auf einer Brache.

Jetzt, wo er allein war, beachtete ihn kaum einer der Passanten. Die Leute gingen ihren Tagesgeschäften nach. Frauen mit Einkaufstüten, Männer mit Handwägelchen, Kinder in kleinen Gruppen. Niemand interessierte sich für ihn. Gelegentlich erblickte Milan die Umrisse eines Mädchens, das in seine Richtung lief. Jedes Mal hämmerte sein Herz wie die Drachenboottrommel bei voller Fahrt. Aber immer wieder entpuppte sich das näher kommende Mädchen als eine Unbekannte, nicht als die erhoffte Schönheit, die Milan erst am Tag zuvor kennenlernen durfte.

Doch dann sah er sie, Zeni, hinter der Kreuzung, auf der anderen Straßenseite. Er konnte sich nicht täuschen, auch nicht aus der Entfernung. Sie trug ein schwarzes T-Shirt und dieselben Schuhe und Jeans wie am vergangenen Tag. Die Haare waren streng zurückgekämmt und zu einem Zopf zusammengebunden. Sie hatte es eilig.

Zeni kam die Hauptstraße entlang, bahnte sich einen Weg durch die Verkaufsstände und die Menschen, durch die Autos und die Mülltonnen, den Blick streng nach unten gerichtet. Schließlich schaute sie hoch und sah Milan. Er winkte ihr erfreut zu, aber sie senkte sofort den Blick und verschwand hinter den zahlreichen Schiffscontainern, in denen Schuster, Friseure und Telefonanbieter ihre Geschäfte eingerichtet hatten.

Milan sprang auf und war kurz davor, über die viel befahrene Straße zu laufen, doch er blieb stehen. Er suchte die gegenüberliegende Straßenseite aus der sicheren Entfernung ab und hoffte auf ein Zeichen von dem hübschen Mädchen. Dann sah er sie wieder. Sie kam hinter einem Container hervor und blieb auf dem Bürgersteig stehen. Sie ließ drei Minibustaxis vorbeisausen, bevor sie es wagte, die Straße zu überqueren.

„Hallo, Zeni“, grüßte Milan sie erleichtert. „Schön, dass du gekommen bist.“

Das Mädchen schaute sich nervös um. „Wo fahren wir hin?“

„Ich dachte, zum Strand vielleicht?“

„Gut. Dann lass uns losfahren“, erwiderte sie schnell.

Milan wollte diesmal keine Fragen stellen. Er gab Zeni den zweiten Helm und stieg auf die Vespa. Eine Mutter ging mit ihrem dreijährigen Kind an der Hand vorbei. Das Kind starrte Milan mit großen Augen an. Es zeigte auf die beiden und sagte etwas zu seiner Mutter, was Milan nicht verstehen konnte. Die Mutter blickte flüchtig über die Schulter und zog ihr Kind missbilligend weiter.

Milan und Zeni fuhren nach Camps Bay, einem luxuriösen Vorort, der dicht an einen weiten halbmondförmigen Strand gebaut war. Sie parkten direkt am Wasser und schlenderten barfuß über den goldenen Sand.

Während ihres Spaziergangs erfuhr Milan viel über seine neue Bekannte. Sie war wie er in der zwölften Klasse und musste nur noch ein Jahr zur Schule gehen. Danach wollte sie studieren, wenn sie ihren Abschluss, die *Matric*, bestanden hatte. Sie tanzte gerne. Im örtlichen Jugendzentrum war sie Mitglied einer Tanzgruppe, die traditionelle Xhosa-Tänze einstudierte. Das Jugendzentrum war ihr überhaupt sehr wichtig. Mit großer Ernsthaftigkeit betonte sie, dass es die einzige Möglichkeit war, die Jugendlichen von der Straße fernzuhalten.

„Du weißt ja", sagte sie. „Es gibt sehr viele Drogen in Khayelitsha."

Dann sah Zeni eine Frau, die auf dem Wasser in einem Kanu paddelte. Die Kanufahrerin drehte ständig um, tauchte unter die Wasseroberfläche und schwang sich kurz darauf auf der anderen Seite wieder hoch. Es sah komisch aus, wie sie immer wieder die gleiche Grundtechnik übte, unter- und sofort wieder auftauchte, und Zeni musste lachen. Für Milan war es der Anlass, Zeni von seinem ungewöhnlichen Hobby zu erzählen. Sie hatte noch nie etwas vom Drachenbootfahren gehört und amüsierte sich köstlich darüber. Milan beschrieb die Paddeltechnik, die Dinge, auf die es ankam, die Fehler, die man als Mannschaft begehen konnte. Er erzählte ihr von den Erfolgen und Pannen, von den schönen Zeiten, die die Mannschaft zusammen erlebt hatte, von seinen Kollegen aus dem Team und der deutschen Schule. Und natürlich auch von Herrn Stein, ohne den das alles nicht stattgefunden hätte.

Milan und Zeni waren so ins Gespräch vertieft, dass sie nicht einmal merkten, als der Strand endete. Vor ihnen erstreckten sich Felsen vom Ufer bis weit ins Wasser hinein. Gemeinsam kletterten sie über die Felsblöcke ins Meer hinaus, bis zu dem Punkt, an dem sie nicht mehr weitergehen konnten. Sie setzten sich auf einen der letzten Steine. Er war rund und glatt wie der Bauch eines Wals. Von dort aus schauten sie auf den Atlantik hinaus. Die See war ruhig. Sie schimmerte in der späten Nachmittagssonne. Schweigend betrachteten sie den schönen Anblick, bis schließlich Milan die Stille unterbrach.

„Ich wollte dich fragen", fing er vorsichtig an, „an was ist dein Vater eigentlich gestorben?"

Zeni zog die Knie unter das Kinn. Ihre Gesichtszüge verloren schlagartig die erfrischende Fröhlichkeit, die Milan bereits so vertraut war, und wurden düster, als wären schwere Wolken am Himmel aufgezogen.

„Er war Polizist", antwortete sie. „Er kam bei einem Einsatz ums Leben."

Milan pfiff durch die Zähne. „Echt?", fragte er überrascht. „Was war das für ein Einsatz?"

„Eine Razzia. Bei Dealern in Langa. Er wurde erschossen. Einen Monat später kam ich auf die Welt."

Schweigend ließ sich Milan das schreckliche Schicksal durch den Kopf gehen. Dann fragte er: „Kam er auch aus Khayelitsha?"

Zeni schüttelte den Kopf. „Nein. Er wohnte in Pinelands, in einem Polizeiquartier für schwarze Polizisten."

„Wie sind deine Eltern zusammengekommen?"

Zeni blickte zum Meer. Ihre Augen waren wieder hell und wach. „Sie haben sich bei einer Demo in Kapstadt Anfang der 80er kennengelernt. Tausende Menschen gingen auf die Straße und forderten die Entlassung von Nelson Mandela. Mein Vater war auch dabei. Im Einsatz natürlich."

Verblüfft zog Milan die Stirn in Falten, denn er wusste, dass Schwarze und Farbige, die während der Apartheid für die Polizei gearbeitet hatten, als Verräter betrachtet wurden.

„Es war ein sehr heißer Tag", setzte Zeni die Geschichte fort. „Meine Mutter war irgendwie krank und hatte Fieber. Sie ist einfach zusammengebrochen. Mein Vater kam ihr zu Hilfe. Es war Liebe auf den ersten Blick. Sie haben sofort geheiratet. Meine Schwester Jessica wurde kurz darauf geboren."

Milan lächelte erfreut. Die Freiheitskämpferin und der Staatspolizist lernen sich auf einer Demonstration kennen und lieben – eine Geschichte wie aus einem Märchen.

„Und wo kam deine Mutter her?", fragte er.

Zeni schaute auf das Wasser und den weiten Horizont.

„Meine Mutter kam aus KwaZulu, aus den Homelands. Aber vorher hat sie mit ihren Eltern in Kapstadt gewohnt. Im District Six."

Homelands
→ *siehe Glossar, S. 245*

District Six
→ *siehe Glossar, S. 244 f.*

Der Name dieses Ortes bedurfte für Milan keinerlei Erklärung. Es war ein allseits bekanntes Viertel in Kapstadt, zwischen dem Zentrum und dem Hafen, einst eine sehr lebendige Gegend, voller Menschen aller Hautfarben. Aber in den 60er-Jahren erklärte die Regierung das Viertel zu einer sogenannten „weißen Zone". Sie ordnete die Zwangsumsiedlung der Bewohner an. Die Leute wurden gezwungen, ihre Häuser zu verlassen und in Townships außerhalb der Stadt zu ziehen. Die Bulldozer kamen und walzten alles außer ein paar Kirchen und Moscheen platt.

„Sind sie umgesiedelt worden?", fragte Milan.

„Ja. 1968", sagte Zeni.

Milan senkte den Blick. Er konnte sich nicht vorstellen, dass Menschen so unbarmherzig sein konnten, so skrupellos wie die Drahtzieher der Apartheid. District Six war nur eines von vielen Gebieten, die die weiße Apartheidregierung für sich und ihre Leute räumte. Sie ließen ihre schwarzen Mitbürger mit dem kleinsten und auch ärmsten Teil ihres Landes zurück. Es war kriminell – auch wenn sie alles im Namen des Gesetzes getan hatten.

„Ich glaube, das war der Grund, warum sich mein Großvater der Widerstandsbewegung anschloss“, erklärte Zeni und fügte mit trauriger Stimme hinzu: „Aber es wäre für meine Mutter besser gewesen, wenn er darauf verzichtet hätte.“

„Warum?“

„Weil er verhaftet wurde und nie wieder nach Hause kam.“

Milan fuhr erschrocken zusammen. „Wurde er umgebracht?“

Zeni versuchte zu lächeln und zuckte mit den Schultern. „Wenn ja, dann gibt es niemand zu. Die Behörden haben gesagt, er habe im Gefängnis Selbstmord begangen, aber das glaube ich nicht.“

Milan drehte sich der Magen um. Es waren seine weißen Landsleute, die die Schuld daran trugen.

„Habt ihr die vermeintliche Todesursache denn nicht angefochten?“, fragte Milan.

Zeni schüttelte den Kopf und senkte den Blick. „Wir können nichts beweisen.“ Sie betrachtete ihre Füße und wackelte mit den Zehen, als ob sie überprüfen wollte, ob sie sie noch bewegen konnte.

Milan starrte auf den Strand. Weiße, Schwarze und Farbige mischten sich unbekümmert untereinander. Kinder verschiedener Herkunft buddelten im Sand, liefen kreischend in die heranrollenden Wellen und suchten nach Muscheln. Männer und Frauen schauten ihnen zu, gingen spazieren, tauschten sich mit ihren Freunden und Familien aus und warteten auf die Abenddämmerung, die sie nach Hause schicken würde. Hier gab es keine Rassentrennung mehr. Noch vor zwanzig Jahren wäre das nicht denkbar gewesen.

„Und wie kommst du damit klar, dass da draußen einer frei herumläuft, der den Tod deines Großvaters auf dem

Gewissen hat? Ich meine, ich weiß nicht, wie man sich mit so etwas abfinden kann."

Zeni schaute auf das Wasser. „Es hört sich vielleicht ein bisschen seltsam an, aber ich habe mich dafür entschieden", erklärte sie. „Ich will nicht immer das Gefühl haben, dass ich etwas vermisse. Ich will nicht wütend sein, weil mir etwas Wichtiges genommen wurde. Mein Vater ist tot, mein Großvater wurde möglicherweise ermordet. Ich habe viel verloren. Aber ich muss nach vorne schauen, nicht zurück. Ich will mich über das freuen, was ich habe, nicht immer das vermissen, was mir fehlt."

„Und damit geht die Wut auch weg?", hakte Milan nach. Er konnte sich nicht vorstellen, dass man so etwas einfach „entscheiden" konnte.

„Ich glaube, die Wut geht nie richtig weg", sagte sie, und Milan hörte ihrer Stimme an, dass sie mit den Tränen kämpfte. „Aber so kann ich mit ihr leben. Zumindest die meiste Zeit."

Dann konnte sie ihre Tränen nicht mehr zurückhalten. Sie vergrub ihr Gesicht in ihren Händen und fing an zu weinen. Milan legte seinen Arm sanft um Zenis Schultern. Mehr konnte er nicht tun, um sie zu trösten. Es gab nichts, was er sagen konnte, nichts, was er hätte tun können, um ihren Schmerz zu lindern. Die Vergangenheit ihres Landes band sie beide zusammen und lebte noch immer in ihnen.

Zwei Stunden später hielt Milan an der verlassenen Kreuzung vor Khayelitsha an. Das geschäftige Treiben auf der Hauptstraße hatte sich zum größten Teil gelegt. Es war fast dunkel geworden.

Milan drehte sich zu seiner Beifahrerin um. „Willst du hier absteigen?", fragte er sie über das Geräusch des brummenden Motors hinweg.

„Ich habe gedacht, du könntest mich vielleicht heute nach Hause fahren?“, rief Zeni zurück.

Milans Herz machte einen Sprung. „Du musst mir nur sagen, wie ich fahren muss“, sagte er.

Sie deutete mit dem Kopf auf die Hauptstraße. „Fahr einfach geradeaus.“

Milan folgte ihrer Anweisung und fuhr direkt nach Khayelitsha hinein. Je tiefer er in die Township gelangte, desto nervöser wurde er. Obwohl es auch einige teure Autos auf der Straße gab, waren die Hütten und kleinen Häuser ziemlich heruntergekommen. Oft sahen die Buden aus, als wären sie über Nacht errichtet worden. Vor oder neben jeder Hütte hing Wäsche auf der Leine. Auf den Dächern lagen Steine, um das Wellblech im Falle eines Sturms festzuhalten. Über diesen provisorischen Dächern erstreckte sich ein dichtes Spinnennetz aus Telefonkabeln und hohen Masten. Stände an den Straßenrändern verkauften alles, von Zigaretten bis hin zu lebenden Hühnern, von Gemüse bis zu gefälschten Markenklamotten. Einige Menschen versammelten sich um die Telefoncontainer, andere saßen vor den *Shebeens* und tranken Bier.

Shebeens *illegal betriebene Kneipe*

Als Milan in Ilitha Park hineinfuhr, stellte er fest, dass die wackligen Wellblechhütten durch ordentliche kleine Häuser ersetzt waren, vermutlich von der Regierung erbaut. Auch hier standen viele der Gebäude hinter hohen Mauern oder waren vergittert. Dass es in einem Stadtteil wie Khayelitsha viel Kriminalität gab, war Milan klar. Immerhin hatte die Township mit über einer Million Einwohnern eher die Dimension einer Großstadt. Trotzdem glaubte er an die Güte der Menschen. Die meisten Leute hier wollten nur in Frieden leben, ein Dach über dem Kopf und eine Mahlzeit auf dem Tisch haben.

Mit einem Handzeichen deutete Zeni nach rechts.

Milan bog von der Hauptstraße ab. Kurz vor der Eisenbahnstrecke machten sie eine Schleife und fuhren an einer Kirche vorbei, dann an einem Lebensmittelladen. Dahinter war eine Fläche, auf der Kinder spielten und Müll deponiert war. Schließlich bogen sie in eine kleine Straße namens Paradise Road ein. Hier tippte Zeni Milan auf den Oberschenkel und zeigte: „Dort wohne ich."

Zenis Haus war nicht eines der neu gebauten Häuser, sondern eine eingeschossige Hütte mit einem Wellblechdach und einem kleinen Vorgarten. Die Mauer zwischen dem Gehweg und dem Vorgarten war zwar zerbrochen, der Garten allerdings war liebevoll hergerichtet. Man hatte sogar einen Baum gepflanzt, was für die Gegend ungewöhnlich war. Außerdem blühte ein Strauch unter dem Baum, auch eine Rarität in Khayelitsha. Vor der Haustür hing ein Gitter schief in den Angeln. Das Fenster neben der Tür war mit einem grauen Vorhang zugehängt.

Zeni stieg von der Vespa ab und zog den Helm aus. „Danke für den Ausflug", sagte sie zum Abschied. „Es war sehr schön."

Milan zögerte und wusste nicht recht, wie er sich verabschieden sollte. Durfte er Zeni auf die Wange küssen? Oder sollte er ihr eher die Hand geben? War Körperkontakt überhaupt angebracht? Vor allem hier, vor ihrer Haustür?

Er schaute zum Fenster. Der Vorhang bewegte sich fast unmerklich. Jemand beobachtete sie.

„Soll ich morgen wieder an der Kreuzung auf dich warten?", fragte er und versuchte die schemenhafte Gestalt hinter dem Vorhang zu ignorieren.

Diesmal druckste Zeni nicht herum. „Ja, ich werde da sein."

Dann kam ihm Zeni zuvor. Sie streckte den Kopf zu ihm hoch und küsste ihn flüchtig auf die Wange.

„Komm gut nach Hause“, sagte sie lächelnd. Dann drehte sie sich um, lief zur Haustür und verschwand in der Hütte. Am Fenster ließ der Beobachter den Vorhang fallen.

Nach dem Ausflug mit Zeni parkte Milan in der Garage und schloss das elektrische Tor hinter sich. Für seine Vespa gab es nur wenig Platz neben dem Geländewagen seiner Eltern. Er betrat das Haus durch die Seitentür und hörte seine Mutter im Wohnzimmer. Sie saß auf dem Sofa und telefonierte. Gleichzeitig sah sie fern, allerdings ohne Ton.

Milans Mutter war eine attraktive und erfolgreiche Geschäftsfrau von zierlicher Statur. Sie hatte blond gefärbte Haare, eine moderne Frisur und auffällig blasse Haut. Sie leitete eine eigene Firma namens *Rent-a-Plant*. Diese vermietete Pflanzen an Büros und Geschäfte in Kapstadt und Umgebung – „grüne Schmuckstücke“, wie sie sie nannte – und organisierte ihre Pflege als Teil der Dienstleistung. In der Innenstadt hatte sie eine kleine Lagerhalle, in der die Pflanzen aufbewahrt wurden. Ihre Mitarbeiter führten von dort aus die Lieferungen durch. Vor mehr als zehn Jahren hatte Sabine die Firma aus dem Nichts aufgebaut. Es lief so gut, dass sie mittlerweile drei Festangestellte hatte.

Als Sabine Julitz ihren Sohn sah, beendete sie das Telefonat abrupt und stand auf. „Hallo, Schatz!“, sagte sie und kam auf ihn zu. „Ich habe mir Sorgen gemacht. Gerade habe ich Herrn Stein angerufen. Er hat mir gesagt, du seiest unterwegs mit Freunden.“

Milan ließ sich auf das Sofa fallen und schaute der tonlosen Telenovela im Fernsehen zu. „Du musst dir keine Sorgen um mich machen.“

Sabine Julitz nahm die Redefaulheit ihres Sohnes mit einem Seufzer hin. Sein Schweigen machte sie nur noch neugieriger.

„Ach Schatz, was hast du denn?“, schnurrte sie und strich ihrem Sohn durch die Haare. Milan zog sofort seinen Kopf weg.

Sabine inspizierte ihre rot lackierten Fingernägel. „Erzähl mal, wo warst du?“

„Am Strand“, antwortete Milan wortkarg.

„Mit Alex?“, hakte sie nach.

Statt seine Mutter mit weiteren Details über seine Freizeitaktivitäten zu versorgen, nahm Milan die Fernbedienung und schaltete den Ton ein. Eigentlich hätte er gerne mit jemandem geredet. Über Zeni, über ihre tragische Familiengeschichte, über das Gespräch am Strand. Er hätte gerne jemandem ihre wundervollen Augen und ihr strahlendes Lächeln beschrieben, von ihrer klaren und einfühlsamen Art erzählt und dem besonderen Gefühl, sie in den Armen zu halten. Aber nicht seiner Mutter.

Sabine schaute ihren Sohn von hinten an. Seine langen braunen Haare besaßen eine feine Struktur und waren seidenweich. Sie legte wieder ihre Hand auf seinen Schopf und streichelte ihn sanft.

„Was ist los, Schatz?“, fragte sie besorgt. „Hast du Probleme in der Schule?“

Milan sprang energisch vom Sofa auf. Die Naivität ihrer Frage nervte ihn. „Verdammt noch mal, Mama! Ich bin kein Kind mehr!“, fauchte er sie an.

Sabine war überrascht. „Mein Gott! Du bist aber heute mit dem falschen Fuß aufgestanden, was?“ Sie glättete den Rock ihres Kostüms. „Was ist denn nur in dich gefahren?“

„Es tut mir leid. Ich bin nur in Gedanken.“

„Worüber denkst du denn nach?“

Milan zuckte mit den Achseln und schüttelte dabei den Kopf. „Über vieles.“

„Wenn du willst, kannst du mit mir darüber reden. Du kannst mit mir über alles reden.“

Milan verzog das Gesicht und kämpfte mit sich. Dann stellte er die Frage, die ihn beschäftigte, seit Zeni ihm von ihrer Familie erzählt hatte: „Was habt ihr eigentlich während der Apartheid gemacht?“

Sabine zuckte fast unmerklich zusammen. Sie spitzte die Lippen und drehte sich von ihrem Sohn weg.

„Wie meinst du das?“, antwortete sie mit einer Gegenfrage.

„Na ja. Ich meine, wie ihr damals dazu gestanden seid? Wir haben noch nie darüber gesprochen.“

Sabine zuckte mit den Schultern. „Es gibt nichts dazu zu sagen“, sagte sie genervt und zupfte ihre Jacke zurecht. „Ich hatte mit der Politik dieses Landes nichts zu tun. Dein Vater auch nicht.“

„Aber du bist hierhergezogen“, erwiderte Milan und fügte mit Nachdruck hinzu: „Freiwillig.“

Sabine drehte sich wieder zu ihm um und schaute ihren Sohn mit einem bemitleidenswerten Lächeln an. „Aber Milan! Es ist doch so wunderbar hier!“

„Ja“, gab Milan zurück, „wenn man damals weiß war.“

Sabine stemmte die Hände in die Hüften und ging in die offene Küche. „Ach komm, Milan! Das ist alberner Quatsch. Die Apartheid ist längst vorbei! Wir haben jetzt ganz andere Probleme. Was soll das jetzt?“

Milan ging ihr hinterher. „Ich will es wissen!“, rief er verzweifelt. „Ich kann mir nicht vorstellen, wie es ist, in einem Land zu leben, in dem Millionen von Menschen verachtet und unterdrückt werden.“

Sabine blieb schlagartig mitten in der Küche stehen, als fiele ihr eine geniale Erklärung ein. „Ich kann es dir sagen“, sagte sie trotzig. „Es war nicht schön.“

Sie holte eine Packung Kaffeebohnen aus dem Schrank und füllte sie in den Kaffeeautomaten, als hätte sie Milans Fragen mit einem Schlag beantwortet. *Es war nicht schön.* So einfach war das.

„Wenn es nicht schön war, warum habt ihr dann während der Apartheid hier gelebt?“, hakte Milan geduldig nach.

Sabine schnaubte verärgert. „Was hätten wir sonst tun sollen?“

„Papa hätte auch nach Deutschland kommen können.“

Sabine Julitz drehte sich schwungvoll zu ihrem Sohn um, die Tüte Kaffeebohnen noch in der Hand. Jetzt wurde sie wütend.

„Was willst du eigentlich? Würdest du lieber in Deutschland leben? Ist es das, was du damit sagen willst? Glaubst du, dass wir so in Deutschland leben könnten? Mensch! Dein Vater wurde hier geboren. Er hat ein Recht darauf, hier zu sein.“

Auf einmal spürte Milan eine Aggression gegenüber seiner Mutter, die ihn selbst überraschte. Sie wollte nicht mit ihm darüber reden, auch wenn sie vorher das Gegenteil behauptet hatte. Sie blockte einfach ab. Fragen über die Vergangenheit waren offenbar nicht erwünscht.

Milan war jetzt auf Konfrontationskurs. „War Papa in der Nationalen Partei?“, fragte er.

Nationale Partei → *siehe Glossar, S. 245*

„Natürlich nicht!“, protestierte Sabine entsetzt und verschüttete dabei versehentlich einige Kaffeebohnen. „Dein Vater war einer der Guten. Dein Großvater auch. Du siehst doch selbst, wie sich Opa um seine Leute kümmert. Hast du das vergessen? Er hat Walter und Jon praktisch seine Farm vererbt.“

„Und du? Hat dich die Rassenpolitik damals nicht gestört?“

„Doch, selbstverständlich! Aber was hätte ich denn tun sollen? Ich bin nur ein kleiner Mensch, ein Nichts. Außerdem weißt du ganz genau: Dein Vater wäre nie nach Deutschland gegangen.“

„Hattest du kein schlechtes Gewissen? Ich meine, so zu leben, während die anderen ...“

Sabine ließ Milan den Satz nicht zu Ende bringen. „Weshalb denn? Es war nicht *meine* Idee!“, rief sie angespannt und ihre Stimme quiekte vor Aufregung.

„Du hättest trotzdem etwas fühlen können. Irgendwas. Ich meine, du wusstest, was in diesem Land abging, oder nicht?“

Milans Mutter schüttelte ablehnend den Kopf. „Nee, nee!“, lachte sie, als wäre sie endlich hinter Milans Spiel gekommen. „Du kannst mich nicht dafür verantwortlich machen! Nein. Als ich zum ersten Mal nach Südafrika kam, war ich so alt wie du. Beim zweiten Mal war ich erst zwanzig. Dann habe ich deinen Vater kennengelernt. Ich habe alles für ihn aufgegeben.“

Sabine hielt den Deckel der Kaffeemaschine fest und machte sie an. Das ratternde Geräusch übertönte das Gespräch.

Milan wartete eine Sekunde, aber seine Mutter hörte nicht auf, die Kaffeebohnen zu mahlen. Schließlich gab er nach. „Ich gehe nach oben.“

Sabine registrierte diese Mitteilung, als hätte es das Gespräch gar nicht gegeben. „In Ordnung“, sagte sie, und Milan vernahm eine gewisse Erleichterung in ihrer Stimme.

Er musterte seine Mutter noch einen Augenblick lang. Wieder gut gelaunt holte sie eine Tasse aus dem Schrank und sagte nichts mehr. Er wandte sich von ihr ab und ging langsam zur Tür.

„Opa kommt am Sonntag übrigens nicht“, teilte Sabine ihm mit, bevor er die Küche verließ. „Er ist noch erkältet. Ich soll dich schön grüßen.“

Milan antwortete nicht. Mit schweren Schritten ging er die Treppe hoch und verschwand in seinem Zimmer.

## Die Auszeichnung

Für Milan vergingen die nächsten zwei Wochen wie im Flug. Fast jeden Tag holte er Zeni nach der Schule ab. Zusammen fuhren sie in die Stadt, gingen an der Promenade spazieren oder an einem der vielen Strände rund um Kapstadt. Sie genossen die bezaubernde Aussicht vom Signal Hill, besuchten das Niemandsland im ehemaligen District Six, machten einen Schaufensterbummel im Zentrum und tranken Kaffee in der Long Street. Milan nahm Zeni sogar zum Drachenboottraining mit. Dort sah sie nicht nur das Boot, sondern lernte auch Milans Teamkollegen kennen. Selbst Herr Stein unterhielt sich lange mit ihr. Natalie lud sie sogar zu einer Feier ein.

Herr Stein schien ziemlich beeindruckt von dem Mädchen aus der Township. Zumindest deutete er das am nächsten Tag an, als er mit Milan über seine neue Freundin sprach. „Ihr passt gut zusammen“, meinte er.

„Finden Sie?“, fragte Milan hoffnungsvoll. „Manchmal mache ich mir Sorgen.“

Stein schüttelte den Kopf. „Musst du nicht. Ihr könnt das alles gut meistern.“ Er legte eine kurze Pause ein, dann fragte er: „Wie heißt sie eigentlich mit Familiennamen?“

Die Frage überraschte Milan. „Kumalo“, erwiderte er.

„Ah ja ...“ Stein nickte nachdenklich. „Sie hat gesagt, dass ihr Großvater im Gefängnis starb.“

„Das hat sie Ihnen erzählt?“ Milan war verwundert.

„Ich habe sie gefragt“, kam die Antwort.

Bevor Milan sich erkundigen konnte, wie es dazu kam, dass Stein in so kurzer Zeit solch intime Fragen stellen konnte, klingelte es und die Pause war zu Ende.

Es war nun auch an der Zeit, dass Milan Zenis Mutter und ihre Schwestern kennenlernte. Er wurde zum Mittagessen eingeladen, an einem Sonntag nach ihrem wöchentlichen Kirchgang. Er war sehr nervös, hätte sich aber die Aufregung ersparen können. Zenis Familie war äußerst nett und der fremde Junge wurde herzlich aufgenommen. Frau Kumalo sprach nur gebrochen englisch, aber das war kein Problem. Auf der Farm seines Großvaters hatte Milan als Kind Xhosa gelernt.

*„Molo*, Mrs Kumalo! *Unjani?“*, sagte er und drückte die Zunge an die Schneidezähne, um den Schnalzlaut zu treffen. Er bedankte sich für die Einladung. *„Enkosi ngokundimema.“*

Frau Kumalo strahlte über das ganze Gesicht. *„Inkwenkwe emhlophe, oh, uyathetha ilwimilam!“*

Zeni war über die bisher ungeahnten Sprachkenntnisse ihres Freunds ebenfalls erstaunt. „Du hast mir gar nicht gesagt, dass du Xhosa sprichst!“, stutzte sie.

„Du hast mich nie gefragt“, erwiderte Milan zufrieden.

In Wahrheit war sein Xhosa nicht viel besser als Frau Kumalos Englisch – nämlich sehr lückenhaft –, aber es brach auf jeden Fall das Eis. Zenis Mutter war eine starke Persönlichkeit, vorurteilsfrei und aufrichtig. Sie trug eine bunte Bluse und einen langen Rock mit einer gestreiften Schürze. Ihr Kopf war in einen eleganten *iqhiya* oder Turban gewickelt. Sie sah älter aus als fünfundvierzig Jahre. Das Leben als alleinerziehende Mutter dreier Kinder hatte seinen Tribut gefordert.

Für Milan war es ein seltsames Gefühl, zu wissen, dass Zenis Mutter jede Woche bei ihm zu Hause war und sogar sein Zimmer sauber machte. Sie hatte seine Fotos an den Wänden gesehen, kannte seine Mutter und wusste wahrscheinlich viel über ihn. Schließlich hatte Sabine Julitz keine Probleme damit, Angestellten wie Frau Kumalo Anekdoten aus ihrem Familienleben zu erzählen.

Aber all das spielte keine Rolle. Zenis Mutter schloss Milan ins Herz. Auch ihre Schwestern waren recht offen. Sie sprachen englisch mit Milan und sie unterhielten sich über die Familie, die Schule, ihre Wünsche und Ziele. Besonders die ältere Schwester Jessy war Milan sehr sympathisch. Sie war fast zehn Jahre älter als Zeni und studierte Jura an der Uni in Kapstadt, wo sie unter der Woche wohnte. Mit großer Freude betonte sie, dass sie ein Glückskind sei, denn wenn sie ein paar Jahre früher geboren worden wäre, hätte sie nie im Leben Jura studieren dürfen. Die andere Schwester war nur ein bisschen älter als Milan und Zeni, aber deutlich schüchterner als ihre große Schwester. Sie hatte keinen Studienplatz bekommen und wie so viele Menschen in der Township war sie arbeitslos.

Milan hatte das Gefühl, voll und ganz in Zenis kleiner Familie aufgenommen zu werden – und nicht nur, weil er der Sohn von Frau Julitz war. Trotzdem war er überrascht, als Zenis älteste Schwester am Ende des Besuchs eine ganz besondere Einladung aussprach.

„Du warst bestimmt noch nie auf einer Hochzeit bei uns in Khayelitsha, oder?“, fragte Jessy.

„Das stimmt“, antwortete Milan ehrlich.

„Vielleicht hast du ja Lust, mit uns zu feiern?“, fuhr sie mit einem breiten Grinsen fort und legte ihren Arm um ihre kleine Schwester Zeni. „Wer ein Freund von Zeni ist, ist auch ein Freund von uns allen. Nicht wahr?“

„Wer heiratet denn?“, fragte Milan neugierig.

„Unser Cousin. Themba Mbete. Ist zwar seine zweite Ehe, aber diesmal hält sie, so Gott will. Es wird ein großes Fest werden. Die ganze Familie kommt zusammen. Am Samstag in einer Woche. Was sagst du? Hast du Lust?“

Milan blickte verstohlen zu Zeni. Ein großes Fest? Die ganze Familie? Alle Verwandten und Freunde auf einmal?

Zunächst zögerte er, doch dann schlug er seine Bedenken in den Wind. „Ich komme gerne.“

Schließlich würde es nur eine Frage der Zeit sein, bis er Zenis weitere Familie und ihren Freundeskreis kennenlernte. Warum nicht alle auf einmal?

Am selben Abend kam Werner Julitz zu Besuch. Milans Großvater war fast achtzig Jahre alt und wohnte immer noch auf seiner Farm im Vorgebirge außerhalb Kapstadts. Als Kind hatte Milan die Farm geliebt, weil er dort stundenlang mit den Kindern der Bediensteten spielen durfte und auch weil er die vielen Tiere auf der Farm liebte. Die beiden schwarzen Familien, deren Oberhäupter seit Jahrzehnten für Werner Julitz arbeiteten, wohnten ebenfalls noch immer auf dem Hof. Ihr Beschäftigungsstatus war allerdings jetzt deutlich besser als früher. Obwohl Werner seine schwarzen Landarbeiter immer sehr fair behandelt hatte – so gut er das während der Apartheid gekonnt hatte –, gleichberechtigt waren sie nie.

Jetzt durften die Menschen, die für ihn von Anfang an gearbeitet hatten, endlich an dem Erfolg des Unternehmens teilhaben. Sie lebten dort mietfrei und erhielten zwei Drittel des Gewinns. Es war die angemessene Entlohnung für die jahrelange Treue und gute Arbeit, mehr als ein faires Abkommen. Milan war stolz auf seinen Großvater. Nach dem Ende der Apartheid hatte er das Richtige getan. Werner Julitz hatte etwas zurückgegeben.

Seit Jahren fuhr Werner jeden Sonntag in die Stadt und besuchte dort seine Familie. Er war ein Farmer der alten Schule, ein Machertyp, der kein Blatt vor den Mund nahm, aber er besaß auch eine gewisse Sensibilität. Seit Kurzem zeigte er die ersten Anzeichen von Altersschwäche. Er war in letzter Zeit oft krank gewesen und hatte seinen regelmäßigen Familienbesuch mehrfach abgesagt. Seine Farmarbeiter kümmerten sich liebevoll um ihn, aber die zweistündige Autofahrt nach Kapstadt in seinem alten Transporter strengte ihn zunehmend an. Deswegen hatte er seinen einzigen Enkelsohn seit über einem Monat nicht mehr gesehen.

Wie immer wenn das Wetter gut war, grillte die Familie Julitz im Garten. Der Großvater brachte frisches Fleisch und Gemüse vom Land mit und in einem vertrauten Ritual bereiteten sie ein regelrechtes Festmahl vor. Werner und Milan kümmerten sich um den Grill. Peter und Sabine Julitz setzten sich mit einer Flasche Rotwein an den Gartentisch.

Während Milan und sein Großvater schweigend die brutzelnden Springbock-Steaks wendeten, musterte Werner seinen Enkelsohn aus dem Augenwinkel. Werner Julitz war ein großer drahtiger Mann, der seinen athletisch gebauten Enkelsohn überragte. Er zog genussvoll an seiner Zigarette. Sein Gesicht sah durch die jahrelange Landarbeit unter der heißen südafrikanischen Sonne aus wie zerknittertes Leder. Er blickte Milan schmunzelnd an und fragte mit seiner ihm eigenen Unverblümtheit: „Und? Hast du jetzt eine Freundin?“

Milan wurde rot. Zunächst wusste er nicht recht, was er sagen sollte. Seine Eltern saßen am Gartentisch und redeten über Sabines Blumengeschäft. Er hatte ihnen bisher nichts von Zeni erzählt. Seine Mutter wusste nicht einmal, dass sie sich überhaupt begegnet waren.

Normalerweise hätte Milan die Frage verneint, aber aus irgendeinem Grund wollte er seinem Großvater die Wahrheit sagen. Er war außerdem gespannt, was seine Eltern zu seinem Bekenntnis sagen würden.

„Ja, habe ich“, erwiderte er knapp.

Aus dem Augenwinkel sah Milan, wie seine Mutter überrascht von ihrem Teller aufschaute. Auch Milans Vater hatte offensichtlich die Antwort seines Sohnes gehört.

Werner zog die Augenbrauen hoch. „Und? Wer ist die Glückliche?“

„Sie heißt Zeni“, erwiderte Milan. „Zeni Kumalo.“

Für den Bruchteil einer Sekunde blieb die Grillgabel in Werners Hand mitten in der Luft stehen. Es war eine minimale Bewegung, aber Milan sah sie. Ansonsten ließ sich sein Großvater nichts anmerken. Keine Überraschung, keine Freude. Sein Gesicht war wie aus Granit.

Am Gartentisch sah es anders aus. Sabine sprang sofort auf und kam zielstrebig auf Milan zu. Auch sein Vater strich sich nachdenklich durch den Bart.

„Zeni Kumalo?“, staunte Sabine fassungslos. „Du meinst nicht etwa die Tochter von Frau Kumalo?“

Etwas verwirrt runzelte Werner die Stirn und folgte dem Gespräch zwischen Mutter und Sohn.

„Ja, genau die“, erwiderte Milan. „Zeni Kumalo.“

Sabine hob ihre Hand fassungslos zum Mund. „Das gibt’s ja nicht!“ Sie warf ihrem Ehemann einen verzweifelten Blick zu. „Seit wann läuft das?“

„Seit ein paar Wochen.“

Sabine schüttelte ungläubig den Kopf.

Jetzt meldete sich Werner irritiert zu Wort: „Wer zum Teufel ist diese Zeni Kumalo?“, wollte er wissen.

Sabine seufzte und lachte nervös. „Die Tochter unserer Putzfrau!“

„Aha.“ Werner grinste seinen Enkelsohn an und nickte beeindruckt. „Interessante Wahl!“ Dann wandte er sich seiner Schwiegertochter zu und fragte lässig: „Hast du ein Problem damit, Sabine?“

Milans Mutter hielt ihre kleinen, zierlichen Hände hoch und streckte ihre Finger aus. „Nein, natürlich nicht. Überhaupt nicht! Es ist nur ein bisschen ...“, sie suchte nach dem passenden Wort, „... seltsam. Ich meine, ihre Mutter *arbeitet* für uns.“

„Na und? Es gibt kein Gesetz dagegen“, zischte Milan.

„Ich weiß“, verteidigte sie sich und war sichtlich überfordert. „Es ist halt ein bisschen merkwürdig, findest du nicht?“

„Das müssten wir eher Zeni und ihre Mutter fragen“, sagte Milan.

Milans Vater stand vom Tisch auf und kam auf sie zu. „Milan hat recht. Wenn es überhaupt für jemanden unangenehm sein könnte, dann für sie. Aber lass uns mal abwarten. Die beiden sind erst gerade zusammengekommen, es ist alles ganz frisch.“

„Aber ...“ Milan wollte seinem Vater klarmachen, dass es keine kurze Sache sein würde, doch Peter ließ ihn nicht zu Wort kommen.

„Deine Mutter ist nur ein bisschen überrascht“, unterbrach er ihn bestimmend. „Wir wussten nicht mal, dass ihr euch kennt.“ Milan machte den Mund auf, um zu protestieren, aber sein Vater setzte seine Rede fort: „Warte kurz. Lass mich ausreden. Du meinst es offensichtlich ernst mit diesem Mädchen, sonst hättest du uns nicht von ihr erzählt. Wir freuen uns doch für dich.“ Peter bemühte sich zu lächeln. „Und damit es klar ist: Zeni ist hier jederzeit willkommen, hörst du?“

Milan nickte, aber er zweifelte an der Ehrlichkeit der Aussage. Dass Zeni die Tochter von Frau Kumalo war, war nicht das einzige Problem. Sie war auch ein Township-Mädchen.

Peter tauschte einen letzten Blick mit seiner Frau aus.

Es war ein Blick, der nach friedlicher Bestätigung suchte. Sabine nickte fast unmerklich und senkte den Kopf.

„Jetzt will ich mein Steak in Ruhe essen", sagte Peter Julitz und ging zum Tisch zurück.

Milans Mutter atmete tief durch. „Es tut mir leid, Milan. Versteh mich nicht falsch. Zeni ist wirklich ein sehr reizendes Mädchen ..."

Aber Milan hörte ihr nicht mehr zu. Neben ihm nahm Werner die vier saftigen Springbock-Steaks vom Grill und schaufelte sie auf einen großen Teller.

„Na dann", schmunzelte der alte Mann. „Ich würde vorschlagen, wir laden deine neue Freundin zum nächsten Grillabend ein. Ich will sie auch mal kennenlernen."

Milans Mutter nickte. Dann drehte sie sich um und folgte ihrem Mann zum Gartentisch.

Werner brachte den vollen Teller zum Tisch und kündigte jetzt in zwei knappen Sätzen seine eigene Neuigkeit an: „Ich habe übrigens eine Wohnung in der Stadt gemietet", sagte er, noch bevor er sich hingesetzt hatte. „Ich ziehe nächste Woche um."

Milan wartete gespannt auf die Hochzeit von Themba Mbete, doch am Tag davor stand noch der Umzug von Werner Julitz auf der Tagesordnung. Milan und sein Vater hatten ihre Hilfe zugesagt und nach der Schule machten sie sich auf den Weg nach Kylemore.

Es war ungewöhnlich, dass Milan und sein Vater Zeit miteinander verbrachten, vor allem alleine. Peter war beruflich viel unterwegs. Als Unternehmensberater hatte er einige Kunden in Deutschland und verbrachte dort mehrere Monate im Jahr. Milan bekam nicht viel von ihm mit. Aber auch wenn Peter nicht unterwegs war, hatten sie selten das Bedürfnis, zu zweit zu sein. Peter zum Beispiel liebte Rugby über alles, was Milan gar nicht interessierte. In seiner Freizeit war der Familienvater auch oft mit seinem Rennrad unterwegs, was Milan ebenfalls wenig anmachte. Irgendwie hatte sich über die Jahre hinweg eine seltsame Stille in das Verhältnis zwischen Vater und Sohn geschlichen.

Auch auf der Autofahrt nach Kylemore redeten sie kaum miteinander. Sie unterhielten sich über den bevorstehenden Drachenbootwettbewerb in Durban, über die Schule, das Wetter, die neusten sportlichen Ereignisse – nur über eines nicht: Milans neue Freundin. Es fiel kein Wort über das Mädchen aus der Township.

Bald waren alle Gesprächsthemen erschöpft und so schwiegen sich Vater und Sohn an. Nach einer Weile tauchten die Berge auf. Sie standen wie eine Mauer vor dem klaren Himmel. Es war nicht mehr weit bis zu Werners Farm. An der Ausfahrt nach Kylemore brach Peter Julitz endlich das Schweigen.

„Ich muss etwas mit dir besprechen", sagte er ernst.

Milan wartete. Die Ankündigung seines Vaters beunruhigte ihn.

„Deine neue Freundin Zeni ...", fing Peter langsam an und sein vorsichtiger Ton schürte Milans Misstrauen. „Ich bin mir sicher, dass sie ein ganz nettes Mädchen ist. Du weißt, deine Mutter und ich, wir wollen uns gar nicht in deine privaten Angelegenheiten einmischen. Das werden wir auch nicht. Aber es gibt etwas, das ich dir sagen muss – weil ich es später nicht bereuen will."

Milan war irritiert. Was wollte er ihm sagen? Dass er doch ein Problem mit Zeni hatte? Dass die Sache mit ihr nie klappen könnte?

„Deine Mutter hat mir gesagt, dass Zeni ein sehr hübsches Mädchen ist“, fuhr Peter mit seinem Anliegen fort. „Und ich weiß, dass du in einem Alter bist, in dem es nicht mehr nur um Händchenhalten geht ...“

Milan grinste fast vor Erleichterung. Es ging um Sex. Er wusste ganz genau, warum sich seine Eltern Sorgen machten. Es war alles so vorhersehbar.

„Wir wissen, dass du aufgeklärt bist“, kam Peter endlich auf den Punkt. „Aber trotzdem. Du weißt, wie hoch die HIV-Rate in den Townships ist. Also, falls du dich entscheidest, mit Zeni zu ...“, er brach den Satz ab und räusperte sich verlegen, „... mit ihr zu schlafen, musst du auf jeden Fall aufpassen.“

Milan lachte verächtlich. „Meinst du, weil sie schwanger werden könnte?“, fragte er, obwohl er wusste, auf was sein Vater hinauswollte.

„Na ja, das auch“, wand sich Peter. „Aber eigentlich meinte ich das nicht.“

„Zeni ist noch Jungfrau“, sagte Milan nüchtern. „So wie ich.“

Peter blickte starr auf die Straße vor ihm und krallte sich am Lenkrad fest. „Das hat nichts zu bedeuten“, meinte er kopfschüttelnd. „Hat Zeni schon einen Test gemacht?“

Milan lachte. „Warum sollte sie einen Test machen, wenn sie noch Jungfrau ist?“

„Du weißt ganz genau, wie diese Sachen laufen.“

„Was willst du damit sagen?“, zischte Milan unruhig und fügte zynisch hinzu: „Ich meine, Zenis Mutter wird wohl einen Test gemacht haben, wenn sie bei uns arbeitet, oder etwa nicht?“

Peter biss die Zähne zusammen. Der Vorwurf gefiel ihm nicht. „Wer weiß, was Zeni schon alles erlebt hat.“

Das ging Milan zu weit. „Wovon redest du?!“, rief er entsetzt. „Was willst du damit sagen? Dass Zeni vergewaltigt wurde? Oder Drogen genommen hat? Wie krank muss man sein, um auf so eine Idee zu kommen?“

Peter verlor vollkommen die Fassung. „Verdammt noch mal, Milan, sei nicht so naiv!“, brüllte er, und seine Stimme schien das Auto erbeben zu lassen. „Liest du keine Zeitung? Schaust du nie die Nachrichten? Du kennst doch die Zahlen. Was in den Townships abgeht, das ist kein Spiel.“

Milan schüttelte ungläubig den Kopf und starrte seinen Vater düster an. Er kam ihm wie ein Fremder vor.

„Mein Gott!“, murmelte er fassungslos. Bei jedem anderen Mädchen – oder genauer gesagt, bei jedem *weißen* Mädchen – hätte er das Thema nie angesprochen. „Du denkst immer noch wie während der Apartheid ...“

„Das reicht!“, rief Peter außer sich vor Wut und knallte seine Hand auf das Lenkrad. „Jetzt hör aber auf, die Rassenkarte zu spielen! Es geht hier nicht um schwarz oder weiß. Es geht hier um Fakten, um Lebensumstände! Ob du es einsehen willst oder nicht, es sind die Schwarzen, die die Aidsrate in diesem Land in die Höhe treiben. Das ist einfach so.“

„Dann sollte man sich vielleicht fragen, warum“, knurrte Milan und schaute aus dem Fenster.

„Ich habe keine Zeit, mich mit solchen Fragen zu beschäftigen. Ich bin Geschäftsmann, kein Sozialwissenschaftler. Und ich rede mit dir als dein Vater. Entweder erkennst du die Gefahr und gehst verantwortlich damit um oder nicht. Es ist deine Entscheidung.“ Peter holte tief Luft und beruhigte sich langsam. „Eigentlich will ich dir nur eins sagen: Bitte pass auf dich auf! Wir wollen nicht, dass du dich ansteckst, o. k.?“

Milan nickte. Sein Vater hatte sich deutlich ausgedrückt. Es war das erste Mal in seinem Leben, dass sie ein persönliches Gespräch geführt hatten – und es war direkt in die Hose gegangen. Kein Wunder, dass sie nichts miteinander anfangen konnten.

„Gut!“, sagte Peter immer noch genervt. Er starrte auf die Straße. „Dann ist das Thema für mich erledigt. Von mir aus müssen wir nie wieder darüber reden.“

Während der restlichen Autofahrt sprachen Vater und Sohn kein Wort mehr miteinander. Milan entwickelte eine gute Methode, um seinen Ärger zu verdrängen: Er beschloss, Mitleid für seinen Vater zu empfinden. Dieser Gedanke tröstete ihn. Mitleid war die richtige Einstellung. Peter Julitz gehörte einfach zu einer anderen Generation. Es wäre vollkommen sinnlos gewesen, weiter mit ihm zu diskutieren. Er unterteilte die Welt in schwarz und weiß, in „wir und sie“. Ursachen interessierten ihn gar nicht, nur seine unmittelbare Umgebung. Wahrscheinlich war das schon immer so gewesen. Doch das war kein Grund, ihn zu verachten. Er war nicht unbedingt rassistisch, er war nur gefangen. Gefangen in dem systematischen Denken eines Landes, in dem er groß geworden war.

Als sie die Farm von Werner Julitz erreichten, hatten sie sich beide wieder etwas beruhigt und konnten sich nun auf die bevorstehende Aufgabe konzentrieren. Der Umzug lief ohne große Aufregung ab. Werner hatte seine Sachen schon eingepackt. Die meisten Kisten standen bereits im Hof. Jon und Walter, seine ehemaligen Mitarbeiter, die jetzt die Farm übernehmen würden, hatten Werner bei den Vorbereitungen geholfen. Zusammen mit Peter und Milan beluden sie den alten Lastwagen mit den Möbelstücken, die Werner mitnehmen wollte. Nachdem alles eingeladen war, staunte Milan, wie wenig ein Mann von achtzig Jahren besaß. Es passte alles in zwei Fahrzeuge.

Milans Großvater nahm Abschied von den Menschen, mit denen er fast sein ganzes Leben verbracht hatte. Jon und Walter kannte er, seit er die Farm gekauft hatte. Ihre Kinder waren dort auf die Welt gekommen. Werner hatte alle Phasen ihres Lebens miterlebt, sogar die Geburt ihrer ersten Enkelkinder.

Als Werner sich verabschiedete, konnten die Ehefrauen ihre Tränen nicht zurückhalten. Sie drückten ihren ehemaligen Arbeitgeber lange und ausgiebig und küssten ihn auf die Stirn. Nur Werner weinte nicht. Es war ein rührender Moment, den Milan für immer in Erinnerung behalten wollte.

Das Umzugsteam fuhr in die Stadt zurück und parkte vor dem Hochhaus, in dem Milans Großvater eine kleine Wohnung gemietet hatte. Hier würde er seine letzten Tage verbringen, mit Blick aufs Meer und frischer Seeluft, der passende Ausklang seines erfüllten Lebens. Der weitere Umzug ging überraschend schnell vonstatten, dank des Aufzugs. Nur das große Landschaftsgemälde, von dem sich Werner doch nicht trennen konnte, passte nicht rein. Es war sogar so groß, dass die Männer es zu viert die Treppe hinauftragen mussten.

Im Nu war auch die letzte Kiste oben. Jon und Walter, die auch nicht mehr die Jüngsten waren, verabschiedeten sich müde und zerschlagen und versprachen Werner ein baldiges Wiedersehen. Dann kehrten sie zu ihren Familien in Kylemore zurück. Nur Werners Sohn und sein Enkel blieben in der neuen Wohnung zurück, um dem alten Mann beim Auspacken zu helfen.

Milan und sein Vater teilten sich zwischen Wohnzimmer und Küche auf, um die ordentlich beschrifteten Kisten auszupacken. Werner nahm sich sein neues Arbeitszimmer vor. Im Wohnzimmer verteilte Milan den Inhalt der ersten Kiste in den Regalen: großformatige Bücher mit Bildern, die Südafrika in all seiner Pracht zeigten; Jagdtrophäen, wie die Hörner eines Spießbocks oder der Schädel eines

Schakals, eingerahmte Fotos von Familie und Freunden und eine kuriose Sammlung von Aschenbechern. In der zweiten Kiste fand Milan das Porzellan von Werners verstorbener Frau, sorgfältig verpackt.

Ab und zu kam Werner aus dem Nebenraum und kontrollierte Milans Arbeit. Er zeigte ihm, wo er die Gegenstände aufstellen sollte, und erzählte kleine Anekdoten. Auch Peter entkam Werners präzisen Anweisungen nicht. Der alte Mann war gerade auf einem solchen Besuch in der Küche, als Milan eine Kiste öffnete, die gar nicht ins Wohnzimmer gehörte.

Sie war voller Ordner. Eigentlich hätte Milan sofort erkennen können, dass die Kiste in den Nebenraum gehörte, aber stattdessen packte er die Ordner aus und stellte sie einzeln auf dem Esstisch ab. Jeder Ordner war ebenfalls beschriftet und beinhaltete Geschäftspapiere der Farm: Steuererklärungen, Ein- und Verkaufslisten, Angaben zur Ernte und zu den Löhnen. Als die Kiste leer war, warf Milan noch einen flüchtigen Blick hinein und sah einen Bilderrahmen in DIN-A4-Größe. Er lag flach auf dem Boden. Das Glas war zerschmettert. Zwei große Scherben hatten sich von der Vorderseite gelöst und lagen oben auf. Milan wunderte sich, dass ausgerechnet sein Großvater einen Glasrahmen unten in eine Kiste gepackt hatte.

Milan nahm den kaputten Rahmen heraus. Staub hatte sich hinter der zerbrochenen Glasscheibe gesammelt. Es handelte sich um ein Dokument. Eine Auszeichnung. In der oberen Ecke stand ein kleines Logo. Milan erkannte es sofort: die beiden blauen Buchstaben „N“ und „P“ neben einer gelben Sonne. Das Symbol der Nationalen Partei, der Partei der Apartheid.

Er überflog rasch den Text: „Die Nationale Partei ehrt Werner Julitz für seine Leistungen im Dienst des Landes.“

Milans Großvater sei „ein treues Mitglied", das dazu beigetragen hatte, dass „die Werte Südafrikas aufrechterhalten" wurden. Milans Herz schlug ihm bis zum Hals. Das Dokument war eine Ehrung. Es war aus dem Jahr 1968. Milan las den kurzen Text zu Ende, aber es stand nicht drin, womit sein Großvater diese Auszeichnung verdient hatte.

Bevor Milan seine konfusen Gedanken ordnen konnte, hörte er ein Geräusch hinter sich. Sein Großvater kam ins Wohnzimmer zurück. Er blieb vor dem großen Landschaftsgemälde stehen und starrte seinen Enkelsohn entsetzt an.

„Hör mal, kannst du nicht lesen?", sagte er schroff und zeigte auf die offene Kiste neben Milan. Das Wort ‚Arbeitszimmer' stand gut lesbar auf der Seite.

Milan drehte sich überrascht um. „Ich ... ich habe sie versehentlich geöffnet."

Mit zwei großen Schritten trat Werner auf seinen Enkelsohn zu und riss ihm den Rahmen aus der Hand. „Was machst du da?", schnauzte er ihn an.

Milan war erstaunt über den barschen Ton seines ansonsten so geduldigen Großvaters. Was hatte das zu bedeuten? Hatte sein Großvater ihn jahrelang angelogen? War er wirklich Mitglied der Nationalen Partei gewesen oder konnte es ein Irrtum sein? Und wenn ja, was hatte er getan, um diese Ehrung zu bekommen?

Werner nahm den Rahmen in beide Hände und schaute das Dokument mit starren Augen an. Milan blickte verwirrt von der Auszeichnung zu seinem Großvater.

„Was ist das?", fragte er. Er wollte die Wahrheit wissen.

Werner winkte ab. „Das geht dich nichts an!", zischte er und verschwand wieder ins Arbeitszimmer, den Rahmen in der Hand.

Milan blieb kurz stehen, dann folgte er seinem Großvater. Im Nebenraum stand der alte Mann vor dem Schreibtisch und legte die Urkunde in eine leere Schublade. Milan wartete auf der Türschwelle, bis Werner die Schublade zumachte.

„Wofür hast du die Auszeichnung bekommen?", fragte er mit bebendem Herzen.

Sein Großvater fuhr herum und fauchte ihn aus Verzweiflung wieder an: „Warum steckst du deine Nase in Dinge, die dich nichts angehen? Die Kiste gehört ins Arbeitszimmer. Das kann man doch nicht übersehen!"

Milan ließ sich nicht abwimmeln. „Warst du Mitglied der Nationalen Partei?", hakte er nach und bemühte sich, ruhig zu bleiben.

Milans Großvater warf die Hände resigniert in die Luft. Er seufzte laut. Schließlich ließ er sich kopfschüttelnd in seinen Schreibtischstuhl fallen und gab nach.

„Mein Gott!", fluchte er. „Du weißt doch, was ich von der Apartheid halte. Ich habe den ganzen Kram gehasst!"

Milan atmete tief durch und wiederholte seine Frage: „Was hast du getan, Opa?"

Werner Julitz kämpfte innerlich mit sich. Er wand sich in dem großen Stuhl, fuhr sich mit seinen Fingern durch die Haare, schlug vor Frust mit seiner Hand auf den Tisch. Schließlich drehte er sich zu seinem Enkelsohn um und hauchte: „Ich habe Scheiße gebaut!"

Milan wartete.

„Ich war jung", fing Werner an. „Die Farm war neu, die ersten Ernten waren nicht ertragreich. Ich hatte Schulden. Die Regierung suchte Leute für Baumaßnahmen – so stand es zumindest in der Anzeige. Sie suchten Männer, die einen Bulldozer fahren konnten. Das konnte ich auch. Das kann jeder Farmer. Aber sie vergaben die Arbeit nur an Leute, die Mitglied der Nationalen Partei waren. Ich war verzweifelt. Was hätte ich tun sollen? Ich brauchte das Geld. Dringend. Ich bin Mitglied geworden und bekam den Job."

„Aber du hast doch immer gesagt ...", Milan vollendete seinen Satz nicht.

„Es war nur wegen des Jobs, glaub mir!", unterbrach ihn sein Großvater energisch. „Ich hatte keine andere Wahl."

Milan spürte eine Mischung aus Enttäuschung und Entsetzen. Er hatte immer ein ganz anderes Bild von seinem Großvater gehabt: der wohlwollende Arbeitgeber, der in seiner kleinen Welt die Ungerechtigkeit des Apartheidsystems wiedergutmachte. Der große weiße Mann, der sich freute, als das alte Regime zerfiel. Der Farmer, der sich lieber mit Tieren als mit der Politik beschäftigte. Doch das Bild hatte sich im Bruchteil einer Sekunde in nichts aufgelöst.

„Was war das für ein Job?", fragte Milan.

Werner senkte beschämt den Kopf. „Wir mussten Häuser abreißen. Alte Häuser. Die Behörden schickten mich zum District Six. Mit acht anderen Männern. Wir haben das Viertel niedergewalzt."

Milan starrte seinen Großvater an, als hätte er das Geständnis nicht richtig begriffen. „Du hast den District Six plattgemacht?", wiederholte er erschrocken.

Werner nickte und mied den Augenkontakt mit seinem Enkelsohn. „Es war eine Drecksarbeit, aber wir mussten es tun."

Milan rieb sich die Stirn. Er schnappte nach Luft. Bei der Vorstellung, dass sein eigener Großvater an der Zerstörung von District Six beteiligt war, wurde ihm schlecht. Dass Zenis Großeltern dort gelebt hatten, machte die Sache nur noch schlimmer.

„Wusstest du damals, was mit den ganzen Leuten passiert ist?“, fragte Milan fast atemlos. Er zitterte vor Wut. „Dass sie zwangsumgesiedelt wurden?“

„Ja natürlich“, gab Werner sofort zu. „Wir haben es mit eigenen Augen gesehen. Die Leute haben alles mitgenommen. Das wussten wir. Ab und zu fanden wir etwas unter den Trümmern. Etwas Kleines, das sie hinterlassen hatten. Dann fühlte ich mich wie das letzte Schwein. Aber meine Kollegen hatten kein Verständnis dafür. Sie haben auf mich eingeredet. Sie haben gesagt, dass es für uns alle besser wäre, wenn jeder nur unter seinesgleichen lebte. Sie haben es tatsächlich geglaubt. Ohne Zweifel. Und ich – ich war jung. Ich hatte damals keine Ahnung. Ich wollte nur meinen Job machen.“

Milan senkte mutlos den Kopf. Sein Großvater war ein Mann, der seinen Namen dem System gegeben hatte, um seine Farm zu retten. Er war kein Mitläufer, kein einfacher Bürger, der in der Apartheid gefangen war und sie erdulden musste. Nein. Er hatte mitgemacht. Er war ein Täter.

Ein Schauer lief Milan über den Rücken.

„Es waren harte Zeiten, Milan“, verteidigte sich Werner verzweifelt, als könnte er die Gedanken seines Enkelsohnes lesen. „Das musst du doch verstehen. Damals hatte die ganze Welt Angst. Angst vor den Kommunisten, Angst vor den Schwarzen, Angst vor Krieg. Deine Großmutter und ich waren arm. Ohne das Geld hätten wir die Farm verkaufen müssen.“

Milan wünschte sich, dass er die schreckliche Ehrung nie gefunden hätte. „Warum hast du die Auszeichnung behalten?“, fragte er verständnislos. Es passte gar nicht zu seinem Großvater.

Werner senkte den Blick. Die Antwort fiel ihm schwer

und sie schmerzte ihn sichtlich: „Deine Oma war so stolz darauf.“

Milan fuhr erschrocken zusammen. Seine Oma starb, als er noch ein Kind war, aber seine Eltern hielten die Erinnerung an sie wach: eine nette alte Dame, die treu und liebevoll an der Seite ihres Mannes stand. War das auch gelogen?

In der Küche fiel etwas zu Boden und zerschlug auf den Fliesen. Milan warf einen Blick über die Schulter. Peter Julitz stand auf der Leiter und packte das Geschirr in die Schränke. Er fluchte und kletterte die Leiter herunter. Während er die Scherben auffegte, summte er leise vor sich hin. Von dem Gespräch im Arbeitszimmer hatte er nichts mitgekriegt.

„Weiß mein Vater davon?“, fragte Milan.

Werner nickte schuldbewusst. „Ja natürlich. Aber deine Mutter nicht, und so soll es auch bleiben.“

„Und Walter? Und Jon? Wussten sie es?“

Werner zuckte mutlos mit den Schultern. „Ja klar. Ich habe vor ihnen keine Geheimnisse. Aber es ist lange her.“

Werner stand von seinem Stuhl auf und machte einen Schritt auf seinen Enkelsohn zu. Milan war den Tränen nah.

„In District Six haben Zenis Großeltern gewohnt“, murmelte er.

Werner antwortete nicht. Stattdessen legte er Milan seine Hand auf die Schulter und nahm ihn liebevoll in die Arme. Milan konnte nicht weinen.

Der jüngste Julitz war ziemlich erschöpft, als er nach dem Umzug nach Hause kam. Das Gespräch, das er mit seinem Großvater und später auch mit seinem Vater geführt hatte, ließ ihn sich ausgelaugt fühlen. Sein Vater hatte ziemlich schnell mitbekommen, dass etwas mit seinem Sohn nicht stimmte. Milan war hinter das Familiengeheimnis gekommen. Die Vertreter dreier Generationen der Familie Julitz hörten auf, die Kisten auszupacken, und setzten sich im Wohnzimmer zusammen.

„Es tut mir leid, Milan. Nimm es bitte nicht zu schwer", hatte sein Vater ihm gesagt, aber Milan wollte sich nicht beruhigen lassen. Sein Großvater war an der Zerstörung von District Six beteiligt. Er hatte die Großeltern von Zeni aus ihrem Haus vertrieben. Und dann all die Lügen. So viele Lügen.

„Wie kannst du es vor Mama geheim halten?"

Peter zuckte nur mit den Schultern. „Was würde es ihr helfen, wenn sie davon wüsste? Es ändert nichts."

„Schlafende Hunde soll man nicht wecken", meinte Werner, der dies offenbar auch jahrelang umgesetzt hatte. Er wollte die ganze Episode vergessen. Er schämte sich dafür.

Das Gespräch ging bis spät in den Abend hinein. Am Schluss konnte Milan seinem Vater und Großvater nur noch versprechen, darüber zu schlafen. Sie würden noch einmal darüber reden, ob sie Sabine informieren würden oder nicht. Keine überstürzten Entscheidungen. Anschließend ging Milan mit seinem Vater nach Hause, verschwand in seinem Zimmer und schloss die Tür hinter sich ab. Er fühlte sich betrogen und war wütend. Er legte sich auf sein Bett, schaltete den Fernseher ein und dachte über alles nach. Besonders über Zeni. Was würde sie dazu sagen, wenn er ihr davon erzählte? Würde sie ihn dafür hassen, ihn verlassen? Und wenn er nichts erwähnte? Könnte er damit leben, seine Freundin zu belügen? Milan zweifelte daran, jedoch war die Angst groß, Zeni zu verlieren.

Milan war so mit diesem Gedankengang beschäftigt, dass er kaum etwas vom neuesten Fall des Apartheid-Killers mitbekam. Der Täter hatte wieder zugeschlagen. Diesmal handelte es sich um den Mord an einem Mann aus Kapstadt. William Shilowa hieß er. Er war bereits das zweite schwarze Opfer des Serienmörders, was die Polizei von der Vermutung abbrachte, dass es sich bei den Taten nur um einen reinen Rasseakt handelte.

Umkhonto We Sizwe → *siehe Glossar, S. 246*

Es war allgemein bekannt, dass der Verstorbene in den 80er-Jahren für *Umkhonto We Sizwe* gearbeitet hatte. William Shilowa war ein umjubelter Freiheitskämpfer. *Umkhonto* war der militärische Arm des Afrikanischen Nationalkongresses. Während der düsteren Tage der Apartheid führte *Umkhonto* militärische Einsätze und Sabotageakte gegen die weiße Minderheitsregierung durch. Er war meistens im Ausland stationiert, denn der ANC war innerhalb Südafrikas verboten.

ANC → *siehe Glossar, S. 244*

Nach dem Zerfall des Apartheidregimes wurde William Shilowa Soldat bei der südafrikanischen Armee, wo er schnell zum Oberst avancierte. Ehemalige *Umkhonto*-Kämpfer jedoch warfen ihm vor, unter der Apartheid für den südafrikanischen Geheimdienst gearbeitet zu haben. Er sei ein Maulwurf gewesen, ein Betrüger, der zahlreiche Operationen verhindert und gefährdet hatte. Dabei habe er etliche Kollegen ans Messer geliefert. Die Vorwürfe stießen auf taube Ohren. Colonel Shilowa – wie er jetzt hieß – behauptete weiter, ein aufrichtiger Freiheitskämpfer gewesen zu sein, kein verdeckter Agent. Niemand konnte Beweismaterial vorlegen, um Shilowa zu verurteilen, und Shilowa selbst sah keinen Grund, vor die Wahrheits- und Versöhnungskommission zu treten.

Doch am Tatort im Zentrum Kapstadts wurde erneut eine Liste auf dem Todesopfer gefunden. Darauf standen die Namen der *Umkhonto*-Kämpfer, die bei zahlreichen Einsätzen ums Leben gekommen waren. Menschen, die angeblich wegen William Shilowa ums Leben gekommen waren.

Es war wieder kein unwiderlegbarer Beweis, aber das spielte keine Rolle mehr. Der Verurteilte war tot. Sein Scharfrichter hatte ihn für schuldig befunden, nur das zählte. Auch wenn manche Leute aus der schwarzen Bevölkerung es nicht einsehen wollten, kannte der Apartheid-Killer keine Hautfarbe. Er setzte sich nicht nur über die Rasse hinweg, sondern auch über das Gesetz. Der Apartheid-Killer machte sich zu Gott.

# Die Hochzeit

„Glauben Sie, dass sie es verdient haben?“, fragte Alexander.

Herr Stein, an den die Frage gerichtet war, stand etwas abseits vom Drachenboot und überprüfte sorgfältig die Schwimmwesten. Ein frischer Wind vom Meer kam auf.

„Wen meinst du?“, antwortete der Trainer irritiert.

„Die Opfer des Apartheid-Killers“, erwiderte Alexander beharrlich. „Elf Tote, das ist eine stolze Zahl!“ Er schaute dabei zu Milan. „Was meinen Sie, Herr Stein, waren sie wirklich alle schuldig?“

Einmal im Monat kümmerten sich Stein und eine Handvoll ausgewählter Schüler um die Instandhaltung des Drachenbootes. Zuerst hoben sie das große Boot aus dem Wasser, kippten es um und schrubbten die Algen von der Unterseite ab. Dann überprüften sie den Innenbereich und führten, wenn nötig, Reparaturen durch. Natalie kontrollierte die Paddel, die in einer Reihe auf dem Boden lagen.

„Schuldig?“, wiederholte Stein nachdenklich. „Na ja. Sie werden jedenfalls die Wahrheit mit ins Grab nehmen.“

„Ich kann es schon verstehen“, meinte Alexander und scheuerte energisch an einer noch mit Algen bedeckten Stelle. „Ich meine, wenn sie tatsächlich schuldig waren, dann können die doch nicht einfach ungestraft davonkommen. Das geht nicht.“

„Was für einen Unsinn redest du da?“, meldete sich Natalie zu Wort. „Das ist Selbstjustiz. Das kann man doch nicht gutheißen.“

„Warum nicht?“, widersprach Alexander. „Sie hatten die Chance, vor die Wahrheitskommission zu treten. Aber sie haben sie nicht genutzt.“

„Vielleicht hatten sie es auch nicht nötig“, schlug Natalie spitzzüngig vor.

„Ach komm!“, lachte Alexander. „Wir reden hier über Polizeipräsidenten, Geheimagenten, Politiker. Wenn an deren Händen kein Blut klebt, an wessen dann?“

Natalie schaute Alexander entsetzt an. „Auch wenn sie schuldig waren, es gibt keine Todesstrafe in diesem Land.“

Alexander zuckte mit den Schultern. „Nicht offiziell.“

Milan drehte den Wasserhahn zu und schaute Alexander an. „Du hast sie nicht mehr alle.“

Herr Stein machte die Tasche mit den Schwimmwesten zu und trat an das Boot heran.

„Herr Stein“, forderte Alexander seinen Geschichtslehrer wieder auf, „Sie haben noch nicht Ihre Meinung dazu gesagt. Wie sehen Sie das denn?“

Stein ging um das Boot herum und inspizierte es gründlich. „Wenn die Toten wirklich das gemacht haben, wofür sie beschuldigt worden sind“, begann er und legte eine kurze Denkpause ein, „dann kann ich den Mörder schon verstehen.“

Alexander grinste Natalie breit an. „Na siehst du!“

Natalie warf das Paddel zu Boden und stand auf, um sich der Gruppe anzuschließen. Auch Milan starrte Stein fassungslos an. Das war nicht die kategorische Ablehnung, die er von ihm erwartet hätte.

„Ich glaube, ich höre nicht richtig!“, rief Natalie entsetzt. „Herr Stein! Wir reden hier von Mord!“

„Ich habe nicht gesagt, dass ich das in Ordnung finde“, wehrte sich der Geschichtslehrer. „Die ursprüngliche Frage war, ob ich glaube, dass die Toten schuldig waren. Und wenn ich ehrlich bin, muss ich sagen: Ja, das glaube ich. Und demzufolge habe ich Verständnis für die Motive hinter der Mordserie. Mir wäre es lieber, wenn ich kein

Verständnis hätte, aber das wäre nicht die Wahrheit. Eine Menge Menschen haben unter der Apartheid gelitten. Nicht allen ist Gerechtigkeit widerfahren. Die Wahrheitskommission war nicht in der Lage, alle Hebel in Bewegung zu setzten. Viele haben noch eine Rechnung offen."

„Aber es ist doch die Pflicht des Staates, für Gerechtigkeit zu sorgen", sagte Natalie aufgebracht.

„Und wenn der Staat es nicht tut?", warf Alexander dazwischen.

Natalie seufzte resigniert. „Was ist das für eine Gerechtigkeit?", murmelte sie betroffen. „Menschen zu töten, ohne Prozess, ohne Beweismaterial. Es gibt nichts, was das rechtfertigen kann ..."

„Auge um Auge, Zahn um Zahn", zitierte Alexander mit Genuss. „So wie in der Bibel."

Natalie schüttelte resolut den Kopf. „In der Bibel vielleicht, aber nicht in einem Rechtsstaat."

„Du hast recht, Natalie", stimmte Herr Stein dem Mädchen zu. „Das ist eine kranke Gerechtigkeit. Aber wir wissen nicht, wie es für Menschen ist, die einen solchen Verlust erlitten haben."

„Aber Menschen umzubringen macht ihren Verlust nicht besser", argumentierte Natalie.

Stein drehte seinen Schülern den Rücken zu und schaute aufs Meer. Seine breiten Schultern wirkten wie eine Säule, die den Himmel am Horizont hochhielt.

„Nein. Das tut es nicht ...", sagte er und nickte langsam.

Für einen Augenblick schwiegen die drei Schüler. Milan und Natalie tauschten einen besorgten Blick aus. Nie im Leben hätten sie gedacht, dass Herr Stein mit einem Mörder sympathisieren würde. Schließlich war *er* immer derjenige, der Toleranz und Versöhnung predigte.

Nach einer Weile drehte sich Stein wieder um und sah seine Schüler fast entschuldigend an. Dann schlug er die Hände zusammen und deutete mit einem Kopfnicken auf das Drachenboot.

„So! Jetzt aber zurück an die Arbeit. Lasst es uns reinrollen!"

Mit großen Schritten ging er voran und machte die Tür zum Bootshaus auf.

Eine halbe Stunde später verabschiedeten sich Alexander und Natalie, nur Milan blieb im Bootshaus zurück. Er wollte allein mit Herrn Stein sprechen.

Stein saß am Tisch und füllte den Antrag für den bevorstehenden Drachenbootwettbewerb in Durban aus.

„Kann ich mit Ihnen reden?", fragte Milan vorsichtig.

Stein legte seinen Stift zur Seite und faltete die Hände. „Natürlich", sagte er. Milans Stimme war anzuhören, dass es sich um etwas Ernstes handelte. „Jederzeit."

Milan wusste nicht so recht, wo er anfangen sollte. „Ich habe ein Problem. Es geht um meinen Großvater. Ich habe etwas bei ihm zu Hause gefunden. Er hat früher für die Regierung gearbeitet."

Stein zog überrascht die Augenbrauen hoch. „Tatsächlich? Was hat er denn gemacht?"

Milan erzählte Herrn Stein von den Begebenheiten, die sein Opa jahrelang verheimlicht hatte. Der Geschichtslehrer hörte ihm aufmerksam zu und wirkte wenig überrascht. Als Milan fertig war, lächelte Stein seinen Schüler mitfühlend an und zuckte leicht mit den Schultern.

„Es ging vielen Menschen wie deinem Großvater", teilte er Milan seine Meinung mit. „Du solltest ihn nicht zu hart verurteilen."

„Aber er wusste auch damals, dass es falsch war!“, erwiderte Milan zornig. „Das macht es nur noch schlimmer.“

„Das weiß ich nicht ...“ Stein zuckte wieder mit den Schultern. „Ich glaube, du kannst nicht wissen, wie es damals war.“

„Ich muss das trotzdem nicht akzeptieren.“

„Was dein Großvater gemacht hat, haben damals viele getan. Wenn du ihn dafür verurteilen willst, dann urteilst du auch über Millionen andere Menschen.“

„Aber *Sie* sagen doch immer: Wenn damals mehr Weiße Stellung bezogen hätten, dann wäre die Apartheid früher abgeschafft geworden.“

Stein winkte ab. „Das ist nur eine Hypothese. Die Wahrheit sieht anders aus. Warum sollen Menschen etwas abschaffen, wenn sie persönlich davon profitieren? Wenn ihr Glück davon abhängt? Was dein Großvater gemacht hat, war damals gang und gäbe. Man muss es so sehen: Im Prinzip hat jeder mitgemacht, der Steuern bezahlt hat. Ich schließe mich da nicht aus. Und wer seine Stimme dagegen erhob, landete im Gefängnis oder wurde geächtet. Für die meisten war es einfacher, die Augen davor zu verschließen und der Propaganda der Regierung zu glauben. Nur so konnten die Weißen ihren Lebensstandard sichern.“

Milan seufzte resigniert und senkte den Kopf. „Ja. Wie mein Großvater ...“

Einen Augenblick lang schwiegen sie. Dann sagte Milan gequält: „Jetzt weiß ich nicht, ob ich Zeni davon erzählen soll.“

Stein musste nicht lange nachdenken, um sich eine Meinung dazu zu bilden. „Natürlich sollst du das. Es wurde schon genug geschwiegen, findest du nicht? Du musst ihr alles erzählen. Und du musst mit deinem Großvater reden, auch wenn er es nicht will. Du darfst es nicht verdrängen.

Damit wird es nicht besser. Du brauchst keine Angst zu haben. Frag deinen Großvater aus. Über alles, was du wissen willst: was er in den Trümmern gefunden hat, was er mit den Sachen gemacht hat, die er dort entdeckte, ob er heute das Gleiche machen würde ... Egal was, sprich mit ihm darüber. Auch im Beisein von Zeni. Bis ihr keine Geheimnisse mehr habt." Er legte den Arm um Milans Schulter. „Irgendwann wirst du einen Schlussstrich darunter ziehen. Irgendwann werden wir alle einen Schlussstrich darunter ziehen können. Aber du brauchst Zeit. Und du musst etwas dafür tun."

Milan nickte gedankenverloren. Herr Stein hatte recht. Das Geheimnis würde ihn auffressen, wenn er es für sich behielte. Früher oder später würde Zeni seinen Großvater kennenlernen. Früher oder später würde Milan es ihr erzählen müssen. Es war nur eine Frage der Zeit. Vielleicht würde sie seinem Großvater sogar verzeihen können.

Doch bevor Milan seine Beichte in Angriff nehmen konnte, stand die Hochzeit von Themba Mbete an. Nach seinem Gespräch mit Herrn Stein ging Milan nach Hause, duschte sich und zog sich für die Hochzeit um. Der schwarze Anzug, den ihm seine Eltern für die Hochzeit einer Cousine in Deutschland letztes Jahr gekauft hatten, stand ihm gut. Er hoffte, er sah damit nicht zu elegant für eine Hochzeit in der Township aus, aber eine andere Wahl hatte er nicht. Dann machte er sich auf den Weg nach Khayelitsha.

Die Kirche, in der die Eheschließung von Themba Mbete und Jacoline Sikali stattfinden sollte, war nicht weit von Zenis Haus in der Paradise Road entfernt. Es war aber keine richtige Kirche, so wie Milan sie aus der Stadt kannte, sondern ein mittelgroßer karger Raum mit nur wenigen Fenstern, einfach und schmucklos. Normalerweise diente er der Gemeinde als Kinderkrippe. An die hundert Gäste füllten den Raum, sodass kaum noch jemand hineinpasste. Die Frauen und Kinder saßen auf weißen Plastikstühlen in der Mitte, getrennt von den Männern, die um sie herum an den Wänden standen.

Der Gottesdienst wurde hauptsächlich auf Xhosa gehalten. Themba Mbete trug einen gestreiften grauen Anzug mit einem schwarzen Seidenhemd und einer Fliege. Der Anzug war mit einer roten Rose am Revers geschmückt. Seine blau getönte Brille mit dem dünnen Goldrahmen verlieh ihm ein kultiviertes Aussehen. Seine Braut war klassisch gekleidet, mit einem schlichten weißen Kleid. Sie passten optisch gut zusammen. Seine Kinder aus erster Ehe, ein Acht- und ein Fünfjähriger, waren auch dabei. Der alte Pfarrer, der in einem zivilen Anzug und Krawatte statt Priesterrock gekleidet war, gebrauchte kaum englische Worte. Alle paar Minuten antwortete seine Gemeinde mit Gesang. Sie sangen so laut, dass die Gläser in den Fenstern vibrierten. Es war ein wundervoller Klang, voller Inbrunst, Fröhlichkeit und Lebensfreude.

Während der Messe kam sich Milan angenehm unsichtbar vor. Er war – wie Jessy angekündigt hatte – der einzige weiße Gast, aber alle schienen nur Augen für das Brautpaar zu haben. Außerdem war der Raum so voll, dass Milan sich gut hinter ein paar kräftigen Männern an der Seite verstecken konnte. Zeni saß mit ihren Schwestern und ihrer Mutter in der Mitte des Raumes, nicht weit von ihm entfernt. Immer wieder schaute sie mit einem scheuen Blick zu ihm herüber.

Als die Messe vorbei war, verließ die Gemeinde die Kirche und ging im Schneckentempo über die Straße zum Gemeindezentrum, wo der Empfang stattfinden sollte. Zeni kam auf Milan zu.

„Geht's dir gut?“, erkundigte sie sich.

„Ja, prima. Das war fantastisch“, erwiderte Milan mit Begeisterung. Er war bemüht, sich nichts anmerken zu lassen. Während der ganzen Messe war ihm die Situation mit seinem Großvater nicht aus dem Kopf gegangen. Er kam sich vor wie ein Betrüger.

„Stimmt was nicht?“, fragte Zeni besorgt.

„Nein, es ist alles in Ordnung“, log Milan und versuchte, sie zu beruhigen. „Wirklich. Ich bin nur ein bisschen nervös.“

Zeni wirkte nicht überzeugt. „Mach dir keine Sorgen, hier wird dir nichts passieren. Bleib einfach bei uns.“

Milan nickte dankbar. Zeni hatte seine bedrückte Stimmung falsch verstanden, jedoch wollte er sie nicht darüber aufklären. Nicht jetzt. Nicht bei der Hochzeitsfeier ihres Cousins.

Im Gemeindezentrum blieben Zeni und ihre Familie zunächst bei Milan und kümmerten sich rührend um ihn. Sie saßen zu fünft an der Seite und beobachteten die Festlichkeiten im großen Saal. Ständig kamen Leute auf sie zu und begrüßten Frau Kumalo und ihre Töchter fast wie bei einer Zeremonie. Nach den Formalitäten auf Xhosa wandten sie sich neugierig an Milan.

*„Molo bhuti!* Und wer bist du?“, wollten sie alle wissen.

Milan stellte sich als Freund der Familie vor, auch wenn nicht zu übersehen war, dass seine Anwesenheit etwas mit dem schönen Mädchen an seiner Seite zu tun hatte. Sie schauten skeptisch von ihm zu Zeni, die prompt aus Schüchternheit den Blick senkte. Manche gaben ihm die Hand, manche kehrten ihm desinteressiert den Rücken zu, andere amüsierten sich köstlich über ihn.

„Du bist also nicht nur auf der Durchreise hier?“, sagte ein alter Mann, den Frau Kumalo als ihren Onkel vorstellte. Er zwinkerte Milan verschmitzt zu. „Willkommen in der neuen Heimat."

Kurz darauf wurde das Hochzeitsbuffet eröffnet. Reis, Bohnen und Fleisch wurden aus drei riesigen Töpfen serviert, die auf einem wackeligen Klapptisch standen. Keine Delikatessen, aber sättigend und genug für die zahlreichen Gäste. Bier und Cola standen in Kästen daneben. Bald hatte Milan die Vorkommnisse des vorherigen Tages vergessen. Wie alle anderen machten Zeni und ihre Familie die Runde. Milan blieb an der Seite sitzen und aß aus seiner Plastikschüssel. Das Essen schmeckte ihm gut.

Sobald er allein war, kam eine kleine Gruppe junger Männer auf Milan zu, alle waren ungefähr im Alter des Bräutigams. Sie musterten ihn amüsiert.

„Der weiße Freund von Zeni Kumalo ...", grinste der Mann, der vorne stand. Er trug eine Baskenmütze seitlich auf dem Kopf. Er reichte Milan grinsend die Hand. „Mein Name ist Xolani", sagte er mit dem runden Schnalzlaut. „Kannst du meinen Namen überhaupt aussprechen?"

Milan betrachtete ihn skeptisch. Xolani grinste breit und wartete, die Hand ausgestreckt. Die ganze Gruppe schaute Milan erwartungsvoll an.

Milan nahm Xolanis Hand. „Hallo, Xolani", wiederholte er den Namen und traf den ungewöhnlichen Schnalzlaut perfekt. Die Runde lachte beeindruckt.

„Yo!" Xolani schüttelte Milans Hand fest. Sein Lächeln wurde immer breiter. „Du bist einer von uns, *uMlungu!*"

Das Wort *uMlungu* bedeutete „Weißer" auf Xhosa, und Milan verstand die Art des Humors sofort: Die Freunde des Bräutigams wollten nur ihren Spaß mit ihm haben und keinen Ärger.

Ein zweiter Mann klopfte Milan freundlich auf die

Schulter. „Hey!“, witzelte er. „Was ist? Willst du jetzt nach Khayelitsha zu deinem Mädchen umziehen?“

Die Runde lachte über diese absurde Vorstellung.

„Ich habe eine gute Idee!“, sagte ein Dritter, dessen verknotete Haare kurz davor waren, zu Dreadlocks zu werden. „Du gibst mir die Rolex deines Vaters, dann kriegst du einen Dauerschlafplatz zwischen mir und meinem Bruder!“

„Nee, Mann! Für eine Rolex besorge ich dir eine eigene Hütte!“, schlug Xolani vor.

Milan ließ sich nicht einschüchtern. Im Gegenteil. Er erwies sich als schlagfertiger Gegner. „Für die Uhr meines Vaters kriege ich doch das ganze Viertel, oder?“, konterte er geschickt.

Die Runde lachte laut. Die Khaya-Jungs mochten Milan auf Anhieb. Doch als Zeni sah, wie die Gruppe ihren Freund umkreiste, kam sie schnell zu ihm zurück.

Sie drängelte sich durch das Gewimmel und setzte sich neben Milan. „Ist alles in Ordnung?“, fragte sie mit strengem Blick auf die Männerrunde.

Bevor Milan antworten konnte, wurde ihre Frage mit Pfiffen und brüllendem Gelächter übertönt.

„Deine Freundin ist ganz heiß auf dich, *uMlungu!*“, rief Xolani Milan zu.

*„Eish!* Stellt euch das vor!“ Sein drahtiger Kumpel mit den Dreadlocks machte große Augen und schaute sich in der Runde um. „Hier wird demnächst Geschichte geschrieben: die erste schwarz-weiße Hochzeit in der Township!“

Zeni erhob ihren Zeigefinger und wies die dreisten jungen Männer zurecht. „Hütet eure Zungen!“, mahnte sie auf Xhosa.

Dann tauchte jemand hinter Milan auf und legte ihm die Hand auf seine Schulter. „Ärger?“

Es war Themba Mbete, der Bräutigam. Seine Frage erntete nur noch mehr Pfiffe und Gelächter von der Gruppe.

Milan schüttelte den Kopf und grinste: „Alles im Griff, danke."

Der Bräutigam setzte sich neben ihn und gab ihm die Hand. „Du bist Milan, richtig? Zenis Mutter hat mir von dir erzählt. Schön, dass du gekommen bist. Das ist mutig von dir."

Die Männerrunde lachte. „Warum? Bezahlt er die Rechnung am Ende des Abends?", scherzte der Mann mit den Dreadlocks.

Themba ignorierte die albernen Kommentare seiner Freunde. „Wenn dir irgendetwas fehlt, sag einfach Bescheid." Dann zeigte er feixend auf seine Kumpels. „Und wenn dir diese Randalierer hier auf den Keks gehen, schmeiße ich sie alle raus!"

Die Gruppe stellte ihre Angst vor dem großen Bräutigam mit theatralischen Gesten dar und brach wieder in schallendes Gelächter aus. Gleichzeitig stimmte eine Band ihre Instrumente und fing an zu spielen. Die Tanzfläche füllte sich schlagartig.

„Komm, wir tanzen!" Xolani schnappte Zeni grinsend an der Hand. „Solange du noch nicht verheiratet bist!"

Die anderen Männer aus der Gruppe packten Milan an der Hand und zogen ihn ebenfalls hoch.

„Komm, *uMlungu!* Du tanzt mit ihr!", meinten sie und zeigten auf die andere Seite des Raumes.

Dort saß ein unglücklich aussehendes Mädchen in einer Reihe von älteren Damen. Das Mädchen war ungefähr so alt wie Milan und rund wie eine Kugel. Milan weigerte sich sofort.

„Seid ihr bescheuert? Auf keinen Fall!"

Aber die Gruppe ließ nicht locker. „Doch, doch! Du

tanzt mit ihr. Damit tust du dir einen großen Gefallen. Das ist nämlich Thembas kleine Schwester."

Die jungen Männer schoben Milan über die Tanzfläche. „Jetzt los mit dir, *uMlungu!*", zischten sie ihm hinterher. „Du forderst sie zum Tanzen auf oder wir übergeben dich den Tsotsis!"

Milan wusste, dass ihre Drohung nur ein Scherz war, und sträubte sich deswegen weiter. Unsicher warf er Zeni einen Blick zu. Xolani führte sie gekonnt über die Tanzfläche. Er grinste Milan an und tippte an seine schräge Baskenmütze. Dann deutete er mit dem Kopf auf Thembas Schwester.

„Viel Spaß!", wünschte ihm der Mann mit den Dreadlocks und schob Milan ein letztes Mal auf das runde Mädchen zu.

Milan zögerte noch, aber es war aussichtslos. Wenn er sich länger weigerte, würde er nur verlieren. Also biss er in den sauren Apfel und ging unsicher auf das Mädchen zu. Er blieb vor ihr stehen.

„Äh, hallo ...", fing er zaghaft an. Das Mädchen schaute ihn mit einem Blick aus Überraschung und Schreck an. „Möchtest du mit mir tanzen?", fragte er und wartete gespannt auf ihre Reaktion.

Das Mädchen schaute Milan ungläubig an. Sie stammelte etwas, das Milan nicht verstehen konnte, und kicherte vor sich hin. Die älteren Damen neben ihr ermutigten sie, die Einladung anzunehmen. Schließlich stand sie auf. Milan, der eigentlich auf eine höfliche Ablehnung gehofft hatte, ging mit ihr auf die Tanzfläche. Die Männergruppe zeigte begeistert auf das neue Tanzpaar. Auch Themba, der mit seiner Braut tanzte, schaute herüber. Er lächelte erfreut und nickte Milan anerkennend zu. Sogar Zeni konnte sich ein Grinsen nicht verkneifen. Wenn jemand vorher daran gezweifelt hatte, ob Milan in ihre Gemeinde passen würde, mussten spätestens jetzt alle Zweifel ausgeräumt sein.

Die Feier ging stundenlang weiter. Die Stimmung war heiter. Der Alkohol floss reichlich. Es wurde endlos getanzt. Auf der Tanzfläche fand sich Milan bald mit seiner Freundin Zeni wieder. Nachdem sie so viel getanzt hatten, dass sie beide schweißgebadet waren, gingen sie nach draußen an die frische Luft. Hinter der Kirche machten sie Hand in Hand einen Spaziergang.

„Geht es dir jetzt besser?“, fragte Zeni.

„Ja. Danke.“

Zeni lächelte scheu. „Aber du sagst mir schon irgendwann, was dich beschäftigt, oder?“

Milan nickte. „Das mache ich.“

Dann blieb Zeni stehen. Milan auch. Er schaute seine Freundin lange und voller Bewunderung an. Sein Herz raste. Sie war so schön. Er hob langsam seine Hand und berührte zärtlich ihre Wange. Dann beugte er sich vor und küsste sie zum ersten Mal.

Als später die Nacht anbrach, gingen sie in die große Halle zurück. Sie setzten sich an die Seite und schauten von dort aus den Feierlichkeiten zu. Thembas Schwester war immer noch voll in Schwung. Seit ihrem Auftritt mit Milan wollte jeder mit ihr tanzen.

Für manche älteren Gäste wurde es Zeit. Sie verabschiedeten sich vom frisch vermählten Ehepaar und gingen nach Hause. Milan überlegte, ob er sich nicht auch auf den Heimweg machen sollte. Er war noch nie im Dunkeln in Khayelitsha unterwegs gewesen, geschweige denn an einem Samstagabend, wenn sich viele Menschen in den *Shebeens* aufhielten und betrunken waren. Seine Eltern hatten angeboten, Milan zur Hochzeit zu fahren und ihn auch abzuholen, aber das wollte Milan nicht. Stattdessen hatte er ihnen versprochen, nicht allzu spät nach Hause zu kommen. Als Xolani Milan fragte, wie er hergekommen sei, war er überrascht über die Antwort.

„Mit ’nem Roller?!“, er pfiff durch die Zähne. „Aber du übernachtest hier, oder?“

„Nein. Ich fahre nach Hause.“

*„Eish!“*, staunte er. „Dann tu mir einen Gefallen: Bleib nicht an den roten Ampeln stehen.“

Kurz bevor er sich verabschieden wollte, sah Milan vier zwielichtige Männer, die am Eingang auftauchten. Sie fielen ihm auf, weil sie offensichtlich nicht zur Hochzeitsfeier eingeladen waren. Sie trugen keine Anzüge, sondern lange Jacken, darunter karierte Hemden und Khakihosen. Ihre Hände waren mit Ringen geschmückt. Sie ließen die hinausgehenden Gäste vorbei, suchten den Raum ab und gingen auf den Tisch des Brautpaares zu. Dort saß der grauhaarige Vater von Themba Mbete ganz allein. Er schaute zu, wie seine Frau mit ihrem Sohn tanzte. Die Männer umzingelten den alten Mbete. Einer von ihnen beugte sich vor und flüsterte dem Familienvater etwas ins Ohr. Herr Mbete nickte, griff in seine innere Jackentasche und zog einen Umschlag hervor. Er überreichte das Kuvert und die Männer zogen sich zum Ausgang zurück. Themba Mbetes Vater schaute ihnen starr hinterher.

„Was sind das für Typen?“, fragte Milan Zeni und deutete mit dem Kopf auf die vier Männer, die gerade den Saal verließen.

Zeni verzog das Gesicht. „Das sind Tsotsis“, zischte sie. „Sie kassieren bestimmt Geld für die Eheschließung.“

Milan runzelte perplex die Stirn. „Warum kriegen sie dafür Geld?“

Zeni schnalzte missbilligend mit der Zunge. „Sie kriegen immer Geld. Egal wofür. Sonst bezahlt man anders.“

Milan nickte besorgt. Hoffentlich würde er ihnen nicht gleich selbst über den Weg laufen. Er beschloss, noch ein bisschen abzuwarten, bis die Tsotsis weg waren. Kaum hatte er diese Entscheidung getroffen, stolperte ein betrunkener Mann vor sie hin. Es war ein älterer Herr mit grauen Haaren und einem verbitterten Gesicht. Er war so stark alkoholisiert, dass er sich kaum noch auf den Beinen halten konnte.

Schwankend nahm er einen Stuhl, drehte ihn um und ließ sich darauf nieder, direkt gegenüber von Milan.

„He, du da!“, schnauzte der Betrunkene ihn an. Sogar aus der Entfernung konnte Milan den Schnaps in seinem Atem riechen. „*uMlungu*, du gefällst mir nicht!“

Diesmal hörte sich das Wort *uMlungu* nicht mehr spielerisch an. Der Mann hatte es buchstäblich ausgespuckt. Er war im gleichen Alter wie Themba Mbetes würdevoll aussehender Vater. Sein langes Gesicht war von tiefen Falten gezeichnet. Unter seinen schweren Augenlidern waren seine Augäpfel rot und wässerig. Er sabberte und rülpste und sah aus, als ob er gleich vom Stuhl kippen würde.

Milan stand auf und wandte sich an Zeni. „Kommst du mit? Ich will mich von Themba verabschieden.“

Doch der Mann packte ihn am Arm und zog ihn schroff herunter. „Du gehst nach Hause, *bhuti?*“, lallte er. „Zurück zu deinem großen Haus in der Stadt?“

Milan erstarrte. Der Mann suchte Ärger. „Komm, lass uns gehen“, wiederholte er, doch der Mann ließ ihn nicht los.

„Typen wie dich wollen wir hier nicht!“, schnauzte er ihn weiter an. „Vampire seid ihr! Ihr saugt uns das Blut aus den Adern. Ihr seid Dreck!“

Zeni sagte dem Mann etwas besänftigend auf Xhosa, aber der Besoffene hatte es auch auf sie abgesehen.

„Halt's Maul, du Scheißkokosnuss!", fauchte er.

Zeni erstarrte sprachlos. Außen schwarz, innen weiß. Wie eine Kokosnuss. So lautete die Beleidigung der Schwarzen, die sich „wie Weiße" benahmen.

Eine erschreckende Wut stieg schlagartig in Milan hoch. Er befreite sich aus dem Griff des betrunkenen Mannes und stand energisch auf. Er war so voller Zorn, er hätte den Mann schlagen können. Milan suchte nach Worten, um die Beleidigung zurückzuweisen, doch bevor er sie fand, kam Themba Mbete dazwischen.

„Robert, *tatamkhulu*, du bist betrunken", sagte der Bräutigam leise, aber bestimmt. Seine versöhnliche Stimme beruhigte Milan sofort. „Du solltest nach Hause gehen."

Robert war offensichtlich ganz anderer Meinung. Er schaute an Themba vorbei und zeigte anschuldigend auf Milan. „Dieser beschissene Bure hat angefangen. Was macht er überhaupt hier? Und was ist mit dieser verdammten Kokosnuss!"

Er zeigte auf Zeni. Themba fuhr erschrocken zusammen. Er packte Robert am Handgelenk und zog seinen Arm mit Gewalt auf den Rücken.

„Was hast du gerade gesagt?", zischte er wütend. Er zog den Arm immer weiter hoch, bis sein Gegner vor Schmerzen schrie.

„Au! Das tut weh!"

Themba ließ den Mann los. „Du gehst jetzt", knurrte er. „Und morgen, wenn du nüchtern bist, wirst du dich bei meiner Cousine und bei ihrem Freund für deine Unverschämtheit entschuldigen. Sonst hörst du nie wieder von mir."

Themba schubste den alten Mann respektlos Richtung Ausgang. Robert machte den Mund auf, um etwas zu sagen, entschied sich aber dagegen. Zum Glück. Sonst hätte Themba sicherlich seinen Arm gebrochen.

Der Betrunkene fluchte leise vor sich hin, schwankte zur Tür und stolperte in die Nacht hinaus.

Themba wandte sich seiner Cousine zu. „Es tut mir leid. Ich hätte ihn nicht einladen sollen“, seufzte er voller Bedauern. „Ich wollte ihm noch eine Chance geben. Jetzt hat er sie aber verspielt.“

Zeni stand schweigend da und schaute betroffen auf den Boden. „Ich gehe jetzt nach Hause“, kündigte sie leise an, ohne ihrem Cousin in die Augen zu schauen.

Milan nahm ihre Hand. „Ich komme mit. Vielen Dank, Themba. Es war eine sehr schöne Hochzeit. Wirklich. Es tut mir leid, dass es jetzt …“ Er brach seinen Satz ab. Schließlich konnte er nichts dafür. „Grüß bitte deine Frau von mir“, er gab Themba die Hand. „Also, bis bald. Und danke.“

Auf dem Weg nach Hause fuhr Milan am Sea Point vorbei. Seine Eltern waren zu einer Feier eingeladen und es war unwahrscheinlich, dass sie schon zu Hause sein würden.

Es war erst zehn Uhr. Nach dem aufregenden Abend in Khayelitsha hatte Milan keine Lust, alleine zu sein. Außerdem wollte er seinen Großvater sehen.

Am Eingang des hohen Wohnblocks am Sea Point klingelte Milan bei „Julitz“, aber niemand öffnete. Milan war überrascht, denn sein Großvater ging gewöhnlich nicht früh zu Bett. Immer noch in seinem Anzug machte Milan ein paar Schritte zurück und schaute an dem weißen Hochhaus hinauf. Im sechsten Stock waren die Vorhänge nur halb zugezogen. Dahinter leuchtete das grelle Licht der Deckenlampe. Auf der anderen Seite des Raumes konnte

Milan sogar eine Ecke des großen Landschaftsgemäldes an der Wand ausmachen. Ansonsten gab es keinerlei Lebenszeichen.

Seltsam, dachte Milan. Vielleicht war Werner nur kurz zum Kiosk gegangen, um sich Zigaretten zu holen. Oder er war beim Fernsehen eingeschlafen. Milan nahm sein Handy aus der Hosentasche und wollte gerade seinen Großvater anrufen, als er einen Schatten hinter dem Vorhang erblickte. Er ließ das Telefon zuschnappen. Die Umrisse eines Mannes, der mit dem Rücken zum Fenster stand, waren zu sehen.

Der Besucher gestikulierte wild, riss seine Arme nach oben und bewegte den Kopf, als ob er mit großer Aufregung redete. Dann stampfte er vom Fenster weg und verschwand aus Milans Sicht. Es war nur ein flüchtiger Blick und Milan konnte den Mann nicht erkennen. Ein unheimliches Gefühl kroch in ihm hoch. Was machte ein Fremder in Werners neuer Wohnung?

Kurz darauf verließ eine alte Dame mit ihrem Pudel das Wohnhaus. Während die Tür hinter ihr langsam zuschwang, sprang Milan an ihr vorbei und flitzte durch den Eingang. Mit rasendem Herzen betrat er den Aufzug und fuhr hoch.

Im sechsten Stock klingelte er an der Wohnungstür seines Großvaters. Seine Finger zitterten. Er presste sein Ohr an die Tür und horchte angestrengt. Von drinnen war nichts zu hören.

„Opa! Ich weiß, dass du da bist!“, rief er aus vollem Hals und schlug mit der Faust gegen die Tür. Er klingelte noch einmal, länger, unaufhörlich, bis sein Großvater endlich die Tür öffnete.

„Was machst du denn für einen Lärm?“, schimpfte Werner genervt. „Du weckst das ganze Haus auf.“

Milan atmete schwer. „Warum hast du nicht aufgemacht?“

Sein Großvater blieb im Türrahmen stehen und ließ die Finger durch seine feinen weißen Haare gleiten. „Ich habe geschlafen“, gähnte er.

Milan schüttelte verwirrt den Kopf. Weder sah sein Großvater verschlafen aus noch hätte er so lange Milans penetrantes Klingeln überhören können.

„Aber du hast doch Besuch“, sagte er.

„Wovon redest du? Ich bin allein.“

Milan versuchte, seinem Großvater über die Schulter zu schauen. „Das stimmt nicht. Ich habe ihn am Fenster gesehen. Wer ist das?“

Werner machte den Mund auf, um Milan zu antworten, aber der Junge reagierte schneller. „Darf ich rein?“, fragte er und versuchte, sich in die Wohnung zu drängen.

Werner versperrte ihm den Weg. „Was willst du hier?“

„Ich wollte mit dir reden. Dann habe ich den fremden Mann gesehen. Ich habe mir Sorgen um dich gemacht. Was ist los?“

Wieder versuchte er, einen Blick in die Wohnung zu werfen, aber er konnte nur bis zur geschlossenen Wohnzimmertür sehen.

„Es ist alles gut, Milan. Du kannst nach Hause gehen. Wir reden ein anderes Mal.“

„Warum lässt du mich nicht rein?“

„Weil ich gerade keine Zeit für dich habe.“

„Ich gehe nur, wenn du mir sagst, wer der Mann am Fenster ist.“

Werner seufzte resigniert und senkte den Kopf. Milan nutzte die Gelegenheit, um nochmals zu versuchen, an seinem Großvater vorbeizukommen. Diesmal leistete Werner keinen Widerstand.

Milan betrat den düsteren Wohnungsflur und ließ Werner an der Türschwelle stehen. Als er die Wohnzimmertür öffnete, erstarrte er, als wäre das Blut in seinen Adern gefroren. Der geheimnisvolle Besucher stand noch immer am Fenster, diesmal mit dem Rücken zu Milan. Er schaute in die Nacht hinaus, die Hände hinter dem Rücken verschränkt. An seinen Fingerspitzen haftete ein kleiner gelber Zettel mit einer handschriftlichen Notiz darauf. Seine grauen stoppeligen Haare, seine breiten Schultern und seine aufrechte Haltung waren unverkennbar.

„Herr Stein?" Milan schnappte nach Luft.

Stein senkte den Kopf, rührte sich aber nicht von der Stelle. Er faltete seine Hände auseinander, steckte den gelben Zettel in seine rechte Hosentasche und drehte sich langsam um.

„Hallo, Milan", sagte er sanft und setzte ein müdes Lächeln auf. „Wie war die Hochzeit?"

Milan merkte, wie seine Kehle trocken wurde. „Die Hochzeit?", stammelte er und starrte seinen Geschichtslehrer sprachlos an. Er suchte verzweifelt nach Worten. „Ich verstehe nicht ... Was – was machen Sie denn hier?"

Stein trat einen Schritt auf seinen Schüler zu und sagte wie selbstverständlich: „Dein Großvater und ich haben uns lange nicht gesehen."

Milan blickte erstaunt von Herrn Stein zu seinem Großvater, der hinter ihm das Zimmer betrat.

„Wie? Ihr kennt euch?", fragte er fassungslos. Weder Stein noch sein Großvater hatten je erwähnt, dass sie sich kannten.

„Klar kennen wir uns", bestätigte Werner. Er nahm eine offene Zigarettenschachtel von der Anrichte und setzte sich auf das Sofa. Er zog eine Zigarette heraus und zündete sie an. Er inhalierte tief. „Früher kannte sich jeder hier in der deutschen Gemeinde."

Milan schlug das Herz bis zum Hals. „Warum hast du mir das nie gesagt?"

Werner blies kräftig den Rauch aus seiner Lunge und winkte genervt ab. „Wieso soll ich mich an irgendeinen verdammten Herrn Stein erinnern? Es ist über dreißig Jahre her! Ich bitte dich. Wie sollte ich wissen, dass du ihn meintest?" Werner zeigte auf den Mann, der ihm gegenüberstand. „Stein ist nicht gerade ein ungewöhnlicher Name."

Milan wendete sich jetzt seinem Lehrer zu. „Und Sie? Warum haben Sie mir nichts davon erzählt?"

„Ich habe deinen Großvater damals nur mit Vornamen gekannt. Ich wäre nie auf die Idee gekommen, dass ihr verwandt seid. Dann hast du heute Vormittag zum ersten Mal seinen Namen genannt. Als du vom Umzug gesprochen hast. Opa Werner hast du gesagt. Also habe ich gedacht, vielleicht ist er tatsächlich der Werner, den ich von damals kannte."

Milan musterte Steins Gesicht aufmerksam. Keinerlei Anzeichen einer Lüge. Wie immer strahlte er eine stille Autorität aus.

„Und deswegen sind Sie jetzt hier?", fragte Milan skeptisch.

„Ja. Es fiel mir erst viel später ein. Da warst du schon in Khayelitsha. Ich habe gedacht, ich schaue mal vorbei."

„Einfach so?"

Stein wirkte überrascht. „Ja. Einfach so. Du hattest mir doch gesagt, wo Werner jetzt wohnt."

Milan schaute weg. Wenn alles wirklich so war, warum hatte sein Großvater ihn nicht in die Wohnung lassen wollen? Außerdem wirkte Milans Großvater ziemlich nervös. Er rauchte und schaute starr auf den vollen Aschenbecher vor sich. Eine Flasche Whisky und zwei Gläser standen ebenfalls auf dem Couchtisch. Ein Glas war noch halb voll mit dem braunen Getränk. Neben der Flasche lag die afrikaanssprachige Zeitschrift *Die Spieël*, ein Stift und ein Block mit gelben Klebezetteln.

Milan musterte seinen Großvater. „Stimmt das, Opa?", hakte er unzufrieden nach. „Ihr kanntet euch wirklich?"

„Klar stimmt das", erwiderte Werner mürrisch und nahm das halb volle Glas Whisky in die Hand. Er kippte das Getränk in einem Zug hinunter. „Vor dreißig Jahren war die deutsche Gemeinde viel kleiner und enger verbunden als heute. Ich habe Kurt bestimmt drei-, viermal im Jahr getroffen, ich bin regelmäßig zu den Treffen nach Kapstadt gefahren. Oder in die Sankt Martini Kirche an Weihnachten. Irgendwann haben wir uns allerdings aus den Augen verloren."

Milan nickte und dachte nach. Auch Werners Darstellung hörte sich plausibel an. Er wollte seinen Großvater gerade fragen, warum er ihn denn nicht reinlassen wollte, als Herr Stein einen Blick auf seine Uhr warf. „Es ist ziemlich spät. Ich muss jetzt gehen."

Schweigend schaute Milan zu, wie der Lehrer sein Stoffsakko mit dem vertrauten Fischgrätmuster vom Sessel aufhob und es anzog. Werner drückte seine Zigarette aus und stand vom Sofa auf.

„Es war sehr schön, dich wiederzusehen, Werner", sagte Stein herzlich und gab Milans Opa die Hand.

„Dich auch, Kurt. Dich auch."

„Vielen Dank für den Drink", fügte Stein hinzu und deutete mit dem Kopf auf die Whiskyflasche. „Trink die bloß heute nicht aus!"

„Keine Sorge", murmelte Werner. „Ich bin zu alt für so was."

Werner ging zur Wohnzimmertür. Stein wandte sich an Milan. „Auf Wiedersehen, Milan. Ich wünsche dir noch einen schönen Abend. Wir sehen uns am Montag in der Schule."

Herr Stein gab Milan die Hand. Sein Griff war fest, seine Handfläche zäh und feuchtkalt. Er klopfte seinem Schüler auf die Schulter, als wollte er ihn trösten, und folgte Werner Julitz aus dem Raum. Kurz darauf hörte Milan, wie Werner die Wohnungstür hinter sich schloss. Als sein Großvater das Zimmer wieder betrat, ließ sich Milan niedergeschlagen auf das Sofa fallen.

„Und, mein Junge?", sagte Werner. „Kann ich dir auch etwas anbieten?"

„Gerade nicht, danke", sagte Milan mit Blick auf die Whiskyflasche auf dem Couchtisch. Erst dann fiel ihm auf, dass aus nur einem der beiden Whiskygläser getrunken wurde. Das zweite Glas war vollkommen unberührt. Herr Stein hatte keinen Tropfen zu sich genommen.

„Habt ihr euch gestritten?", fragte Milan, der sich an die wilden Gesten seines Geschichtslehrers am Wohnungsfenster erinnerte.

„Nein, gestritten nicht", wiegelte Milans Großvater ab und schenkte sich noch Whisky nach. „Also nicht wirklich. Weißt du, es ging um eine alte Bekannte. Eine Frau. Kurt – ich meine, dein Herr Stein hier –, er wollte sie wiederfinden. Er kam zu mir, weil er dachte, dass ich ihm dabei helfen könnte."

Milan zog die Stirn in Falten. „Von draußen sah es wie ein Streit aus. Was war denn? Wolltest du ihm nicht helfen?"

„Du kennst mich doch", sagte Werner und zitierte sich selbst: „Schlafende Hunde soll man nicht wecken. Das ist meine Devise. Ich habe ihm gesagt, er soll das lassen."

„Wer war die Frau denn?“, wollte Milan wissen.

Werner lehnte sich auf dem Sofa zurück und winkte ab. „Ach, irgendeine Frau! Ich glaube, Kurt hatte damals etwas mit ihr, aber ich weiß es nicht genau.“ Er lachte wieder. „Eigentlich blöd von mir, nicht wahr? Es ist für einen Witwer doch keine Schande, in späten Jahren seine alte Flamme aufzuspüren, oder?“

„Herr Stein ist Witwer?“, fragte Milan überrascht.

Werner wurde stutzig. „Ja. Wusstest du das nicht?“

Im Grunde genommen kannte Milan seinen Geschichtslehrer kaum. Er wusste nicht mal, wo er wohnte. Für ihn bestand Steins Leben nur aus der Schule und dem Drachenboottraining, sonst nichts. Der Mann trank viel Kaffee, war belesen und informiert, hatte offenbar keine Kinder. Das war alles. Herr Steins Kurzbiografie. Über mehr Kenntnisse verfügte Milan nicht. Der Geschichtslehrer sprach nie über sein Privatleben. Milan wusste nur, dass Stein allein lebte und früher einmal verheiratet war. Er hatte immer angenommen, dass die Ehe einfach auseinandergegangen war, nicht, dass seine Frau gestorben und Stein ein Witwer war. Das erklärte vielleicht, warum er oft so distanziert wirkte.

„Ich weiß nichts über ihn“, gab Milan zu. „Aber ich würde gerne mehr wissen.“

Werner lachte und sein Gesicht erhellte sich. „Na ja! Ich weiß nicht, ob ich dir wirklich die Geheimnisse deines verehrten Lehrers verraten soll.“

Er schmunzelte wie ein frecher Junge und trank sein Glas auf Ex. Dann packte er aus: „Na ja, warum nicht? Ich weiß auch nicht alles über ihn. Nur ein paar Fakten. Zum Beispiel, dass seine Eltern in den 50er-Jahren von Deutschland nach Südafrika ausgewandert sind.“ Er rutschte auf dem Sofa nach vorne. „Sein Vater war lutherischer Pfarrer,

Natal *1893 in Südafrika gegründete Burenrepublik*

seine Mutter Volksschullehrerin. Sie lebten im Natal. Kurt kam erst Ende der 70er nach Beendigung seines Studiums nach Kapstadt. Er bekam eine Stelle an der deutschen Schule ..."

Milan unterbrach seinen Großvater überrascht. „Ich dachte, Herr Stein war erst seit dem Ende der Apartheid an der Schule?"

Werner schüttelte den Kopf und lächelte bitter. „Nein, nein. Er fing vor über dreißig Jahren an, aber sein Aufenthalt dort wurde vorzeitig abgebrochen. Dazu komme ich gleich."

Werner nahm die Whiskyflasche in die Hand und goss sich nach. Er geriet offenbar in Erzähllaune. Die Flasche war fast leer und Werner eindeutig betrunken. Sein Redefluss wurde immer langsamer, seine Bewegungen immer schwerfälliger.

„So habe ich ihn jedenfalls kennengelernt", fuhr er fort. „Als jungen Lehrer bei einer Weihnachtsfeier in der deutschen Gemeinde. Du hättest ihn damals sehen sollen. Er war ein gut aussehender Bursche. Die Frauen lagen ihm zu Füßen. Sie schwirrten um ihn herum wie die Motten ums Licht. Aber die Damen kriegten ihn nicht. Nein. Er verliebte sich in eine Frau aus einer ganz anderen Ecke. Und zwar aus Heideveld. Sie war *coloured*. Dorothy hieß sie, das weiß ich noch. Es war natürlich ein Skandal. Und auch illegal, wie du ja weißt. Mit einer Farbigen, das ging gar nicht. Die beiden wurden erwischt. Jemand verriet sie bei der Polizei. Sie kamen ins Gefängnis, er nur für ein paar Wochen, sie für länger. Unmittelbar danach verlor Kurt seinen Job an der deutschen Schule. Selbstverständlich. Stand gar nicht zur Debatte. Was aus der Frau aus Heideveld wurde, weiß ich nicht. Ich habe später erfahren, dass Stein nach einigen Jahren eine andere

Frau geheiratet hat. Eine Weiße. Professorin an der Universität. Eine gute Partie. Eine kluge Frau. Aktivistin. Sie starb ’93.“

„Woran ist sie gestorben?“, fragte Milan interessiert.

Werner senkte betroffen den Blick. „Sie wurde erschossen.“

„Erschossen?“, staunte Milan. „Von wem?“

„Das weiß man nicht. Von Tsotsis. Von Straßendieben. Vielleicht vom Geheimdienst. Der Fall wurde nie aufgeklärt. Es kann sein, dass Steins Frau etwas wusste, was sie nicht hätte wissen dürfen. Kurz vor ihrer Ermordung hatte sie Feldforschung in einem Gebiet an der Ostküste betrieben. Die Gegend wurde als heimliches Trainingslager der inoffiziellen Streitkräfte genutzt. Vielleicht hatte sie dort etwas entdeckt.“ Werner seufzte und schenkte sich den letzten Schluck Whisky ein. „Ich glaube, nicht mal Kurt weiß, wer sie getötet hat.“

Er leerte sein Glas wieder in einem Zug, gähnte mit weit offenem Mund und schlug sich kräftig auf den Oberschenkel.

„So, junger Mann“, sagte er resolut. „Mehr weiß ich nicht über deinen Kurt Stein. Geschweige denn über seine Frauengeschichten.“ Er stand auf und reckte sich. „Es ist spät. Willst du hier übernachten?“

Milan schaute ausdruckslos auf die Stelle, wo Stein vorher gestanden hatte. Er schüttelte den Kopf. „Nein danke. Ich fahre nach Hause.“

## Catherine de Koning

Am nächsten Tag fuhr Milan nach Khayelitsha, um endlich mit Zeni über seinen Großvater zu reden. Mit schwerem Herzen parkte er vor dem pfirsichfarbenen Haus und sah seine Freundin, die bereits in der offenen Haustür auf ihn wartete. Wie immer war sie fröhlich und munter. Sie grüßte ihn mit einem flüchtigen Kuss.

„Meine Mutter ist mit meiner Schwester unterwegs", kündigte sie an. „Wir können heute hierbleiben."

Milan folgte ihr ins Haus. Der vordere Raum bestand aus einer offenen Küche mit zwei Campingherden, einem Wohnzimmerbereich mit Couchtisch und zwei abgewetzten Sofas, die vor einem antiquierten Fernseher standen. Vor den Fenstern hingen dünne Vorhänge, die den Raum vor den Sonnenstrahlen schützen sollten. Es gab keine Isolierung unter dem Wellblechdach. Direkt darunter hing von einem der Balken eine einzelne Glühbirne. Trotzdem machte der Raum einen gemütlichen Eindruck. Der einzig andere Raum im Haus war das Schlafzimmer. Es hatte einen karierten Vinylfußboden und war gerade groß genug für zwei Doppelbetten und einen Kleiderschrank.

„Erzähl mal, wie fandest du denn die Hochzeit?", fragte Zeni, als sie mit Milan in den hinteren Raum ging.

„Es war super", antwortete er ehrlich. „Bis auf die Sache am Schluss natürlich."

Zeni winkte ab. „*Eish!* Es gibt eben eine Menge Idioten auf dieser Welt."

„Er war ein richtiges Arschloch", beharrte Milan und die Erinnerungen an die Beleidigungen gegenüber Zeni stiegen wieder in ihm hoch.

„Es gibt auch eine Menge Arschlöcher auf dieser Welt", fügte sie mit einem lässigen Schulterzucken hinzu und ließ sich auf dem Bett nieder. „Ich werde mich daran gewöhnen müssen. So sind Menschen eben. Sie haben Angst vor Dingen, die sie nicht kennen. Ich finde es wirklich nicht so schlimm. Ehrlich. Es war nur ein Schock. Ich hatte nicht damit gerechnet. Alle anderen waren so nett. Und dann kam er. Aber es waren nur Worte. Der Mann war vollkommen harmlos."

„Na ja", meinte Milan skeptisch. „Ich bin mir da nicht so sicher."

Doch der betrunkene Gast war nicht das wahre Problem. Milan setzte sich neben seine Freundin und nahm ihre Hand.

„Ich muss dir etwas sagen", fing er an und schaute ihre glatte Handfläche an. Zeni starrte ihn beunruhigt an und wartete, bis er weitersprach. „Es geht um meinen Großvater. Ich habe etwas bei seinem Umzug entdeckt ..."

Milan erzählte Zeni alles. Von der Auszeichnung, die er bei seinem Großvater zufällig gefunden hatte, bis zum Gespräch mit Herrn Stein am Bootshaus kurz vor der Hochzeit. Er sprach über Werners Beteiligung an der Zerstörung von District Six, über die Reue, die er bei seinem Opa festgestellt hatte, und über seine Bemühungen, die schändliche Episode für sich zu behalten. Die ganze Zeit hörte Zeni Milan aufmerksam zu. Sie blickte starr auf ihre beiden ineinander verschlungenen Hände und unterbrach ihn nicht. Erst als er fertig war, sprach sie.

„Ich bin nicht wütend", sagte sie sanft. Sie war sichtlich betroffen. „Nicht auf dich und auch nicht auf deinen Großvater. Er hat nur seinen Job gemacht. Er hat nicht den Befehl erteilt. Und er hat sich diese Politik auch nicht ausgedacht. Er war nur einer von vielen."

Milan konnte Zenis versöhnliche Reaktion kaum glauben. Er hatte nicht erwartet, dass sie die Neuigkeit so frei von Zorn hinnehmen würde. Er suchte nach einem Anzeichen des Schmerzes oder der Wut, aber er sah nur Traurigkeit in ihren dunklen Augen.

„Du bist wirklich nicht sauer?“, fragte er unsicher, aber erleichtert.

Zeni drückte fest seine Hand. „Nein. Glaub mir“, beruhigte sie ihn. „Wenn du sagst, dass dein Opa ein guter Mann ist, dann vertraue ich dir. Wenn er den Job nicht gemacht hätte, dann hätte ihn jemand anderes gemacht. Wichtig ist nur, wie er heute dazu steht. Ich denke, was dein Geschichtslehrer gesagt hat, ist richtig: Wir können das nicht verstehen. Wir wissen nicht, wie es damals war. Wir haben es selbst nie erlebt. Dein Großvater sieht es heute bestimmt anders.“

„Ja natürlich“, sagte Milan, und ihm fiel ein weiterer Aspekt ein: „Was ist mit deiner Mutter? Mit deinen Schwestern? Ich muss ihnen auch davon erzählen. Was glaubst du, werden sie dazu sagen?“

„Mach dir keine Sorgen. Sie werden der gleichen Meinung sein wie ich.“ Zeni wirkte überzeugt. Dennoch legte sie eine Pause ein und dachte einen Augenblick lang nach. „Weißt du, meine Mutter kann es sich nicht leisten, nachtragend zu sein. Ihr ist so viel passiert. Sie hat mehr gelitten, als ich mir vorstellen kann. Aber sie hat gelernt, die Vergangenheit zu akzeptieren. Sie kann die Zeit nicht ungeschehen machen.“

Zeni runzelte die Stirn und verstummte. Eine Weile herrschte Stille im Raum. Milan schaute nachdenklich aus dem Fenster. So viele Leben. So viele Menschen, die miteinander verbunden waren. Es betraf sie alle.

Auf der anderen Seite der Straße kam eine Frau nach Hause. Sie trug ihre schwere Einkaufstüte auf dem Kopf. Hinter ihr färbte sich der Himmel langsam rot. Zeni folgte

Milans wehmütigem Blick und sagte schließlich: „Die Sonne geht unter. Die Tage werden kürzer."

Wie sooft fand Milan seine Mutter zu Hause allein vor. Sie hatte schon eine Flasche Rotwein aufgemacht, obwohl es erst früh am Abend war. Sie saß am Esszimmertisch und blätterte durch ihre Geschäftspapiere. Immer wenn sie die Buchhaltung überprüfte, gönnte sie sich dazu ein Glas Rotwein.

„Wo ist Papa?", fragte Milan, als er ins Wohnzimmer kam und einen Blick durch die offene Tür des Arbeitszimmers warf. Eigentlich hatte Milan erwartet, dass sein Vater zu Hause sein würde. Er war ausnahmsweise nicht auf Geschäftsreise, was Milan in der Situation sehr recht war.

„Er ist gerade zum Flughafen gefahren", informierte ihn seine Mutter. „Mit Werner."

„Mit Opa? Was macht er denn am Flughafen?"

„Er verreist", erklärte seine Mutter beiläufig. „Nach Deutschland."

Milan stutzte. „Wie, nach Deutschland? Was macht er da?"

„Heute Vormittag hat er einen Anruf aus Berlin bekommen. Ein Freund von ihm ist gestorben. Er wollte unbedingt zur Beerdigung."

Ein Freund in Berlin? Werner hatte nie von Freunden in Deutschland gesprochen. Er war bestimmt zehn Jahre nicht mehr dort gewesen.

„Ich war auch erstaunt", sagte Sabine. „Sie sollen ganz eng miteinander gewesen sein. Der Freund hat wohl eine Weile in Kylemore gelebt."

Ein Auswanderer, schoss es Milan durch den Kopf. Wahrscheinlich einer von denen, die nach der Abschaffung der Apartheid ihr Glück woanders gesucht haben. Davon gab es viele.

„Wie lange bleibt er?“, fragte Milan perplex. Solange Werner unterwegs war, könnte er mit seiner Mutter nicht über seine neuen Erkenntnisse reden.

„Die Beerdigung ist am Wochenende. Er meinte, er bleibt ein paar Wochen. Vielleicht auch länger. Er wusste es nicht so genau.“ Sie zuckte mit den Schultern und fügte mit einem vielsagenden Lächeln hinzu. „Du kennst doch deinen Großvater. Er steckt immer voller Überraschungen.“

Milan wunderte sich. Er glaubte die Geschichte mit der Beerdigung nicht. Das war nur ein Vorwand. Aber wieso dann die plötzliche Abreise? Wollte sich sein Großvater damit nur der Aussprache entziehen? Oder hatte es irgendetwas mit dem Besuch von Herrn Stein zu tun?

„Wer kümmert sich um seine Pflanzen?“, fragte Milan und dachte an die leere Wohnung am Sea Point.

„Wer wohl? Miss *Rent-a-Plant* höchstpersönlich.“ Sabine deutete auf den Schlüsselbund, der neben ihren Papieren auf dem Esstisch lag.

„Das kann ich doch machen“, bot Milan an. „Du hast schon genug zu tun.“

Sabine war sichtlich überrascht. Normalerweise riss sich Milan nicht darum, seine Hilfe in Haushaltsangelegenheiten anzubieten. Bevor sie sich für das Angebot bedanken konnte, hatte Milan schon die Schlüssel in die Hand genommen und war auf dem Weg nach draußen.

Es wäre natürlich nicht nötig gewesen, bereits am ersten Abend die Pflanzen in Werners Wohnung zu gießen, doch Milan wollte sich in der leeren Wohnung umschauen.

Immer wieder musste er an den kleinen gelben Zettel denken, den Herr Stein in seiner Hosentasche versteckt hatte. Darauf stand vermutlich die Adresse der Frau, die Stein gesucht hatte. Seine alte Flamme. War sie vielleicht der Grund, warum Milans Großvater so unerwartet verreist war? Irgendetwas stimmte an der Geschichte nicht.

Auf dem Gehweg vor dem Hauseingang schaute er zu Werners Wohnung hoch. Die Vorhänge im sechsten Stock waren ordentlich zugezogen. Milan nahm den Aufzug und klingelte sicherheitshalber an der Wohnungstür. Es blieb still. Dieses Mal war tatsächlich niemand zu Hause. Milan machte die Tür auf und betrat leise das neue Domizil seines Großvaters.

Die Wohnung sah genauso aus wie am Abend zuvor, als Milan sie kurz vor Mitternacht verlassen hatte. Die leere Whiskyflasche stand noch auf dem Couchtisch, die Gläser waren jedoch abgeräumt. Der Aschenbecher war gesäubert. Die Zeitschrift *Die Spieël* lag daneben, aber der gelbe Klebezettelblock war weg.

Milan ging zum Fenster und blieb an der gleichen Stelle stehen, von wo aus vorher Herr Stein auf die Straße hinausgeschaut hatte. Unten sah Milan die Frau mit dem Pudel, die gerade von ihrem Nachmittagsspaziergang zurückkam. Sie trug den kleinen Hund unterm Arm. Von draußen hatte Milan gesehen, wie Stein mit dem Rücken zum Fenster gestanden hatte. Der Geschichtslehrer hatte die ganze Zeit nach links geschaut. Milan drehte sich um und blickte in die gleiche Richtung. Auf das Sofa. Dort hatte vermutlich sein Großvater gesessen.

Zum zweiten Mal fiel Milans Blick auf die afrikaanssprachige Zeitschrift, die auf dem Couchtisch lag. Das Titelblatt zeigte ein schwarzes Pferd, das durch die wilde südafrikanische Landschaft galoppierte. Milan überflog die Schlagzeilen auf dem Cover, aber es fiel ihm dabei nichts auf.

Er setzte sich an die Stelle, an der auch sein Großvater am Samstagabend gesessen haben musste, und schlug die Zeitschrift auf. Auf der ersten Seite, neben dem Inhaltsverzeichnis, war das Impressum. Dort hatte jemand den Namen der Chefredakteurin mit einem schwarzen Stift eingekreist. Catherine de Koning. Der Name sagte Milan nichts, aber es war immerhin der Name einer Frau. War sie die Frau, die Herr Stein gesucht hatte? Oder war es vielleicht nur reiner Zufall?

Milan sprang auf und ging ins Arbeitszimmer. Auf dem Schreibtisch lagen zahlreiche unsortierte Papiere, die hauptsächlich mit Werners Umzug in die Stadt zu tun hatten. Milan blätterte die Dokumente durch, fand aber nicht das, was er suchte. Er ging die Schubladen durch. Dort entdeckte er den Klebezettelblock. Er hielt ihn in der Hand und konnte die Einkerbungen auf dem obersten Blatt sehen. Schnell holte er einen Bleistift und rieb ihn leicht über die Oberfläche. Nach und nach kam der Name „Catherine de Koning“ zum Vorschein. Darunter eine Anschrift: 12 Kerkweg, Constantia 7800. Jetzt bestand kein Zweifel mehr: Es war die Frau, die Herr Stein gesucht hatte.

Milan holte einen alten Stadtplan aus dem Regal und suchte die Straße. Er schaute auf die Uhr. Es war schon sechs. Wenn er jetzt losfuhr, könnte er dort sein, bevor es dunkel wurde. Dann könnte er mit ihr reden, unter irgendeinem Vorwand. Er hatte genug Zeit, um sich bis dahin etwas einfallen zu lassen.

Milan riss den Zettel vom Block und steckte ihn in seine Jackentasche. Er stellte das Telefonbuch und den Stadtplan wieder an ihren Platz zurück und verließ eilig die Wohnung. Bei seinem nächsten Besuch würde er sich auf alle Fälle um die Pflanzen kümmern.

Constantia war eines der reichsten Viertel in Kapstadt. Die Villen auf der Rhodes Avenue verbargen sich hinter hohen Mauern, dichten Hecken und riesigen Bäumen. Sie waren groß und prächtig. Über ihnen erstreckten sich die Wälder am Fuß des Tafelbergs. Hier war das Grün der Natur durch die vielen Regenschauer und die südafrikanische Sonne sehr üppig geworden. Constantia hatte etwas Abgeschiedenes. Die Grundstücke waren wie kleine abgeschlossene Welten. Milan konnte sich ein Leben innerhalb der Mauern und Hecken genauso wenig vorstellen wie ein Leben in einer Township wie Khayelitsha. Auch hier fühlte er sich unwohl.

Milan fuhr langsam die Rhodes Avenue entlang und suchte nach dem Kerkweg. Nach einer Weile sah er das Schild, das auf die gesuchte Straße hinwies, daneben ein zweites Verkehrszeichen, das sie als Sackgasse kennzeichnete. Er bog in den Kerkweg ein. Die Straße war schmal und kurvenreich. Sie schlängelte sich zwischen den Häusern hindurch. Die dicht gewachsenen Bäume, die in die Straße hineinragten, ließen die Gasse wie einen Tunnel wirken.

Als Milan weiterfuhr, nahm er ein blaues blinkendes Licht wahr. Es blitzte zwischen den Bäumen auf, spiegelte sich in den Straßenlaternen und flimmerte rhythmisch auf dem glatten Asphalt. Milan bog um die Kurve am Ende der Sackgasse und hielt an. An der Stelle, an der die Straße in einem Wendeplatz endete, hatte sich eine Menschenmenge versammelt. Es waren bestimmt dreißig Leute, die allesamt mit ihren Rücken zu Milan standen. Jeder bemühte sich, in das große Grundstück am Ende der Sackgasse hineinzuspähen. Über die Absperrung wagte sich allerdings keiner von ihnen. Zwischen den Schaulustigen und dem eingezäunten Haus standen zwei Polizeiautos, ein Kranken- und ein Leichenwagen. Auf allen drei Fahrzeugen drehten sich die Blaulichter.

Milan fuhr näher und parkte seinen Roller an der Seite. Er setzte seinen Helm ab und mischte sich unter die Menschenmenge. Ein Blick auf die Hausnummer bestätigte seinen Verdacht: Kerkweg Nummer 12. Das Haus von Catherine de Koning. Er war an seinem Ziel angekommen.

„Was ist passiert?", fragte er einen alten Mann, der in seinem Bademantel ganz hinten in der Menschenmenge stand.

Der Mann drehte sich um und schaute Milan verwirrt an. „Es ist die Catherine", sagte er mit bebender Stimme. Die Tränen standen ihm in den Augen. „Sie ist tot."

Im gleichen Moment tauchten drei Notärzte vor dem Haus auf. Sie rollten eine Trage aus der Haustür. Unter der blauen Plastikplane war die Form eines Menschen deutlich zu erkennen. Die Ärzte schoben die Leiche den Gartenweg entlang, schlossen das kleine Tor auf und bahnten sich ihren Weg durch die Schaulustigen. Sie blieben mit der Trage vor dem Leichenwagen stehen. Einer von ihnen machte die Türen auf und verschwand kurz im Inneren. Als er wieder auftauchte, sprang er herunter und kam auf den alten Mann neben Milan zu.

„Herr Venter?", sagte er förmlich. „Sie sind der Nachbar von Frau de Koning, richtig?"

Der alte Mann nickte unsicher.

„Wären Sie in der Lage, die Leiche für uns zu identifizieren?", fragte der Gerichtsmediziner vorsichtig.

Der alte Mann schaute auf seine Pantoffeln, dann zum Gerichtsmediziner, als wäre er nicht sicher, ob er vielleicht träumte.

„Ja, das kann ich machen", murmelte er leise.

Die Leiche wurde inzwischen in den Leichenwagen geladen. Der Mediziner half dem alten Mann einzusteigen und schloss die Tür.

Alle Augen waren jetzt auf den Leichenwagen gerichtet. Erst langsam nahmen die Bewohner des Kerkwegs den fremden Jungen wahr, der neben ihnen stand. Sie starrten Milan perplex an, als störte es sie, dass ein Fremder ausgerechnet jetzt in ihrer Straße aufgetaucht war. Eine elegante ältere Dame mit blonder Dauerwelle trat aus der Gruppe hervor und machte einen Schritt auf Milan zu. Sie öffnete den Mund, um etwas zu sagen, doch bevor sie anfangen konnte zu sprechen, gingen die Türen des Wagens auf und der Gerichtsmediziner tauchte wieder auf.

„Könntest du mir vielleicht helfen?“, bat er Milan. Der Junge nahm sofort die Hand des alten Herrn und half ihm aus dem Leichenwagen. Er stand sichtlich unter Schock.

„Sie ist es. Ich habe sie erkannt. Sie ist es“, flüsterte der Mann Milan zu. „Sie sieht so friedlich aus. So schön. Wie ein Engel. Sie hat gelächelt. Wie kann das sein? Lächelt man, wenn man stirbt? Ist der Tod so schön?“

Der Mann stolperte kraftlos weiter und Milan stützte ihn.

„Kannst du deinen Großvater nach Hause bringen, bitte?“, fragte der Gerichtsmediziner. „Er muss sich noch vom Schock erholen.“

Milan nickte und warf einen Blick auf die blond gefärbte Dame. Sie starrte ihn immer noch skeptisch an. „Kein Problem.“

Der Mediziner bedankte sich und übergab den alten Mann in Milans Obhut. Der Nachbar drückte Milans Hand fest, als wäre er sein eigen Fleisch und Blut.

„Es war der Killer“, murmelte er aufgelöst. „Der Apartheid-Killer. Ich habe die Schusswunde gesehen. Eine einzige Kugel aus nächster Nähe. Es kann nur er gewesen sein.“ Der Mann schüttelte den Kopf. „Aber das Schwein hat die Falsche erwischt. Catherine war keine von denen. Sie hatte damit nichts zu tun. Sie war unschuldig. Ich weiß es. Ich habe sie mein ganzes Leben gekannt.“

Milan machte das Gartentor auf und half dem alten Nachbar, sein Grundstück zu betreten.

„Der Apartheid-Killer tötet unschuldige Menschen“, fluchte er entgeistert. „Catherine war ein guter Mensch.“ Dann ließ er Milans Hand los und stolperte allein den Gartenweg entlang. „Sie sah so schön aus ...“

Milan blieb am Gartentor stehen und blickte dem Mann starr hinterher. Herr Venter ging zur Haustür, machte sie mit zittrigen Händen auf und betrat das Haus. Erst als er nicht mehr zu sehen war, wagte es Milan, sich umzudrehen. Die schick angezogene Dame mit der Dauerwelle schaute ihn immer noch fragend an. Neben ihr stiegen die beiden Gerichtsmediziner in den Leichenwagen und starteten den Motor. Während der Leichenwagen langsam losfuhr, machte die Dame wieder einen Schritt auf Milan zu.

„Junger Mann? Wer sind Sie denn überhaupt?“, fragte sie forsch. Einige Bewohner wandten sich von Catherine de Konings Haus ab und schlossen sich der Dame an. „Mir ist nicht bekannt, dass Herr Venter einen Enkelsohn hat“, fügte sie mit herablassender Stimme hinzu.

Milan schaute in die Gesichter der anderen Bewohner, die sich um ihre Sprecherin versammelt hatten. Sie warteten alle gespannt auf seine Antwort und schauten ihn misstrauisch an. Auch einer der Polizisten, der vor Catherine de Konings Haus ein Ehepaar befragte, schaute von seinem Notizblock auf und blickte fragend auf die kleine Gruppe, die sich plötzlich um den Jungen geschart hatte.

Milan stockte und suchte verzweifelt nach einer Antwort. „Ich ... ich habe mich verfahren“, stammelte er ratlos und sah, wie die Dame argwöhnisch die Augen zusammenkniff. Er wartete nicht länger. Ohne ein weiteres Wort drehte er sich um und eilte mit großen Schritten zu seiner Vespa zurück.

„Warten Sie mal! Wo gehen Sie hin?", rief ihm die Dame hinterher, aber er hielt keine Sekunde inne. Während ihm einige Anwohner nacheilten, steckte er den Schlüssel ins Schloss, startete den Motor und fuhr los. Die Rufe der wütenden Nachbarn von Catherine de Koning wurden vom heulenden Motor übertönt. Kurz bevor Milan um die Ecke bog, schaute er flüchtig über die Schulter. Die Dame stand jetzt neben dem Polizisten und zeigte auf den entkommenden Motorrollerfahrer. Doch bevor der Beamte sein Kennzeichen abschreiben konnte, war Milan schon nicht mehr zu sehen.

# Herr Stein

Herr Stein hatte manchmal die Angewohnheit, den ganzen Tag in seinem Klassenzimmer zu verbringen. Im Gegensatz zu den anderen Lehrern hielt er seinen Unterricht immer im gleichen Raum ab. Er ging nie zu seinen Schülern, sondern sie kamen immer zu ihm. Darüber hinaus hatte er selten das Bedürfnis, sich mit seinen Kollegen auszutauschen. Er ging nur ins Lehrerzimmer, wenn er seine überdimensionale Thermoskanne mit Kaffee nachfüllen musste oder wenn es eine Lehrerkonferenz gab.

Die Wände in Steins Klassenraum sahen aus wie ein Mosaik, das aus Bildern und Texten zusammengesetzt war. Landkarten, Poster, Schlüsselworte, Fahnen, politische Symbole, Fotos, Zeitungsausschnitte – all das bedeckte die Wände von oben bis unten. Jeder freie Fleck war zutapeziert. Die letzten zweihundert Jahre der Geschichte wurden rundherum visuell zusammengefasst. Besonders viel Platz wurde dabei Südafrika eingeräumt. Landkarten zeigten die Kulturen der vorkolonialen Zeit oder das Territorium unter dem späteren Apartheidregime. Die sogenannten *Bantustans* oder „Homelands" – die Gebiete, die während der Apartheid für Schwarze festgelegt worden waren – waren mit deutlichen Farben darauf gekennzeichnet. Andere Bilder zeigten die Pässe, die Schwarze damals bei sich tragen mussten. Stein hatte sogar eines der berühmten Toilettenschilder an der Wand montiert: *Blankes/ Nie Blankes*. Weiße/Nichtweiße. Die gleichen Schilder gab es damals auch für die Eingänge von Krankenhäusern, Postämtern, Rathäusern und anderen öffentlichen Gebäuden. Ein Porträt von Steve Biko, einem der bekanntesten Bürgerrechtler, der von der Polizei ermordet worden war, nahm den Ehrenplatz über der großen Tafel ein. Steins

Klassenzimmer war eine einzige Stätte der Erinnerung, ein Zeugnis für eine Vergangenheit, die seiner Ansicht nach nie vergessen werden sollte.

Am nächsten Tag hatte Milan nicht vor, bis zur ersten Pause zu warten, um mit Herrn Stein zu sprechen. In der Nacht hatte er kein Auge zugetan. Seit den Vorkommnissen im Kerkweg am vorherigen Abend stand er wie unter Strom. Er konnte nicht fassen, was er gesehen hatte. Immer wieder hörte er die Worte des alten Nachbarn in seinem Kopf: *Ich habe die Schusswunde gesehen. Eine einzige Kugel aus nächster Nähe. Es war der Apartheid-Killer.* Er sah seine Tränen, seine zittrigen Hände, die tiefe Trauer in seinen Augen. Milan kämpfte krampfhaft damit, seine stürmischen Gedanken zu ordnen.

Dann dachte er an den gelben Zettel in Steins Hand. Das Blatt, auf dem Catherine de Konings Name geschrieben worden war. *Eine gemeinsame Bekannte*, hatte sein Großvater gesagt. *Kurt wollte sie wiederfinden.* Hat er sie denn gefunden? War das das Ergebnis des Treffens? Dass Catherine de Koning jetzt tot war? Gab es einen Zusammenhang zwischen Herrn Stein und dem Apartheid-Killer? Bei diesem schrecklichen Gedanken wurde Milan schwindelig.

Morgens verließ der Junge schon früh das Haus und kam in die Schule, noch bevor die meisten Lehrer überhaupt da waren. Er stieg die Außentreppe hoch und betrat das Gebäude, das hauptsächlich der Oberstufe diente. Er war sich sicher, dass sein Geschichtslehrer da sein würde. Mit rasendem Herzen klopfte er an die Tür und stellte fest, dass er sich nicht geirrt hatte. Herr Stein packte gerade seine Sachen aus, als Milan den Raum betrat. Er war sichtlich überrascht über den frühen Besuch.

„Hallo, Milan!“, sagte er freundlich. „Was verschafft mir die Ehre so früh am Morgen?“

Milan blieb auf halber Strecke zwischen der offenen Tür und Steins Schreibtisch stehen. Er hatte einen seltsam fahlen Geschmack im Mund. Er blickte aus dem Klassenzimmerfenster. Der Pausenhof war leer. Er war mit Herrn Stein ganz allein.

„Ich war gestern Abend bei Catherine de Koning“, antwortete er knapp, aber vielsagend.

Stein zuckte nicht einmal mit der Wimper. In aller Ruhe nahm er die Bücher einzeln aus seiner Ledertasche.

„Ich habe die Nachricht schon im Radio gehört“, sagte er mit erstaunlicher Gelassenheit. „Was hast du dort gemacht?“

„Ich war da, als ihre Leiche aus dem Haus getragen wurde“, erwiderte Milan schonungslos und sah kein Anzeichen in Steins Gesicht, das Überraschung oder Betroffenheit verriet. „Ich habe de Konings Namen bei meinem Großvater gefunden. In einer Zeitschrift. Sie war die Frau, die Sie gesucht haben, stimmt's? Mein Großvater hat Ihnen ihre Adresse gegeben?“

Jeder Muskel in Milans Körper spannte sich an, jeder Nerv schlug Alarm. Stein überprüfte den Rücken des Buches, das er gerade aus seiner Tasche nahm, und legte es auf den Schreibtisch.

„Ich finde das ganz schön dreist von dir, Milan“, sagte er leise. „Spionierst du mir etwa hinterher?“

„Ich finde es nur seltsam“, beharrte Milan. „Sie waren bei meinem Großvater am Abend davor. Er gibt Ihnen die Adresse von Catherine de Koning – das habe ich gesehen – und am nächsten Tag ist er verreist. Von heute auf morgen. Und jetzt ist die Frau tot.“

Stein schaute Milan direkt in die Augen. „Was soll ich dazu sagen?“, seufzte er. „Dein Großvater hatte mir nur geholfen, Catherine aufzuspüren, ja. Er kannte sie. Aber ich habe mit ihrem Mord nichts zu tun. Im Gegenteil. Ich hätte sie gerne noch mal gesehen."

Milan musterte Stein scharf. „Was wollten Sie von ihr?"

Stein atmete tief ein und unterdrückte seinen Ärger. „Ich weiß nicht, was dich das angeht", zischte er und verlor langsam die Geduld. „Was ist das hier? Ein Verhör?"

„Ich will nur die Wahrheit wissen", sagte Milan ruhig.

Auf einmal schlug Herr Stein mit der Faust auf den Schreibtisch und brüllte: „Herrgott noch mal, Milan! Was bildest du dir ein? Du kommst in mein Zimmer reinmarschiert und stellst mir Fragen über mein Privatleben, als ob du ein Recht darauf hättest. Und dann besitzt du auch noch die Frechheit, meine Worte infrage zu stellen. Glaubst du wirklich, ich habe irgendetwas mit dem Mord an Catherine de Koning zu tun? Für wen hältst du mich? Den Apartheid-Killer?" Stein schnaubte verärgert. „Ich bitte dich! Du solltest nicht vergessen: Du bist mein Schüler, nicht mein Sohn. Was ich außerhalb dieser vier Wände mache, geht dich nichts an. Gar nichts. Das müsste dir eigentlich klar sein."

Stein verharrte einen Augenblick und schaute seinen Schüler herausfordernd an. Er atmete schwer. Sein Gesicht war rot geworden. Die Adern an seiner Stirn waren tiefblau und geschwollen. Milan erstarrte. So wütend hatte er seinen Geschichtslehrer noch nie erlebt.

Stein atmete noch mal tief ein und senkte die Stimme.

„Es tut mir leid, dass dein Vater so selten für dich da ist, aber ich kann ihn leider nicht ersetzen", sprach er in beherrschtem Ton weiter. „Es ist Zeit, dass dir das bewusst wird. Ich bin dein Lehrer und dein Drachenboottrainer. Mehr nicht. Du musst aufhören, Sachen auf mich zu projizieren. Ich habe mit deinem Leben nichts zu tun. Und du mit meinem auch nicht – egal, wie du das siehst."

Stein machte einen Schritt auf Milan zu und schaute ihn fast mitleidig an.

„Ich kann nicht dein Vater sein“, sagte er gequält. „Das musst du doch endlich verstehen.“

Milan senkte beschämt den Kopf. Steins Worte trafen ihn wie ein Faustschlag in den Magen. Sie taten ihm weh, eben weil sie der Wahrheit entsprachen. Seit Jahren lief Milan Herrn Stein hinterher, das stimmte schon. Er hatte den Drachenboottrainer angehimmelt, sogar vergöttert. Milan wusste es, auch wenn er es selbst nie zugegeben hätte. In Milan wirbelte ein Strudel widersprüchlicher Emotionen hoch: Scham, Zorn und das bittere Gefühl, betrogen worden zu sein.

Schließlich gab er nach. „Es tut mir leid“, sagte Milan leise. „Ich weiß nicht, was in mich gefahren ist.“

Stein schenkte ihm ein trauriges Lächeln. „Ist schon gut“, sagte er versöhnlich und wandte sich wieder seinen Büchern zu. „Aber jetzt brauche ich ein bisschen Ruhe, um mich auf den Tag zu vorbereiten.“

Milan nickte. Er blieb noch kurz stehen und betrachtete seinen Geschichtslehrer, der mit penibler Genauigkeit seine Sachen auf dem Schreibtisch ordnete. Dann verließ er wortlos den Raum.

Für den Rest des Tages begegnete er Herrn Stein kein einziges Mal mehr, doch das Gespräch, das sie am frühen Morgen in seinem Zimmer geführt hatten, ließ Milan nicht mehr los. Satz für Satz nahm er den Wortwechsel in Gedanken noch einmal auseinander. Er erinnerte sich an jede Bewegung, an jeden Blick und wurde das Gefühl nicht los, dass Stein ihn angelogen hatte. Das hatte er in seinen Augen gesehen. Der starre Blick. Das gequälte Lächeln. Der unerwartete Ausraster.

Nach der letzten Stunde verließ Milan die Schule und

wartete auf seiner Vespa an der nächsten Ecke. Die deutsche Schule befand sich am Fuße des Lion's Head und die Straße davor verlief steil den Berg hinauf. Fast alle Autos, die das Schulgelände verließen, fuhren bergab, Richtung Innenstadt. Milan wartete oben, hinter Bäumen versteckt, und beobachtete die Schuleinfahrt. Allmählich wurde es ruhiger. Jetzt fuhren nur noch die älteren Schüler mit dem Rad nach Hause. Schließlich schien der letzte Schüler das Gelände verlassen zu haben. Danach machten sich auch die ersten Lehrer auf den Heimweg. Sie fuhren einer nach dem anderen durch das Schultor und verschwanden mit ihren Autos am Ende der Straße.

Als hätte es Milan gewusst, war Herr Stein der Letzte, der die Schule verließ. Er hielt neben dem Sicherheitsbeamten am Schultor an und plauderte eine Weile mit ihm. Dann verabschiedete er sich mit einem freundlichen Handschlag und fuhr weiter. Herr Stein besaß einen alten Volkswagen Citi, ein beliebtes Modell auf den Straßen von Kapstadt. Das machte es allerdings für Milan nicht leicht, seinen Geschichtslehrer zu beschatten.

Milan startete den Motor und folgte dem roten VW. Stein bog nach links auf die Kloof Nek Road ab, dann wieder nach rechts. Bald kam er auf den kurvenreichen De Waal Drive, der sich eng am Fuße des Tafelbergs entlangschlängelte. Stein fuhr Richtung Norden. Milan ließ ihn nicht aus den Augen, hielt aber stets einen sicheren Abstand.

Hinter der Universität fuhr Herr Stein auf die Autobahn. Er blieb jedoch nicht lange auf der überfüllten Schnellstraße, sondern verließ sie bei der dritten Ausfahrt und fuhr in einen Stadtteil namens Athlone hinein. Die zwei wuchtigen Türme des stillgelegten Kohlekraftwerks, die das Viertel unverwechselbar machten, ragten in den Himmel. Stein fuhr am Fußballstadion vorbei und bog in das Wohngebiet ab. Der rote VW bahnte sich seinen Weg immer tiefer in das Labyrinth der eng vernetzten Straßen. Athlone war ein ordentliches und ruhiges Viertel. Die Nebenstraßen waren mit kleinen Häusern mit hübschen Vorgärten und niedrigen Mauern gesäumt.

In einer Straße namens Gemini Street hielt Stein vor einem einstöckigen Haus an. Die schmale Einfahrt, die gerade groß genug für ein einziges Auto war, stand leer. Milan hielt an der Ecke an und beobachtete seinen Geschichtslehrer durch einen Zaun. Stein stieg aus dem Auto, ging zur Haustür und schloss sie auf. Hier wohnte Stein? Ursprünglich war der Stadtteil Athlone eine Township für Farbige gewesen und hatte als Zwischenlager für die städtische Umsiedlungspolitik der Apartheid gedient. Noch heute lebte hauptsächlich die farbige Bevölkerung in Athlone. Milan hätte nie erwartet, dass auch Herr Stein hier wohnen würde.

Milan schloss seine Vespa ab und ging zu Fuß die Gemini Street entlang. Die Straße war ruhig. Auf einer Seite erstreckte sich eine kleine Parkanlage, die mit zwei Schaukeln und einem wenig beeindruckenden Klettergerüst ausgestattet war. Sie war menschenleer. Auch auf den schmalen Gehwegen entdeckte er niemanden. Neben Steins Haus tauchte ein älterer Herr im Vorgarten auf. Auf wackeligen Beinen rollte er einen langen Wasserschlauch ab, um seine Pflanzen zu gießen. Er sah den Jungen auf der gegenüberliegenden Straßenseite nicht. Auch nicht, als Milan die Straße überquerte und sich hinter der Mauer versteckte, die Steins Haus vom Bürgersteig trennte.

Das Haus war klein. Es hatte vielleicht zwei oder drei Zimmer, nicht mehr. Die Vorhänge waren zugezogen und verhinderten einen Blick ins Innere. Von draußen wirkte es sehr gemütlich. Es passte zu seinem Besitzer. Natürlich lebte der Geschichtslehrer nicht in einer solch großen Behausung wie Milans Familie. Auch nicht in einer Wohnung mit Meerblick. Hier war Herr Stein zu Hause, unter ganz normalen Menschen. Menschen, die während der Apartheid ein Leben ganz ohne Privilegien geführt hatten.

Plötzlich ging die Haustür auf und Herr Stein kam heraus. Er hatte sich umgezogen und trug jetzt ein langärmeliges Shirt und eine Jeans. Von seiner Schulter hing die vertraute Ledertasche. Er schaute kurz zum Himmel hoch und setzte sich eine Sonnenbrille auf.

Während Stein die Haustür verschloss, schlich Milan geduckt an der Außenmauer entlang und eilte über die Straße. Er suchte Deckung in der kleinen Parkanlage und versteckte sich hinter einem Baum. Aus dieser sicheren Entfernung sah er, wie Stein den Gartenweg entlangging. Dabei grüßte er freundlich seinen Nachbarn und stieg wieder ins Auto. Kurz darauf fuhr er an der Parkanlage vorbei. Als der rote Volkswagen das Ende der Straße erreichte und nach links abbog, sprang Milan auf, lief zu seinem Roller und raste Stein hinterher.

Zu Milans großer Überraschung fuhr Stein in die Stadt zurück, fast den gleichen Weg, den er vor einer halben Stunde stadtauswärts genommen hatte. Diesmal allerdings nicht zur Schule, sondern er steuerte aufs Zentrum zu. Er stellte seinen Wagen in einem Parkhaus auf der Roland Street ab und ging zu Fuß weiter. Nach ein paar Hundert Metern betrat er ein großes Gebäude und verschwand darin. Milan, der seine Vespa in der Nähe des Parkhauses stehen ließ, eilte Stein hinterher und blieb vor dem prächtigen Kolonialgebäude stehen. Es war das Staatsarchiv.

Milan wartete noch einen Augenblick, dann folgte er seinem Geschichtslehrer hinein. Im Foyer schaute er sich unsicher um. Es war sehr geräumig, die hohe gewölbte

Decke war mit kunstreicher Stuckarbeit dekoriert. Milans Schritte hallten durch die fast leere Eingangshalle, als er über den Marmorboden auf den Empfang zuging. Links davon führte eine große zweiflügelige Tür zum Lesesaal. Rechts wand sich eine Wendeltreppe zu den Archiven hoch. Die Luft war stickig, die Eingangshalle roch nach Reinigungsmittel. Milan schaute über die Schulter zurück. Zwei Sicherheitsbeamte saßen auf beiden Seiten des Eingangs. Einer las Zeitung, der andere blickte Milan gelangweilt hinterher.

Hinter dem Empfang saß eine adrett gekleidete Frau. Als Milan vor ihr stehen blieb, schaute sie ihn fragend an und bemühte sich zu lächeln.

„Was kann ich für dich tun, junger Mann?", fragte sie höflich.

„Ich ... ich bin zum ersten Mal hier", stammelte Milan unsicher.

„Dann hast du keinen Archivausweis?", schlussfolgerte die Empfangsdame sachlich. Sie nahm ein Blatt von ihrem Schreibtisch und reichte es Milan über den Tresen. „Füll einfach das hier aus. Für welchen Bereich interessierst du dich?"

Milan schaute das leere Formular überfordert an. „Welche Bereiche gibt es denn?"

Die Frau atmete geräuschvoll aus und rollte demonstrativ mit den Augen, vermutlich, weil sie es hier mit einem blutigen Anfänger zu tun hatte.

„Die genealogische Abteilung ist unser meist frequentierter Bereich", sagte sie gelangweilt. „Wir haben hier aber auch Staatsakten und Privatakten. Zugang zur Mikrofilmabteilung wird nur mit einer Sondergenehmigung gestattet. Im Lesesaal darfst du nur Bleistifte verwenden. Kugelschreiber und Füllfederhalter sind verboten. Wenn du willst, kannst du gerne deinen Laptop anschließen. Daten kannst du mit dem Computersystem abrufen. Hast du noch Fragen?"

„Äh, nein, danke."

Die Frau drehte den Kopf zur Seite und musterte Milan mit einem abwertenden Blick. „Du hast keine Ahnung, was das hier ist, nicht wahr?"

Milan wollte der scharfsinnigen Bemerkung der Empfangsdame gerade etwas entgegensetzen, aber ihm fiel kein Argument ein. „Nein, nicht wirklich", gab er verlegen zu.

„Was machst du dann hier?", hakte die Frau nach. Milan merkte, wie in seinem Rücken einer der Sicherheitsbeamten leise auf ihn zukam.

„Äh, ich habe gesehen, wie mein Vater eben hier reingekommen ist", log Milan spontan. „Ich wollte nur wissen, was er hier macht."

„Frag ihn doch einfach", sagte die Frau und zeigte die Treppe hoch. „Er ist oben in der Mikrofilmabteilung."

Milan schaute dem ausgestreckten Arm der Frau nach. Irgendwo hinter der Tür zur ersten Etage saß Herr Stein vor einem Lesegerät und suchte Namen aus einem Register heraus. Bei dieser Vorstellung lief Milan ein Schauer über den Rücken.

„Nein, ist schon okay", sagte er schnell und machte instinktiv einen Schritt zurück. Dabei stieß er gegen etwas. Er fuhr überrascht herum und erstarrte, als er den Sicherheitsbeamten vor sich sah. „Oh Entschuldigung!"

Die Empfangsdame zog die Augenbrauen hoch und ließ Milan nicht aus den Augen. „Sag mal, hast du Ärger?", fragte sie argwöhnisch.

Milan legte das Formular zurück auf den Empfangstresen. „Nein, es ist alles in Ordnung", murmelte er und machte wieder einen Schritt zurück. „Mein Vater soll nicht wissen, dass ich hier war“, fügte er hinzu. „Bitte sagen Sie ihm nichts. Meine Mutter hat mich hergeschickt.“

Die Andeutung eines Zwistes zwischen den Eltern reichte für die Empfangsdame vollkommen aus, um Milan jetzt in einem neuen Licht zu betrachten. Ihre Augen wirkten plötzlich traurig. Sie schaute den zurückweichenden, ängstlichen Jungen voller Mitgefühl an.

„Vielen Dank für Ihre Hilfe“, sagte er höflich. „Ich wünsche Ihnen noch einen schönen Tag.“

Im Gegensatz zu der Empfangsdame schaute ihn der Sicherheitsbeamte am Tresen mit zunehmender Skepsis an. Milan hatte auch die Aufmerksamkeit des Kollegen auf sich gezogen. Als sich der Junge dem Ausgang näherte, senkte der zweite Wächter seine Zeitung und warf seinem Kollegen einen fragenden Blick zu. Milan nickte höflich in seine Richtung und griff zur Tür.

„Auf Wiedersehen!“, murmelte er und schlüpfte aus dem Gebäude. Der zweite Sicherheitsbeamte stand von seinem Hocker auf und trat ans Fenster.

Milan hatte gerade den Bürgersteig auf der anderen Straßenseite erreicht, als in seiner Hosentasche sein Handy klingelte. Er schaute sich um. Die beiden Sicherheitsbeamten standen nebeneinander am Fenster und starrten ihm hinterher. Ihre Blicke machten Milan nervös. Hektisch zog er das vibrierende Gerät aus der Tasche und sah den Namen auf dem Display. Es war Zeni.

„Hey“, meldete er sich außer Atem.

„Hallo, Milan! Wie geht’s dir?“

Milan eilte um die Ecke und atmete erleichtert auf, als er endlich außer Sichtweite der beiden Sicherheitsbeamten war.

„Gut“, log er.

„Wo bist du gerade?“, fragte Zeni am anderen Ende der Leitung.

Milan zögerte kurz. „Beim Staatsarchiv.“

Zeni hörte sich überrascht an. „Was machst du denn da?“

„Äh, ich bin mit Herrn Stein hier“, sagte Milan zur Erklärung, obwohl es nicht ganz der Wahrheit entsprach. „Er hilft mir, etwas für die Schule zu recherchieren.“

„Echt? Das ist sehr engagiert von ihm“, sagte Zeni beeindruckt. Dann fügte sie hinzu: „Ist irgendetwas, Milan? Du hörst dich so komisch an.“

„Nein, es ist alles in Ordnung. Ich bin nur ein bisschen ... Ich bin auf der Straße. Ich hole uns etwas zu trinken.“

„Ich habe gestern Abend versucht, dich zu erreichen“, sagte Zeni. „Du bist nicht rangegangen. Warst du unterwegs?“

Milan zuckte aus schlechtem Gewissen zusammen. Er hatte gesehen, dass ihn Zeni angerufen hatte. Aber er konnte nicht mit ihr reden. Sein Kopf war so voll. Er musste erst einmal die Sache mit Herrn Stein klären.

„Ich war bei meinem Großvater“, erklärte Milan verwirrt. „Aber er war nicht da. Ich ... ich war anschließend bei Alex.“

Die kurze Stille am anderen Ende der Leitung verriet Zenis Skepsis. „Bist du dir sicher, dass alles in Ordnung ist?“

„Ja. Ich muss mich nur beeilen. Das Archiv schließt gleich. Kann ich dich später zurückrufen?“

„Ja gerne. Ich bin zu Hause.“

„Tschüss, Zeni. Und sorry. Ich meine, dass ich so kurz angebunden bin.“

Mit einem unguten Gefühl beendete Milan das Gespräch. Er wollte seine Freundin nicht anlügen, aber es ging nicht anders. Er würde ihr alles erklären – später, wenn er mehr wusste. Aber nicht jetzt.

Milan holte sich ein Getränk vom Kiosk und setzte sich auf den Bordstein. Er wartete. Eine Stunde später machte das Staatsarchiv zu. Stein war der letzte Besucher, der das Gebäude verließ. Die beiden Sicherheitsbeamten begleiteten ihn zur Tür und verabschiedeten ihn in vertrauter Weise. Das Ritual erinnerte Milan an den Wächter vor der deutschen Schule. Sie kannten sich offenbar gut.

Während Stein die Straße überquerte, zog sich Milan zu seinem Roller zurück. Dabei behielt er den Eingang des Parkhauses im Auge. Doch bevor Herr Stein sein Auto abholte, ging er zu einer der hellgrünen Telefonzellen an der Straßenecke. Er hob den Hörer ab, steckte seine Karte hinein und wählte. Während er sprach, drehte er sich mit dem Rücken zum Telefon und ließ seinen Blick über die Straße schweifen. Milan wunderte sich. Herr Stein hatte ein Handy, das wusste Milan. Er ließ es nämlich immer im Bootshaus zurück, wenn sie aufs Wasser gingen. Warum nutzte er es jetzt nicht?

Das Telefongespräch dauerte nicht lange. Nachdem er aufgelegt hatte, ging Stein ins Parkhaus und tauchte kurz darauf mit seinem roten VW wieder auf. Er fuhr aus der Ausfahrt und bog nach rechts in die Straße ein. Er hatte offenbar nicht vor, nach Hause zu fahren.

Milan folgte Stein erneut. Der Geschichtslehrer nahm Kurs auf das Meer, bog aber kurz davor nach Bo-Kaap ab. Das kleine Viertel am Fuß des Signal Hills war eine von Milans Lieblingsgegenden in der Stadt. Bo-Kaap zeichnete sich durch seine vielen bunt bemalten Reihenhäuser aus, die sich am steilen Abhang des Hügels entlangschlängelten. Die knallrot, grün und blau gestrichenen Fassaden waren eine wahre Augenweide, deren Charme gerade ihr heruntergekommener Zustand ausmachte.

Stein fuhr die holprigen Kopfsteinpflasterstraßen hoch, an den weißen Moscheen und den pittoresken Häusern vorbei, bis er eine moderne Siedlung mit Sozialwohnungen am obersten Rand des Bezirks erreichte. Hier stellte er sein Auto im Hinterhof ab und ging zu einer Autowerkstatt. Milan beobachtete das Geschehen von einer Erhebung hinter der Garage aus. Draußen, vor der offenen Garagentür, lag ein Mechaniker unter der Karosserie eines Kleinlasters. Stein blieb stehen und sprach den Mann an. Prompt kroch der Monteur unter dem Laster hervor und stand auf. Es war ein kleiner älterer Mann, der eine Gebetsmütze auf dem Kopf trug und dessen Kleidung mit Öl und Dreck verschmiert war. Er wischte seine Hände an einem Lappen ab, begrüßte Stein mit Handschlag und verschwand durch die offene Tür in die Werkstatt.

Als er kurz darauf wieder ans Tageslicht kam, hielt der Mann einen kleinen unbeschrifteten Karton in der Hand. Aus der Entfernung konnte Milan den Inhalt nicht erkennen. Herr Stein zog sein Portemonnaie aus der Hosentasche, nahm ein paar Scheine raus und drückte sie dem Mann in die Hand. Mit einem breiten Grinsen überreichte der Mechaniker Stein den Karton. Nachdem sich die beiden Männer wieder die Hand gegeben hatten, ging Stein zu seinem Auto zurück.

Milan sah zu, wie Stein langsam den Hügel hinabfuhr und auf der Hauptstraße das Viertel wieder verließ. Er schaute auf die Uhr. Es war schon sieben. Die letzten drei Stunden hatte er mit seiner Beschattung verbracht. Jetzt war es Zeit, nach Hause zu fahren, egal wo Herr Stein hinfuhr. Milan musste noch einen Aufsatz für die Schule schreiben. Und er wollte auch Zeni anrufen. Nicht, dass sie sein seltsames Verhalten falsch interpretierte. Vielleicht sollte er die ganze Sache mit Herrn Stein aber auch einfach lassen. Vielleicht war er mit seinem Verdacht zu weit gegangen? Vielleicht war alles doch nur ein Zufall? Milan trat den Heimweg an. Morgen würde er weitersehen.

Laut Polizeiberichten passte der Mord an der Zeitschriftenredakteurin Catherine de Koning nicht in das Muster des Apartheid-Killers. Die Frau hatte keine politische Vergangenheit. Die Namen auf der Liste, die neben ihrer Leiche gefunden wurde, konnten nicht in Verbindung mit dem Opfer gebracht werden. Catherine de Koning war geschieden und lebte seit zwanzig Jahren allein in Constantia. Sie widmete sich voll und ganz dem Nachrichtenmagazin *Die Spieël*. Auch bei der Suche nach Hinweisen in den Ausgaben der letzten Jahre wurde die Polizei nicht fündig. Sie suchten nach verärgerten Personen, die sich von einem der bissigen Berichte aus der Zeitschrift ungerecht behandelt fühlten, oder nach Mitarbeitern, die in der letzten Zeit entlassen worden waren. Aber sie fanden nichts. Auch nach genauer Recherche in ihrer Vergangenheit entdeckte die Polizei nicht die geringste Andeutung, warum Catherine de Koning Opfer des Apartheid-Killers geworden war.

Auf der Liste, die der Killer bei ihrem Leichnam hinterlassen hatte, standen die Namen von fünf toten Kindern. Sie waren nicht südafrikanischer Abstammung, sondern kamen aus dem Nachbarstaat Mosambik. Grenzüberschreitende Angriffe waren gang und gäbe während der letzten, turbulenten Jahre des Apartheidregimes. Ziel waren meistens die Anti-Apartheid-Kämpfer, die sich im Ausland aufhielten, aber die geheimen Streitkräfte der Regierungen waren nicht allzu wählerisch. Wenn es Kollateralschäden gab, war es bedauerlich, aber keinesfalls ein Argument, um die verdeckten Missionen abzublasen. Der Befehl für die besagte Operation in Mosambik kam direkt vom damaligen Regierungschef. Ausgeführt wurde er von einer geheimen Sondereinsatztruppe, die die Schmutzarbeit der Regierung regelmäßig erledigte. Die fünf Kinder, die in der Nacht des Einsatzes starben, schliefen in ihren Betten, während die Sondereinheit zugriff. Es war vermutlich ein schmerzfreier Tod. Sie sind nur kurz aufgrund des Lärms wach geworden. Dann war es, als hätten sie einfach weitergeschlafen.

Kollateralschaden *schwerer Schaden, den man bei einer militärischen Aktion in Kauf nimmt, z. B. Tod von Zivilisten*

Was die Geheimoperation in Mosambik mit der Chefredakteurin zu tun hatte, war ein völliges Rätsel. Sogar ihr Exmann hatte gegen die Apartheid gekämpft. Ein damals hochkarätiger Geschäftsmann, er hatte die Finanzierung der Widerstandsbewegung innerhalb Südafrikas organisiert. Es gab scheinbar nichts, was die tote Frau mit den fünf ermordeten Kindern in Mosambik verband.

Doch für Milan war die Erinnerung an Catherine de Konings Nachbarn das prägendste Erlebnis gewesen. Der alte Mann, der so bitterlich geweint hatte, wirkte wie ein Vater, der über den vorzeitigen Tod seiner eigenen Tochter trauerte. Der Nachbar tauchte auch in den Nachrichten auf. Kurz nach Milans überstürzter Flucht war offenbar ein Fernsehteam am Tatort eingetroffen. Außer der üblichen Befragung der ermittelnden Polizeibeamten zeigte der Beitrag kurze Interviews mit den Anwohnern des Kerkwegs. Sie beschrieben die Tote als vorbildliche Bürgerin, als beliebte Nachbarin. Sie äußerten ihre Wut über den barbarischen Tod und verlangten nach Aufklärung. Auch die Dame mit der blond gefärbten Dauerwelle trat vor die Kamera. Sie erwähnte das verdächtige Verhalten eines

Schaulustigen, eines jungen Mannes, der sich fluchtartig auf seinem Roller aus dem Staub gemacht hatte.

„Er war noch keine Zwanzig“, erzählte sie dem Berichterstatter empört. „Ich habe ihn angesprochen, aber er hat sich verdrückt. Ist einfach abgehauen. Er hat sich als Enkelsohn von Frau de Konings Nachbar ausgegeben. Äußerst suspekt, wenn Sie mich fragen.“

Der Polizeibeamte unterstrich ebenfalls diese fragwürdige Verhaltensweise und forderte den jungen Mann auf, sich bei der Polizei zu melden. Ein Phantombild wurde eingeblendet. Die Ähnlichkeit zu Milan war dürftig: Die Nase und die Augen stimmten überhaupt nicht, die Stirn war zu breit, nur die Haare waren gut getroffen. Aber das reichte nicht. Nicht mal seine Eltern wären auf die Idee gekommen, dass die gesuchte Person Milan sein könnte.

Trotzdem wollte Milan kein Risiko eingehen. Wenn er ein besonderes Merkmal hatte, waren es seine langen braunen Locken. Sie könnten ihn jetzt in Schwierigkeiten bringen. Ohne zu zögern, ging er ins Badezimmer und nahm den Langhaarschneider seines Vaters in die Hand. Er wechselte das Einstellrad und legte das Gerät an die Stirn. Dann schaltete er es an und strich die Klingen über seinen Haaransatz. Die ersten Strähnen fielen sofort und Milan schob den Schneider langsam weiter, bis seine ganzen Haare nur noch wenige Millimeter lang waren.

Als er fertig war, betrachtete er sich im Spiegel. Er sah völlig verändert aus. Mit der Hand strich er sich über den Kopf. Die kurzen, stoppeligen Haare kitzelten seine glatte Handfläche. Es war ein seltsames Gefühl, wie die Borsten einer Bürste. Erst dann fiel ihm auf, dass er nun die gleiche Frisur hatte wie Herr Stein.

Am nächsten Tag in der Schule stand Milans neue Frisur im Mittelpunkt. Mit seinen kurzen Haaren sah er aus wie ein Schläger. Ohne die sanften Konturen seiner Locken wirkte sein Gesicht hart und verbissen. Auch Herr Stein äußerte seine Überraschung über die plötzliche Wandlung seines Schülers, obwohl Milan stark davon ausging, dass er das Phantombild in den Nachrichten ebenfalls gesehen hatte. Stein hätte Milan natürlich erkannt, weil er von seinem Besuch im Kerkweg wusste. Ansonsten mied Herr Stein Milan den ganzen Tag über. Im Unterricht ignorierte er ihn vollkommen. Auch gegenüber den anderen Schülern war er auffällig gereizt. Er blaffte jeden an, der auch nur annähernd etwas Falsches sagte.

„Was ist heute mit Stein los?“, flüsterte Alexander Milan zu, als sie gemeinsam das Klassenzimmer verließen. „Ist der auf Kaffee-Entzug, oder was?“

Das seltsame Verhalten seines Geschichtslehrers verstärkte nur Milans Verdacht, dass er in Verbindung mit dem Mord an Catherine de Koning stand. Nach der Schule wartete er erneut auf dem Hügel, bis Stein – wie immer als Letzter – das Schulgelände verließ. Zum zweiten Mal folgte er seinem Lehrer durch Kapstadt, bis er am Nachmittag zum Drachenboottraining an der Waterfront fuhr. Stein verhielt sich dabei unauffällig und Milan blieb weiter im Dunkeln. Trotzdem war seine Neugierde nicht gestillt. Er setzte seine Beschattung fort. Jeden Tag nach der Schule wartete er auf ihn und fuhr dem roten VW Citi hinterher.

Im Lauf der Woche gewann Milan einen intimen Einblick in das Leben seines Geschichtslehrers. Stein teilte seine Freizeit mit gezielter Routine auf. Es war ein Ablauf, der fast wie ein Ritual wirkte. Als Erstes wechselte er seine Kleidung und packte seine Tasche um. Entweder zu Hause oder – wenn er zu wenig Zeit hatte – in der Schule. Anschließend fuhr er in die Stadt und verbrachte mehrere Stunden bei einer der vielen städtischen Behörden: Am

Dienstag schaute er in der Stadtbibliothek vorbei, am Mittwoch recherchierte er beim Grundbuchamt, am Donnerstag nutzte er die längeren Öffnungszeiten beim Staatsarchiv und am Freitag vor dem Training ging er in die Büros des Kapstadter Zeitungsverlags *Cape Argus* und trank einen Kaffee mit einer sympathisch aussehenden Journalistin. Abends fuhr er immer nach Hause und blieb dann allein. Zweimal die Woche leitete er das Drachenboottraining. Und jeden zweiten Samstag. Ansonsten führte Stein ein einsames Leben zwischen Schule, den stillen Lesetischen der verschiedenen Archive und seinem kleinen, gemütlichen Haus in Athlone.

Auch am Wochenende konnte Milan seine Neugierde nicht bändigen. Am Samstag, bereits bei Tagesanbruch, machte er sich auf den Weg nach Athlone, um die ersten Schritte seines Geschichtslehrers im Auge zu behalten. Er ahnte schon, dass Stein kein Langschläfer war und früh unterwegs sein würde – und er hatte recht. Stein war schon auf, als Milan dort ankam, und verließ kurz danach das Haus. Er fuhr aus der Stadt Richtung Kap der Guten Hoffnung. Milan hatte Schwierigkeiten, seinem Geschichtslehrer auf den Fersen zu bleiben, denn es gab kaum Autos auf der Straße und er musste einen immer größeren Abstand halten. Doch Milan blieb unentdeckt und folgte seinem Lehrer bis zur Küste.

Dort nahm Stein einen einsamen Weg, der zu einer kleinen Bucht führte. Der Ort war menschenleer und wunderschön. Dichte Bäume umringten den sandigen Strand. Hier zog sich Stein bis auf die Badehose aus. Zum ersten Mal sah Milan Steins nackten Oberkörper. Beim Drachenboottraining trug er immer ein langärmeliges Neoprenoberteil mit hohem Kragen und zog sich im Bootshaus um. Jetzt verstand Milan auch, warum: An Steins linkem Oberarm war eine Tätowierung. Ein rotes Herz, umschlungen von einem Dornenbusch, ein Name in der Mitte, den Milan aus der Entfernung nicht lesen konnte. Deswegen also trug er nie ein kurzärmeliges Hemd im Sommer.

Stein stieg ohne zu zögern ins eiskalte Wasser und schwamm in die Bucht hinaus. Auch im Sommer trauten sich die wenigsten Einheimischen aufgrund der niedrigen Wassertemperaturen ins Meer. Die eisigen Strömungen um das Kap der Guten Hoffnung kamen oft aus den Gewässern der Antarktisgegend. Dem Geschichtslehrer schien die Kälte nichts auszumachen, auch ohne Neoprenanzug. Er schwamm weit ins offene Meer hinaus. Als er endlich wieder zum Strand zurückkam, brach die Sonne durch die dunklen Wolken. Nachdem Stein sich abgetrocknet und wieder angezogen hatte, packte er seine Badesachen in seine Tasche und kehrte zum Auto zurück.

Die nächste Strecke seines morgendlichen Ausflugs fiel deutlich kürzer aus. Stein fuhr zu einem Küstenort, der gerade aus dem Schlaf erwachte. Hier ließ sich der Geschichtslehrer in einem gemütlichen Café mit Meerblick nieder. Er bestellte sich einen Kaffee und las die Zeitung. Von der Promenade aus behielt ihn Milan im Auge. Neben ihm fuhr die Bahn, dahinter erstreckte sich ein weitläufiger Strand, der ebenfalls menschenleer war.

Milan wartete. Doch es passierte nichts. Er fragte sich, wie lange er noch an Steins freiem Tag dem einsamen Mann folgen sollte – und ob es sich überhaupt lohnte –, bis ein Auto vor dem Café anhielt und eine Frau ausstieg. Der Fahrer, ein farbiger Mann in Steins Alter, ließ die Frau aussteigen und fuhr weiter. Die Dame schaute dem Auto mit einem melancholischen Blick hinterher. Mit ihren ergrauten Haaren, die zu einem Dutt zusammengeknotet waren, schätze Milan sie auf um die Sechzig. Sie war etwas rundlich, trug ein Sommerkleid mit Blumenmuster und war ebenfalls farbig. Sie hatte ein rundes Gesicht, das mit Altersflecken oder Sommersprossen gesprenkelt war. Ihre Augen wirkten traurig. Nichtsdestotrotz hatte die Frau etwas Anmutiges. Sie strahlte eine Gelassenheit und Würde aus, als könnte sie nichts auf der Welt mehr überraschen. Sie drehte sich auf dem Bürgersteig um und betrat das Café.

Sobald die Tür hinter ihr zufiel, schaute Herr Stein von seiner Zeitung auf, als hätte er die Frau an ihren Schritten erkannt. Er sprang auf und wartete am Tisch auf sie. Die beiden begegneten sich mit einem freudigen Lächeln und gaben sich respektvoll die Hand. Die Berührung war nur kurz, eher förmlich, aber sie reichte aus, um Milan erkennen zu lassen, dass diese Frau Stein etwas bedeutete. Es war das erste Mal in fünf Tagen, dass er den Geschichtslehrer lächeln sah.

Milan musste an die Geschichte denken, die ihm sein Großvater über Herrn Stein erzählt hatte. Über das illegale Verhältnis zwischen ihm und einer farbigen Frau. War sie das? Dorothy? Die Dame, die jetzt mit Herrn Stein am Tisch saß und Kaffee trank? Die *coloured* Frau, für die er ins Gefängnis gekommen war? Und war ihre verbotene Liebe die Ursache der Traurigkeit, die sich in ihren Augen spiegelte? War es vielleicht ihr Name, der auf Steins Oberarm tätowiert war?

Leider konnte Milan nichts von dem Gespräch hören, aber sogar aus der weiten Entfernung fiel ihm auf, wie vertraut Stein und die Frau miteinander umgingen. Sie kamen abwechselnd zu Wort, hörten einander zu und verhielten sich ruhig und ernst. Es sah aus, als ob sie Stein Informationen übermittelte, denn er nickte lediglich zustimmend. Die Unterhaltung dauerte eine knappe halbe Stunde.

Dann zog Stein sein Portemonnaie aus der Hosentasche und drückte der Frau Geld in die Hand. Zuerst wollte sie es nicht annehmen, aber Stein bestand drauf. Sie bedankte sich und stand auf. Wie gerufen, erschien das Auto wieder vor dem Café. Der Mann am Steuer blickte durch die Glasscheibe des Lokals zu Herrn Stein. Die beiden Männer nickten einander respektvoll zu. Dann kam die Frau aus der Tür und stieg in den Wagen, der sofort losfuhr. Stein setzte sich wieder hin, bestellte sich etwas bei der Kellnerin und blätterte weiter in der Zeitung.

Irgendetwas an der Frau erinnerte Milan an Zeni. Als Farbige war sie natürlich hellhäutiger als das Xhosa-Mädchen aus der Township. Aber die Art und Weise, wie sie sich bewegte, die Ruhe und Bescheidenheit, die sie ausstrahlte, ähnelten der von Zeni. Sie war stolz, genau wie Zeni. Sie besaß Würde, wie ein Mensch, der viel gelitten hatte, aber nie daran kaputtgegangen war, sondern sich immer wieder aufraffte; ein Mensch, der wusste, wie es ganz unten aussieht. Vielleicht waren es aber auch ihre großen braunen Augen, vielleicht sogar ihr trauriger Blick, der dem von Zeni sehr ähnlich war. Milan stellte sich die Dame mittleren Alters als junge Frau vor. Sie war bestimmt genauso hübsch gewesen wie Zeni.

Auf einmal wurde sich Milan bewusst, dass er Zeni seit dem vergangenen Wochenende nicht mehr gesehen hatte. Sie hatten zwar jeden Tag kurz telefoniert, doch Milan war kein einziges Mal nach Khayelitsha gefahren. Immer wieder schob er seine Schularbeiten als Ausrede vor. Er war besessen von Herrn Stein. Aber indem der Junge seinem Verdacht nachging, drängte er Zeni – den Menschen, der ihm so viel bedeutete – immer weiter von sich. Er schämte sich für sein Verhalten. Er hatte sie vernachlässigt, fast ignoriert, auch wenn sie nie aus seinen Gedanken verschwand.

Milan rief seine Freundin auf dem Handy an. Im Hintergrund vernahm er Stimmen. Zenis Familie hatte offenbar Besuch. Das Wohnzimmersofa war bestimmt voll besetzt, wie es so oft der Fall war. Kein guter Ort, um sich jetzt mit Zeni zu treffen.

„Ich muss mit dir reden."

„Was ist passiert?"

„Ich erzähle es dir gleich."

„Kommst du her?"

„Ja. Ich brauche aber noch eine halbe Stunde. Treffen wir uns am Gemeindezentrum?"

„Ist gut."

Kurz darauf setzten sie sich in der Sonne auf eine Bank, die aus zwei Kanistern und einem Holzbrett gebaut war. Milan hatte fast vergessen, dass er ganz anders aussah als vor einer Woche. Zeni war verdutzt über seine neue Frisur.

„Warum hast du das gemacht?", fragte sie, und Milan konnte ihr ansehen, dass ihr sein neuer Look nicht gefiel.

Milan hatte beschlossen, ehrlich zu Zeni zu sein. Keine Ausreden mehr, keine Halbwahrheiten. Er schaute über das offene Gelände hinter dem Zentrum, auf die Müllberge, auf die ausgebrannten Autos und die schlichte Kirche dahinter, und erzählte ihr von seinem Besuch im Kerkweg und seinem schrecklichen Verdacht. Welcher der Grund dafür war, warum er sie eine Woche lang nicht gesehen hatte.

Zenis entsetzter Blick verriet ihre Meinung, noch bevor Milan fertig war.

„Du beschattest deinen Lehrer?", fragte sie ungläubig, nachdem sie sich alles angehört hatte.

„Ja. Ich musste es tun", verteidigte sich Milan. „Ich dachte, wenn Stein wirklich etwas damit zu tun hat, dann ..."

Zeni ließ ihn seinen Satz nicht zu Ende bringen. „Mein Gott, Milan!“, sagte sie vorwurfsvoll. „Du bist kein Polizist!“

„Na und?“, erwiderte Milan scharf. „Er hat gelogen. Ich habe es gespürt.“

„Das ist absurd, Milan!“

„Ich schwöre, etwas stimmt nicht mit ihm“, protestierte er. „Jeden Tag geht er zu irgendeinem Archiv. Verstehst du: Er recherchiert. Was macht er im Grundbuchamt? Was macht er im Staatsarchiv? Findest du das nicht seltsam?“

Zenis Antwort kam schnell. „Vielleicht sucht er seine Vorfahren?“, zischte sie aufgebracht. „Was erlaubst du dir, Milan? Stein ist dein Lehrer. Und du dringst in seine Privatsphäre ein.“

„Ich will nur die Wahrheit wissen.“

Zeni schnalzte mit der Zunge. „Du steigerst dich in etwas hinein. Entweder gehst du mit deinem Verdacht zur Polizei oder du lässt die Finger davon.“

Milan nickte und senkte den Kopf. Zeni beruhigte sich. Einen Augenblick lang schwiegen sie. Ihr Blick wanderte am Gemeindezentrum vorbei, zu einem Turm auf der anderen Seite des offenen Geländes.

„Schau mal“, sagte sie leise und zeigte über die Wellblechdächer. „Siehst du den Turm da?“

Zunächst sah Milan nur ein Durcheinander von verstreuten Antennen. Darüber erstreckte sich ein Netz von tief hängenden Kabeln, das den Stadtteil mit Strom versorgte. Dann sah er den großen Turm, auf den Zeni deutete. Eine kleine überdachte Aussichtsplattform stand auf vier hohen Stelzen und ragte über den Dächern der Township empor. Die Aussichtsplattform hatte Fenster an allen vier Seiten und bot einen Rundblick über das ganze Viertel.

„Weißt du, was das ist?“, fragte Zeni mit festem Blick auf den Turm.

Milan schüttelte den Kopf. Er hatte den Turm noch nie richtig wahrgenommen. „Sieht aus wie ein Wachturm.“

Zeni nickte. „Es *ist* ein Wachturm“, bestätigte sie. „Aus den Zeiten des Apartheidregimes. Meine Mutter kann sich noch daran erinnern, dass der Turm von Polizisten rund um die Uhr besetzt war. Sie haben auf uns heruntergeschaut. Sie haben darauf geachtet, dass wir uns ordentlich benahmen und keinen Mist bauten. Sie haben uns bespitzelt in unserem eigenen Zuhause. Wie Kriminelle.“ Zeni hielt inne und holte Luft. „Weißt du, wie erniedrigend das ist? Wenn Menschen dich für einen Verbrecher halten, obwohl du nichts getan hast? Du bist schuldig. Du bist schuldig, weil sie *wollen*, dass du schuldig bist. Das ist so menschenverachtend, so entwürdigend.“ Zeni faltete die Hände zusammen und senkte den Kopf. „Bitte, Milan, tu nicht das Gleiche wie sie.“

Milan schaute den Turm wie gelähmt an. Es lief ihm eiskalt den Rücken hinunter. War er wirklich nicht besser als die Wächter des Apartheidregimes?

„Wie lange willst du ihn noch beschatten?“, sprach Zeni weiter. „Bis er einen Fehler macht? Bis er etwas tut, das dir nicht gefällt? Wer weiß, was er zu verbergen hat? Vielleicht geht er ins Bordell. Vielleicht nimmt er Drogen. Vielleicht schlägt er Frauen. Vielleicht hat er viele schlechte Seiten, von denen du nichts weißt und die du nicht sehen willst. Aber was soll's? Sie gehen dich doch gar nichts an.“ Zeni wandte sich Milan zu und nahm seine Hand. „Du musst es lassen, bevor es zu spät ist“, flehte sie ihn an. „Du musst es lassen, weil es dich auffressen wird. Wenn Stein wirklich etwas mit dem Mord an dieser Frau zu tun hat, wird die Polizei es herausfinden, auch ohne dich.“

Milan nickte bitter. Er fühlte sich zerrissen. Zenis Haltung war im zuwider, auch wenn er wusste, dass sie recht hatte. Es lagen keine Beweise vor, dass Stein etwas mit dem Apartheid-Killer zu tun hatte. Milans Beobachtungen hatten ihn kein Stück weitergebracht.

Doch er konnte einfach nicht loslassen.

„Schlafende Hunde soll man nicht wecken …“, murmelte er zynisch, mehr zu sich selbst als zu Zeni.

Daraufhin verlor Zeni die Geduld. Sie stieß Milans Hand von sich, sprang von der Bank auf und rief: „Dann geh doch zu ihm! Frag ihn, was er beim Staatsarchiv macht, was er im Grundbuchamt zu suchen hat. Geh doch! Du hast nichts zu verlieren. Und dann ist die Sache vorbei. Wenn du es wirklich wissen willst, dann stell dich, Milan, Mann gegen Mann. Und wenn du verdammt noch mal recht hast, kriegst du eine verfluchte Kugel in die Brust“, schrie sie und kämpfte mit den Tränen. „Aber hör bloß auf, ihm hinterherzuspionieren!“

Milan wollte seine Freundin beruhigen. Er griff nach ihrer Hand und hielt sie nur kurz, bevor Zeni sie entschlossen wegzog. Sie konnte die Tränen nicht mehr zurückhalten.

„Ich will nicht mit einem Spitzel zusammen sein!“, rief sie aufgebracht.

Milan stand auf und versuchte, Zeni in die Arme zu nehmen, aber sie ließ sich nicht trösten. Sie schüttelte seine Hände ab und machte ein paar Schritte Richtung Straße.

„Ich gehe nach Hause“, schluchzte sie und konnte Milan dabei nicht mehr in die Augen schauen. „Tschüss, Milan. Bitte, denk darüber nach, was ich gesagt habe.“

Ohne ein weiteres Wort ging Zeni zielstrebig über die Straße. Milan bat sie zu bleiben, lief ihr hinterher, rief ihren Namen. Aber sie ignorierte seine Rufe. Er blieb mitten auf der Straße stehen und schaute hilflos zu, wie sie in der Paradise Road verschwand. Dahinter – am fernen Horizont – zogen sich die Wolken über dem Tafelberg zusammen und verschluckten ihn im grauen Nebel. Milan spürte: Er war dabei, Zeni zu verlieren.

Zeni hatte recht. Milan sollte mit Herrn Stein reden. Von Mann zu Mann. Auch wenn er zum zweiten Mal alles leugnete. Es war Zeit, mit Stein reinen Tisch zu machen, egal wie sein Geschichtslehrer darauf reagieren würde. Auch wenn Stein einem klaren Plan folgte, deutete nichts darauf hin, dass er der Apartheid-Killer war. Nun wollte es Milan endgültig wissen. Und zwar nicht, indem er ihm hinterherspionierte. Er wollte ein offenes Gespräch führen. Wichtig war jetzt nur die Wahrheit. Auf beiden Seiten.

Die Nacht brach bereits herein, als Milan gegenüber von Steins Bungalow parkte. Zum Glück war sein Lehrer zu Hause. Das Licht im Wohnzimmer brannte. Milan sammelte sich und versuchte, seine Nervosität hinunterzuschlucken. Mit schweren Schritten überquerte er die Straße und betrat den Garten. Hier verbrachte Stein offenbar auch viel Zeit, denn die Blumen und Pflanzen waren liebevoll arrangiert und der kleine Rasen akkurat gemäht.

Milan blieb vor der Haustür stehen und schaute auf die Klingel. Hier gab es keine Überwachungskamera, kein schmiedeeisernes Tor. Er wollte gerade klingeln, als er plötzlich eine Bewegung hinter dem Vorhang wahrnahm. Milan ließ die Hand sofort sinken. Ein schmaler Spalt zwischen den Vorhängen erlaubte ihm einen Blick ins vordere Zimmer. Herr Stein ging am Fenster vorbei. Er blieb vor dem Esstisch stehen und beugte sich vor. Kurz darauf machte er wieder einen Schritt zur Seite. Auf dem Tisch lag der kleine unbeschriftete Karton, den er in der Autowerkstatt in Bo-Kaap abgeholt hatte. Daneben eine silberne Metallkiste. Beide standen offen. Milan konnte den Inhalt der beiden Kisten nicht erkennen, also machte er einen kleinen Schritt auf das Fenster zu, um einen Blick in die zwei Kisten zu erhaschen. Was er sah, ließ ihn zusammenzucken: Eingebettet in einer zugeschnittenen Form aus Schaumstoff lag ein glänzender schwarzer Revolver.

Stein tauchte wieder am Tisch auf, mit dem Rücken zu Milan. Dieser drückte sich an die Außenmauer und sah, wie Stein die Pistole aus der Kiste hervorholte und den Clip abmachte. Dann nahm er die Patronen aus dem braunen Karton und lud das Magazin. Nachdem er den Clip in dem Lademechanismus wieder festgemacht hatte, legte er die Waffe in die Kiste zurück. Er drehte sich um, die geschlossene Metallkiste in der Hand, und verschwand seitlich aus Milans Blickfeld. Plötzlich hörte Milan, wie sich auf der anderen Seite der Haustür der Schlüssel im Schloss drehte.

Ruckartig duckte er sich und flitzte lautlos um die Ecke. Stein öffnete die Tür und trat in den frischen Abend hinaus. Milan versteckte sich hinter den Mülltonnen an der Hausseite. Von dort aus sah er, wie sein Geschichtslehrer den Gartenweg entlangging, die Metallkiste fest in der Hand. Er trug einen grauen Mantel und einen eleganten Filzhut. Mit der dünnen silbernen Brille, die auf seinem Nasenrücken balancierte, sah er aus wie ein Versicherungsvertreter oder ein gut bezahlter Bankangestellter. Von hinten war er jedenfalls kaum wiederzuerkennen.

Stein öffnete die Fahrertür seines Autos, stellte die Kiste sorgfältig auf dem Beifahrersitz ab und stieg ins Auto. Kurz darauf fuhr er los. Milan wartete noch einen Augenblick, dann eilte er zu seiner Vespa und folgte seinem Geschichtslehrer.

# Im Ambassador

legislative Hauptstadt *Kapstadt wird so bezeichnet, weil dort das Parlament (die Legislative) ist; die eigentliche Hauptstadt von Südafrika ist Pretoria*

Das Ambassador war eines der exklusivsten Hotels in Kapstadt. Wie alles, das zu den teuersten Dingen der legislativen Hauptstadt gehörte, befand sich das Hotel am Meer. Das Gebäude war zehn Stockwerke hoch, jede Hotelsuite besaß einen Balkon, der mit Blumen und Kletterpflanzen bestückt war. Die meisten Zimmer boten einen Blick auf den stürmischen Atlantik. Es war ein großes sehr geschmackvolles Bauwerk von modernstem Design und aufgrund seiner Umweltfreundlichkeit stark beworben. Es entsprach den höchsten Standards. Für wohlhabende Geschäftsleute und durchreisende Politiker war es die Nummer-eins-Adresse am Kap. Hier konnte man sich nach einem anstrengenden Arbeitstag erholen. Das Ambassador hatte alles.

Vor diesem Hotel parkte Stein seinen alten VW – allerdings auf der Promenade gegenüber, ein kurzes Stück vom Hotel entfernt, wo Jogger und Walker gerne ihr Sportprogramm an der frischen Meeresluft absolvierten. Es war unwahrscheinlich, dass einer der Portiers am Eingang des Ambassadors je einen Gast mit einem Auto wie dem von Herrn Stein empfangen hatte. In der Tiefgarage des Hotels standen bestimmt keine alten Volkswagen Citis. Aber das war vermutlich nicht der einzige Grund, warum Herr Stein nicht direkt vor dem Hotel parkte.

Milan bog in den Parkplatz ein und ließ seine Vespa neben der Parkuhr auf dem grünen Mittelstreifen stehen. Er beobachtete, wie Stein aus seinem Auto ausstieg und die Straße zum Hotel überquerte. Jetzt trug er keine silberne Metallkiste mehr, sondern nur noch seine Ledertasche.

Milan überlegte, ob er nicht doch die Polizei rufen sollte. *Ein bewaffneter Mann betritt gerade ein Luxushotel.*

*Möglicherweise handelt es sich um den Apartheid-Killer. Es sieht so aus, als ob er gleich wieder zuschlagen wird.* Aber bei dieser Vorstellung stieg ein seltsames Gefühl in Milan hoch: Er wollte Herrn Stein nicht denunzieren, er wollte ihn schützen.

Nachdem Stein im Ambassador verschwunden war, näherte sich auch Milan dem wellenförmigen Vordach des Eingangs. Beim Betreten des Hotels hatte der förmlich angezogene Portier Herrn Stein respektvoll zugenickt. Milan fragte sich, ob der Mann mit Zylinderhut und Frack, der auf dem roten Teppich auf und ab ging wie ein Soldat auf Wache, auch Milan durchlassen würde? Der Junge erblickte sein Spiegelbild im getönten Fenster des Foyers. Mit den weiten Jeans, der bunten Bikerjacke und dem bedruckten T-Shirt sah er nicht gerade wie ein typischer Hotelgast aus. Aber jetzt blieb ihm keine Zeit, sich um sein Äußeres zu kümmern. Er lief schneller und verdrängte seine Unsicherheit. Als er zielstrebig den roten Teppich betrat, blickte der Portier ihn misstrauisch an, doch Milan lief geradewegs an ihm vorbei.

„Tag!", rief der Junge, ohne anzuhalten. Mit einer reflexartigen Bewegung tippte der Portier seinen Zylinder mit der Fingerspitze an und die Glasschiebetüren glitten lautlos auf.

Das Foyer des Hotels war riesengroß und prunkvoll. Auch hier war alles durchgestylt, von den luxuriösen Möbeln bis zum uniformierten Personal. Ein großer Empfangstresen in Form eines Halbkreises erstreckte sich auf der anderen Seite der Eingangshalle. Das Foyer war mit zahlreichen Kaffeetischen und schwarzen Ledersesseln bestückt. Geschäftsleute hatten sich um die Tische versammelt, ihre Papiere und Stifte verstreut auf den Glasplatten vor ihnen. Als der Junge mit der legeren Kleidung und den kurz geschorenen Haaren die Eingangshalle durchquerte, lehnten sie sich in ihren Sesseln zurück und schauten ihn fast spöttisch an. Der Neuankömmling war hier vollkommen fehl am Platz.

Milan ignorierte ihre höhnischen Blicke. Mit dem Motorradhelm in der Hand ging er zur Rezeption. Der Tresen war mit mehreren Mitarbeitern besetzt. Milan nahm Blickkontakt mit einer jungen Frau auf und blieb vor ihr stehen.

„Guten Abend, Sir!“, begrüßte sie den jungen Gast, ohne mit der Wimper zu zucken. „Was kann ich für Sie tun?“

Milan räusperte sich und schaute sich noch einmal im Foyer um. Es gab keine Spur von Herrn Stein.

„Ich suche meinen Vater“, griff Milan auf die bereits erprobte Lüge zurück. „Er ist vor zwei Minuten hier reingekommen.“

Die hübsche Empfangsdame, die nicht viel älter war als Milan selbst, lächelte amüsiert. „Wie sieht denn Ihr Vater aus?“

„Mittelgroß. Langer grauer Mantel. Komischer Hut. Brille.“

Ein Kollege schaute der jungen Frau über die Schulter und meldete sich zu Wort: „Der Arzt. Er ist zu Zimmer 427 gegangen. Er hat einen Termin mit Herrn Kruger.“

„Zimmer 427?“, wiederholte Milan und blickte sofort zum Fahrstuhlbereich. Das Hotel hatte insgesamt drei Aufzüge. Einer davon ging gerade auf. „Ich muss ihm etwas Wichtiges mitteilen“, fügte er hinzu und lief überstürzt zu den Fahrstühlen.

Die Empfangsdame und ihr Kollege riefen ihm noch etwas hinterher, doch Milan ignorierte sie. Er sprintete durch das Foyer, sprang in den Aufzug und drückte auf den Knopf. Als sich die Türen wieder schlossen, sah er die überraschten Blicke, die von der Rezeption auf ihn gerichtet waren. Doch ein Gast mit seiner Familie lenkte die beiden Mitarbeiter mit neuen Anliegen ab.

Im vierten Stock stieg Milan aus und schaute sich um. Auf der rechten Seite fingen die Zimmernummern bei 401 an. Auf der linken bei 460. Milan lief nach rechts und eilte den kargen Flur entlang. Als er um die Ecke bog, prallte er mit einem Reinigungswagen zusammen. Das Zimmermädchen schrie vor Schreck auf und wich zurück.

„Oh, Verzeihung!", entschuldigte sich Milan. Ein pochender Schmerz am Knie schoss durch seinen ganzen Körper. „Ich habe nicht aufgepasst."

„Nein, es ist meine Schuld", beteuerte das Zimmermädchen, das den Wagen sofort zur Seite zog. „Haben Sie sich wehgetan?"

„Nein, kein Problem", log Milan. Er beugte sich nach unten, um die Toilettenpapierrollen wieder aufzuheben, die beim Zusammenstoß zu Boden gefallen waren. Dabei schaute er an der Frau vorbei und sah einen Mann mit einem langen grauen Mantel und einem schwarzen Filzhut, der langsam den Flur entlangging. Herr Stein. Mit dem Rücken zu Milan las er die Nummern an den Zimmertüren ab. Milan fiel auf, dass er jetzt schwarze Handschuhe trug.

„Sind Sie sicher, dass Sie sich nicht wehgetan haben?", wiederholte das Zimmermädchen besorgt.

„Nein, wirklich nicht", sagte Milan und schaute wieder zum anderen Ende des Flurs. „Es ist nichts passiert."

Herr Stein blieb vor Zimmer 427 stehen. Er stellte die Ledertasche auf dem Boden ab, steckte eine Hand in seine Manteltasche und klopfte an die Tür. Gleichzeitig zog er die Pistole aus der Tasche. Sogar aus der Entfernung konnte Milan sehen, dass sie mit einem Schalldämpfer ausgestattet war.

Die Tür von Zimmer 427 ging einen kleinen Spaltbreit auf. Ein schmaler Sonnenstrahl fiel Herrn Stein senkrecht über das Gesicht. Er öffnete den Mund, doch bevor er etwas sagen konnte, schallte ein ohrenbetäubender Knall durch den ganzen Flur. Milan ließ sich instinktiv zu Boden fallen. Hinter ihm schrie das Zimmermädchen panisch auf und suchte Deckung hinter dem Reinigungswagen.

Stein ließ seinen Revolver fallen. Er fasste sich an die Seite, stolperte zurück und sackte keuchend zu Boden. Erst dann wurde Milan bewusst, dass es gar nicht Stein war, der abgedrückt hatte.

Die Tür zu Zimmer 427 öffnete sich. Ein Mann trat auf den Flur hinaus. Milan sah sofort die Waffe in seiner Hand. Er richtete sie jetzt auf den verwundeten Lehrer.

„Herr Stein!", schrie Milan, so laut er nur konnte. Mit rasendem Herzen sprang er auf und rannte den Flur entlang. Stein schaute mit glasigem Blick in seine Richtung. Auch der Angreifer – ein Weißer mit einem schwarzen Ziegenbart und schneeweißen Haaren, in Bademantel und Schlappen – blickte sich überrascht um.

„Nicht schießen!", rief Milan keuchend und sah die Verwirrung in seinen Augen. Der Mann hob jetzt seine Waffe und richtete sie auf den Jungen. Milan blieb wie angewurzelt stehen. Der weißhaarige Mann machte ein Auge zu und zielte auf ihn. Er wollte gerade abdrücken, als Stein ihm mit einem Schlag die Beine wegstieß. Er verlor das Gleichgewicht und kippte um. Der Schuss, den er dabei abfeuerte, schlug in die Decke über Milans Kopf ein. Putz und Tapetenstücke rieselten auf den Jungen herunter. Milan sprintete auf den Mann zu und warf sich auf ihn, bevor dieser sich wieder aufrappeln konnte. Mit seiner ganzen Kraft schleuderte er dem Mann seinen Helm ins Gesicht. Dabei hörte er, wie die Nase seines Gegners knackte. Der Mann sackte in sich zusammen und ließ dabei seine Waffe fallen. Sie schlug stumpf auf dem grün-weiß karierten Teppich auf.

„Herr Stein! Sind Sie o. k.?“, keuchte Milan und schaute entsetzt auf Steins blutüberströmte Hand. Der Lehrer drückte sie fest auf die Schusswunde, knapp unter den Rippen.

„Verschwinde!“, presste Stein heraus, sein Gesicht war vor Schmerzen verzerrt.

„Ich komme mit Ihnen“, antwortete Milan und packte seinen Lehrer unter den Armen.

„Nein!“, zischte Stein. „Du gehst allein. Sofort! Du musst hier weg!“

Milan wollte ihm gerade helfen aufzustehen, als er eine ruckartige Bewegung aus dem Augenwinkel wahrnahm. Bevor er sich umdrehen konnte, griff ihn der weißhaarige Mann von hinten an. Mit einem Schrei packte er den Jungen am Hals und drückte ihn zu Boden.

„Du kleines Drecksstück!“, knurrte er und spuckte aufgeschäumten Speichel aus seinem Mund.

Der Mann würgte Milan mit festem Griff. Seine Hände schnürten seine Kehle zu, sie waren kräftig und groß. Milan versuchte, sich zu wehren, er wand sich und trat um sich, doch der Mann war zu schwer. Milans Augen rasten von links nach rechts, während der Druck um seinen Hals immer stärker wurde und ihm die Luft abschnürte. Mit weit aufgerissenem Mund schnappte er vergebens nach Luft. Er schaute den Angreifer an. Seine blauen Augen brannten vor Zorn, seine Nase blutete heftig. In Milans Ohren knackte es. Sein Brustkorb war wie zugeschnürt. Seine Hände, die verzweifelt versuchten, den Angreifer wegzustoßen, verloren allmählich ihre Kraft. Milan ließ die Arme sinken. Sein ganzer Körper wurde schlaff.

„Du bist tot“, zischte der Mann und drückte noch fester zu. Dann knallte etwas gegen seinen Kopf. Der weißhaarige Mann kippte leblos zur Seite. Hinter ihm stand das Zimmermädchen, einen Besen in der Hand. Vor ihr lag der Mann aus Zimmer 427 bewusstlos auf dem Boden. Die Frau starrte ihn wie gelähmt an, als könnte sie ihrer eigenen Kraft nicht trauen.

Milan rieb sich erschrocken den Hals und schnappte nach Luft. „Danke“, keuchte er. Steins Revolver lag auf dem Boden neben ihr. Milan nahm ihn an sich und rappelte sich mühsam auf. „Wir haben nichts getan“, sagte er und deutete mit der Waffe auf den Mann mit dem Ziegenbart. „Er hat geschossen.“

Die Frau blickte von der leblosen Gestalt in dem blutbefleckten Bademantel auf und starrte auf die Schusswunde von Herrn Stein. Sie nickte fassungslos. „Die Polizei wird unterwegs sein.“

Milan packte seinen Geschichtslehrer wieder unter den Achseln und sagte: „Kommen Sie, Herr Stein. Wir müssen hier weg.“

Diesmal leistete Stein keinen Widerstand. Langsam hievte ihn Milan hoch und legte einen Arm um seine Schultern. Mit der freien Hand presste Stein weiter auf die Wunde.

„Wo ist die Feuertreppe?“, fragte Milan die Frau.

Das Zimmermädchen stand immer noch unter Schock, aber es gelang ihr, zum Ende des Flurs zu zeigen. „Um die Ecke“, stammelte sie.

„Sagen Sie der Polizei, dass wir in die andere Richtung abgehauen sind“, schnaufte Milan. „Sie müssen sie für uns aufhalten.“

Mit dem Arm um Steins Bauch wartete der Junge auf ein Zeichen der Frau. Sie starrte ihn mit großen Augen an, dann nickte sie fast unmerklich mit dem Kopf.

„Danke.“

Mit schweren Schritten schleppte Milan seinen Geschichtslehrer durch den Flur. Zum Glück konnte Stein noch gehen, auch wenn er seinen schweren Körper stark auf Milan stützen musste. Der Junge war ein bisschen größer als sein Lehrer und musste sich vorbeugen, um Stein besser halten zu können. Der angeschossene Mann hing an Milans Schulter und kämpfte sich gequält vorwärts. Milan trat die Tür zum Notausgang mit dem Fuß auf und half Stein die Treppe hinunter.

„Warum bist du hier?“, fragte Stein im Treppenhaus.

„Nicht reden“, erwiderte Milan.

Stein keuchte und setzte vorsichtig einen Fuß vor den anderen. „Du bist mir gefolgt“, schlussfolgerte er.

Milan antwortete nicht. Er hielt seinen Geschichtslehrer fest um den Bauch und stützte ihn ab. Stein verzog schmerzerfüllt sein Gesicht und verstummte. Während sie die letzten zwei Stockwerke hinunterstiegen, vernahm Milan draußen bereits die Sirenen. Die Polizei war angekommen.

„Geben Sie mir Ihren Autoschlüssel“, forderte Milan mit Blick auf den Ausgang. „Ich hole den Wagen.“

Stein widersprach dem Jungen nicht. Milan griff in seine Manteltasche und zog den Schlüsselbund hervor.

„Bleiben Sie hier“, sagte Milan. „Ich bin gleich wieder da.“

Milan ließ Stein neben dem Notausgang zu Boden gleiten und machte vorsichtig die Tür auf. Er spähte nach draußen. Sie befanden sich seitlich des Hoteleingangs. Er trat in eine schmale Gasse, die voller großer Müllcontainer stand. Keine Spur von der Polizei. Milan schlich hinaus und ging vorsichtig auf die Straße zu. Er blieb an der Ecke des Hotels stehen. Vor dem wellenförmigen Vordach des Hoteleingangs hielten gerade zwei Polizeifahrzeuge an. Schwer bewaffnete Beamte in kugelsicheren Westen stiegen aus und eilten ins Foyer. Auf der anderen Seite sah Milan Steins roten Volkswagen Citi. Er wartete, bis der letzte Polizist das Hotel betreten hatte, dann überquerte er unauffällig in langen, zügigen Schritten die Straße, sprang über den Zaun auf den Mittelstreifen und lief zum Auto.

Kurz darauf stieg Milan in Steins Auto und fuhr mit zitterigen Händen los. Schon als Dreizehnjähriger hatte ihm sein Großvater das Autofahren auf der Farm beigebracht. Damals hatte er noch Holzstücke unter seine Fußsohlen gebunden, damit er überhaupt die Pedale erreichen konnte. Das war Jahre her, aber Milan hatte den einfachen Ablauf des Fahrens nicht vergessen. Ihm fehlte nur die Übung.

Bei der ersten Gelegenheit wendete er mit einem U-Turn und kehrte auf der anderen Straßenseite zum Hotel zurück. Zwei weitere Polizeifahrzeuge hielten mit quietschenden Reifen vor dem Hoteleingang, aber Milan fuhr einfach an ihnen vorbei. Er blieb vor der Gasse seitlich des Hotels stehen und warf einen Blick in den Rückspiegel. Als der letzte Polizist im Hotel verschwunden war, legte er den Rückwärtsgang ein und setzte zurück. Vor dem Notausgang hielt er an. Er ließ den Motor laufen, sprang aus dem Auto und öffnete eine der hinteren Türen.

Stein hatte inzwischen das Bewusstsein verloren. Milan kniete sich panisch vor ihn und schüttelte ihn grob an der Schulter. Doch Stein kam nicht zu sich. Milan schlug ihm mit der Handfläche ins Gesicht.

„Herr Stein! Wachen Sie auf! Wir müssen zum Auto. Die Polizei ist da!“

Schließlich öffnete Stein die Augen und schaute Milan mit starrem Blick an.

„Sie müssen mir helfen“, drängte Milan. „Stehen Sie auf!“

Mit einer Kraft, die Milan sich selbst nicht zugetraut hätte, hievte er seinen Geschichtslehrer auf die Beine. Stein konnte kaum stehen, aber Milan hielt ihn fest und schleppte ihn zum Auto.

„Wo gehen wir hin?“, murmelte Stein fast von Sinnen.

„Ich weiß nicht“, erwiderte Milan panisch. „Weg von hier.“

Die Antwort schien bei Herrn Stein anzukommen. Er hielt sich an der offenen Autotür fest und ließ sich erschöpft auf den Rücksitz fallen. Aus dem Gebäude hörte Milan, wie die Polizei im vierten Stock ins Treppenhaus stürmte. Die Tür des Notausgangs knallte zu, sie brüllten Anweisungen und stürmten die Treppe hinab.

Milan sprang ins Auto. Mit quietschenden Reifen raste er los. Als er am Ende der Gasse in die Straße einbog, schaute er flüchtig in den Rückspiegel. Hinter ihnen tauchten die ersten Polizisten desorientiert aus dem Notausgang auf, doch bevor sie den roten VW bemerken konnten, war Milan längst weg.

## Der Broederbond

Immer wieder schaute Milan in den Rückspiegel. Jeden Augenblick erwartete er, die rot-blauen Autos der örtlichen Polizei zu sehen. Es war nur eine Frage der Zeit, bis sie um die Ecke schossen und die Verfolgung aufnahmen. Doch sie kamen nicht. Zuerst konnte Milan es nicht glauben. Hinter ihm fuhren kreuz und quer Fahrzeuge aller Größen und Farben, aber keines davon besaß ein Blaulicht. Nicht mal in der Ferne waren Polizeisirenen zu hören. Milan hatte es geschafft. Die Reinigungskraft hatte ihren Job gut gemacht: Sie hatte die Polizei lange genug aufgehalten. Ohne sie wären Milan und Stein sicherlich geschnappt worden.

Nachdem Milan sich vergewissert hatte, dass die Luft tatsächlich rein war, klappte er den Spiegel nach unten und schaute nach hinten. Dabei merkte er, dass seine Finger zitterten. Auf dem Rücksitz krümmte sich Herr Stein vor Schmerzen. Er hatte den Schaumstoff aus der Metallkiste genommen und drückte ihn fest auf seine blutende Wunde. Bei jeder Unebenheit auf der Straße und bei jedem Bremsen kämpfte er gegen die Bewusstlosigkeit. Immer wieder fielen seine Augen zu und seine Glieder erschlafften.

„Nicht einschlafen, Herr Stein! Bleiben Sie wach!“, rief Milan aus vollem Hals. Er streckte den Arm nach hinten und schüttelte Stein energisch, bis der Verwundete wieder zu sich kam.

Stein quälte sich, die Augen offen zu halten. An einer roten Ampel musste Milan anhalten. Im Auto neben ihnen saßen zwei Kinder auf dem Rücksitz. Sie schauten neugierig aus dem Fenster und sahen den zusammengekrümmten Mann, der blutüberströmt auf dem Rücksitz lag. Sie rissen die Augen erschrocken auf und riefen etwas zu ihren Eltern nach vorne.

„Gib mir deine Jacke!“, forderte Stein unter großer Anstrengung. Milan schaute nach hinten und sah die gestikulierenden Kinder im Nachbarauto. Er zog hektisch seine Bikerjacke aus und reichte sie nach hinten. Gleichzeitig wurde die Ampel grün und das Auto neben ihnen fuhr davon, ohne dass die Eltern die Behauptungen ihrer Kinder überprüfen konnten. Die wartenden Autofahrer hinter Milan hupten ungeduldig. Hastig fuhr der Junge los.

„Wo können wir hin?“, fragte Milan verzweifelt. Er hatte schon überlegt, ob sie nicht nach Khayelitsha fahren sollten. Dort würden sie auf jeden Fall vertrauenswürdige Ärzte finden. Doch Khayelitsha war zu weit entfernt und Steins Zustand zu kritisch.

„Bo-Kaap“, murmelte Stein auf dem Rücksitz.

„Wo in Bo-Kaap?“

„Eine Werkstatt. Ganz oben.“

„Dort, wo Sie die Patronen besorgt haben?“, sagte Milan und blickte in den Spiegel. Stein nickte.

An der großen Kreuzung vor dem zentralen Bankenviertel bog Milan nach rechts ab und gab Vollgas Richtung Bo-Kaap. Kurz danach wurde Stein bewusstlos. Diesmal wachte er nicht mehr auf. Egal, wie laut Milan schrie oder wie grob er seinen Geschichtslehrer schüttelte, er blieb vollkommen regungslos. Nicht mal die holprige Kopfsteinpflasterstraße in Bo-Kaap weckte Stein aus seinem Koma.

Milan steuerte zielstrebig auf die beiden Hochhäuser der Sozialwohnsiedlung zu. Im Hinterhof bremste er vor der Werkstatt scharf ab. Der Hof war genauso verlassen wie am Montagnachmittag, als Milan Herrn Stein hierher gefolgt war. Die Autowerkstatt hatte zum Glück auf. Der Kleinlaster stand noch davor. Durch die offene Garagentür sah Milan die dunklen Umrisse der Mechaniker.

Er sprang hastig aus dem Auto und brüllte in die Halle: „Hilfe! Ich brauche Hilfe!“

Ohne eine Reaktion abzuwarten, lief er zum Rücksitz. Als er die Autotür öffnete, fiel ihm Steins lebloser Körper entgegen. Milan fing seinen Lehrer ab und packte ihn unter den Achseln.

„Herr Stein, Herr Stein! Wachen Sie auf!“, rief er der regungslosen Gestalt zu und zog ihn langsam aus dem Auto.

„Was ist denn hier los?“ Milan hörte eine verärgerte Stimme hinter sich. In der offenen Garagentür stand der kleine, drahtige Monteur mit der Gebetsmütze, der vor fünf Tagen Herrn Stein den Karton voller Patronen gegeben hatte.

„Er ist verletzt. Sie müssen ihm helfen!“, keuchte Milan.

Erst dann sah der Mechaniker den verwundeten Mann in Milans Armen. Er riss die Augen erschrocken auf und fluchte: „Ach du Scheiße! Was macht der denn hier?“

„Er braucht Hilfe!“, wiederholte Milan panisch. „Er wurde angeschossen.“

Der Mechaniker riss die Arme in die Luft und drehte sich einmal um seine eigene Achse. „Verdammte Scheiße!“ Er starrte Milan wütend an. „Wer bist du überhaupt?“

Milan ignorierte die Frage, doch Stein war zu schwer, um ihn allein zu tragen. „Helfen Sie mir, verdammt noch mal!“ Milan war am Ende seiner Kräfte.

Der Mann zögerte. Er schaute sich im Hinterhof um. Es gab niemanden, der die unerfreuliche Lieferung sehen konnte. Dann drehte er sich um, klatschte in die Hände und rief in die Garage: „Moses, Robin! Bewegt eure Ärsche hier rüber!“ Er trat auf Milan zu und packte mit an. Zusammen zogen sie Stein aus dem Auto und trugen ihn in die Werkstatt.

Im gleichen Augenblick tauchten zwei weitere Männer auf. Der Chef mit der Gebetsmütze gab die Befehle in barschem Ton weiter. „Moses, hilf dem Jungen. Robin, schaff das Auto weg."

Zu dritt trugen sie Stein nach hinten und legten ihn auf einer Arbeitsbank ab. Die düstere Werkstatt war zugemüllt mit alten Fahrzeugen, Autoteilen und Arbeitsgeräten. Das einzige Tageslicht fiel durch ein schmales und sehr verschmutztes Dachfenster. Drei Glühbirnen hingen von der Decke, aber auch sie schienen eingestaubt zu sein.

Der Chef schaute den Patienten an und schüttelte missbilligend den Kopf. „Woher kennst du ihn?", fragte er, ohne Milan eines Blickes zu würdigen.

„Er ist mein Lehrer", antwortete er.

„Und warum bringst du ihn hierher?", fragte der Mechaniker sichtlich genervt.

„Es war seine Idee", entgegnete Milan knapp.

Der Chef drehte sich zu Milan um und musterte den Jungen mit einem verächtlichen Blick. „Davon erzählst du niemandem was, kapiert?"

„Ich sage nichts, wenn Sie ihm helfen."

Der Chef verzog das Gesicht. Es gefiel ihm offenbar nicht, in die Ecke gedrängt zu werden. Jedoch schien er Milans Forderung nachzukommen. Er wandte sich wieder dem verwundeten Mann zu und beugte sich vor, um die Schusswunde näher zu betrachten.

„Dann kann ich mich auf dich verlassen", schlussfolgerte er. Bevor der Junge dies bestätigen konnte, befühlte der Mechaniker die Wunde mit der Fingerspitze und seufzte. „Das sieht nicht gut aus. Moses, hol den Brenner!"

Während Moses davoneilte, um das gewünschte Gerät zu holen, befreite der Chef die Wunde von Steins zerrissener Kleidung. Das Blut war zum Teil schon getrocknet und klebte am Stoff.

„Wird er überleben?“, fragte Milan mit Blick auf den klaffenden Riss unter Steins Rippen.

Der Chef antwortete nicht. Sorgfältig trennte er das Gewebe von der aufgerissenen Haut. Robin tauchte wieder auf, mit dem Autoschlüssel in der Hand, und bekam sofort die nächste Anweisung: „Zieh die Tür zu! Wir brauchen kein Publikum.“

Moses kam mit dem Brenner wieder, der aus einer großen Gasflasche und einem langen Schlauch bestand.

„Hier, Mustafa“, sagte er und drückte seinem Chef das Gerät in die Hand.

Der Mann namens Mustafa nahm den Schlauch entgegen wie ein Chirurg sein Skalpell. Ohne zu zögern, hielt er das offene Ende über die Schusswunde und ließ eine blaue Flamme dagegenschießen. Eine Mischung aus Blut, Fleisch und Stoff verschmorte. Steins lebloser Körper zuckte kurz. Mustafa ließ noch eine Flamme hinausschießen, Stein schnellte senkrecht in die Höhe und schrie vor Schmerzen. Er lebte noch!

Moses packte Stein heftig an den Schultern und drückte ihn auf die Werkbank nieder. Noch eine Flamme, noch ein ohrenbetäubender Schrei. Robin griff instinktiv zum Radio und drehte es auf volle Lautstärke. Der beißende Geruch nach verbranntem Fleisch stieg in Milans Nase. Der Junge hielt sich die Hand vors Gesicht, um das Gefühl der Übelkeit niederzukämpfen, doch der Gestank kroch durch seine geschlossenen Finger und brannte ihm im Kopf.

Stein zitterte am ganzen Körper. Seine Stirn und seine Haare waren schweißnass. Er schaute Mustafa ängstlich an. Der Chef lachte nur.

„So sieht man sich wieder, Kurt“, sagte er und beugte sich nach vorne, um die Schusswunde nach der ersten

Phase der Behandlung zu begutachten. „Ich habe dich gewarnt.“

Stein atmete schnell und flach. Er kämpfte mit den stechenden Schmerzen. Mustafa zog einen Lappen aus seiner Hosentasche. Er war mit Öl beschmiert.

„Mach den Mund auf, Kurt“, hauchte er, und Stein folgte der Aufforderung. Mustafa steckte ihm den schmutzigen Lappen in den Mund. „Das wird jetzt wehtun“, warnte er und nahm eine Zange in die Hand.

Milan drehte sich weg, als der Chefmechaniker die Zange in die offene Wunde unter Steins Rippen drückte. Stein schrie durch den Lappen und verstummte schlagartig. Er war erneut in Ohnmacht gefallen.

Schließlich fand Mustafa das Geschoss und holte es heraus. „Ich hab den verdammten Scheißkerl!“, rief er erfreut.

Milan drehte sich wieder um und sah, wie Mustafa triumphierend die blutige Kugel hochhielt. Seine Kompagnons grinsten begeistert. Mustafa nahm noch einmal den Brenner und zielte erneut mit einer Flamme auf die Schusswunde. Das Fleisch schmolz zusammen, bis es fast vollständig versiegelt war.

Dann drehte sich Mustafa um und ging zur Werkbank. Dort standen einige halb leere Flaschen mit Whisky, Wodka und anderen Spirituosen. Er nahm eine davon in die Hand, lief damit in den Hinterraum und rief über die Schulter: „Wenn er aufwacht, schaff ihn hier raus.“

Es war schon längst dunkel geworden, als Milan Herrn Steins alten VW in der Einfahrt vor dem Haus parkte. Die Nacht kam ihm ganz recht. Er durfte keinesfalls gesehen werden, wie er den halb toten Mann auf dem Rücksitz aus dem Auto hievte und ihn den Gehweg entlang zur Haustür schleppte. Stein befand sich in einem Zustand irgendwo zwischen Wachsein und Bewusstlosigkeit. Er konnte die Augen nicht offen halten, jedoch schlief er auch nicht. Gesprochen hatte er schon eine ganze Weile nicht mehr. Bei jedem Schritt stöhnte er vor Schmerzen und klammerte sich an Milan fest. An der Haustür dauerte es eine Weile, bis Milan den passenden Schlüssel gefunden hatte, Stein lehnte sich erschöpft gegen die Mauer, unfähig, seinem Schüler dabei zu helfen. Schließlich gelang es Milan, die Haustür zu öffnen, und die beiden stolperten in Steins bescheidenes Haus hinein.

Wie Milan bereits von draußen wahrgenommen hatte, führte die Haustür unmittelbar ins Wohnzimmer. Neben dem Eingang stand rechts das Sofa, direkt unter dem breiten Fenster, durch das Milan den Revolver vor einigen Stunden erblickt hatte. Stein schleppte sich dorthin, eine Hand auf Milans Schulter, während die andere verzweifelt nach Halt zwischen Wand und Sofa suchte. Er stöhnte laut auf und ließ sich erschöpft auf die Couch fallen. Er atmete schwer, lehnte den Kopf gegen die Armlehne und machte die Augen zu.

„Die Tür“, hauchte er mit geschlossenen Augen. „Schließ sie von innen ab.“ Dann deutete er mit erhobener Hand auf die Vorhänge. „Und mach die zu.“

Milan folgte der Anweisung. Er zog die schweren Vorhänge hinter dem Sofa zu, schloss die Tür ab und schaltete das Licht an. Dann nahm er Steins Revolver aus seiner Hose und legte ihn auf den Esstisch. Er schaute sich um. Der Raum bestand aus zwei Teilen: Vorne links war der Wohnbereich mit Sofa und Couchtisch, davor stand ein Esstisch mit einem einzigen Stuhl. Ein alter Plattenspieler nahm den Platz mitten auf dem Couchtisch ein. Bücherregale erstreckten sich vom Boden bis zur Decke über die zwei hinteren Wände. Hunderte von Büchern auf dem wuchtigen Massivholzregal verliehen dem Zimmer ein gemütliches, aber befremdliches Ambiente, das Milan an das Haus seines deutschen Großvaters im Schwarzwald erinnerte. Ein Kamin befand sich in der Ecke, daneben ein Korb voller Holz. Über dem Kamin hing das einzige Bild im Raum: ein Ölgemälde, das einen streng aussehenden Mann zeigte. Sein Anzug deutete das Alter des Bildes an, die kleine runde Brille auf seiner Nase auch. Es stammte aus den 30er- oder 40er-Jahren, vermutete Milan, wahrscheinlich ein Erbstück aus Deutschland. Als Milan sich noch einmal im Raum umsah, fiel ihm auf, dass es keinen Fernsehapparat gab.

Milan schaute in eine Nische, die mit dem Wohnzimmer durch einen Bogen verbunden war. Darin waren lediglich ein kleiner Schreibtisch und ein Stuhl. An einer Wand stand eine Vitrine, in der teuer aussehendes Geschirr und hochwertige Gläser ausgestellt waren. An der anderen Wand hingen zahlreiche eingerahmte Fotos.

Neugierig betrachtete Milan die Aufnahmen. Sie zeigten verschiedene Abschnitte aus Herrn Steins Leben: ein altes Schwarz-Weiß-Foto, auf dem Steins Eltern vor dem Bahnhof in Johannesburg zu sehen waren, vermutlich bei ihrer Ankunft in Südafrika. Bilder aus einer glücklichen Kindheit. Die südafrikanische Idylle der 50er- und 60er-Jahre, in der Herr Stein geboren und aufgewachsen war. Der Geschichtslehrer als junger Mann am Strand von Durban, zusammen mit einem Freund. Sie standen neben ihrem Ruderboot und grinsten in die Kamera. Die ersten Farbbilder zeigten einen Herrn Stein um die dreißig mit einer weißen Frau, vermutlich die Professorin, die er geheiratet hatte. Eine schöne Frau mit langen pechschwarzen

Haaren und schneeweißer Haut. Es gab einige Bilder des Ehepaars, aber auf keinem davon wirkten sie besonders glücklich. Ein gewisser gegenseitiger Respekt war deutlich zu erkennen, Freundschaft vielleicht, aber keine Liebe. Auf manchen Bildern standen sie wie Fremde nebeneinander.

Die einzigen neuen Aufnahmen stammten von der Drachenbootmannschaft. Das Teamfoto, das nach dem letzten Sieg in Port Elizabeth aufgenommen wurde, ein anderes, auf dem Milan neben seinem Trainer vor dem Bootshaus in Kapstadt stand. Stein hatte den Arm um seine Schultern gelegt und beide strahlten um die Wette. Milan war überrascht, sich selbst unter den vertrauten Personen aus Steins Leben zu finden.

Nur ein Bild fehlte. Milan drehte sich zum Schreibtisch und fand es dort: eine hübsche farbige Frau in Krankenschwesteruniform, Anfang zwanzig, eingerahmt neben Steins Schreibblock. Eine Frau, die Milan sofort erkannte, auch wenn sie jetzt deutlich älter und fülliger war. Die Frau aus dem Café in Fish Hoek: Dorothy.

Im Wohnzimmer stöhnte Stein auf und fing an, laut zu husten. Milan legte das Bild wieder auf den Schreibtisch und eilte in den Wohnraum. Stein hielt seine Hand vor den Mund und spuckte Blut. Es sickerte ihm langsam durch die Finger. Bei jeder ruckartigen Bewegung zuckte er vor Schmerz zusammen.

Milan lief in die Küche und holte ein Tuch. Als er wieder zu Stein kam, hatte das Husten aufgehört. Er reichte ihm das Tuch und der geschwächte Mann wischte seinen Mund damit ab. Stein ließ sich erschöpft auf das Sofa zurückfallen. Milan setzte sich auf die Kante des Couchtisches und betrachtete seinen Lehrer besorgt.

„Was kann ich für Sie tun?“, fragte er mitfühlend.

Stein seufzte und lächelte matt. „Du hast schon genug

getan“, hauchte er. Er konnte kaum noch sprechen. Er holte tief Luft und fügte hinzu: „Bevor du gehst, bring mir bitte eine Decke. Ich bleibe hier liegen.“

Milan nickte, stand auf und ließ seinen Blick durch den Raum schweifen, aber eine Decke sah er nicht. Zwei Türen gingen vom Wohnzimmer ab. Eine führte in die Küche, wo Milan bereits gewesen war, um das Tuch zu holen. Er ging zur zweiten und machte sie auf. Sie führte in den Flur, der Zugang zu zwei weiteren Zimmern verschaffte. Das erste war das Badezimmer, das zweite ein Schlafzimmer. Es war ein kleiner karger Raum mit einem winzigen Fenster, der Milan stark an eine Gefängniszelle erinnerte. An den Wänden hingen keine Bilder. Ein Bett, ein Kleiderschrank und ein Nachttisch mit Lampe waren die einzigen Möbelstücke. Steins Pantoffeln waren ordentlich vor dem Bett aufgestellt.

Milan nahm die Decke vom Bett und trug sie zurück ins Wohnzimmer. Er legte sie über Herrn Stein und deckte ihn damit zu.

„Wie fühlen Sie sich?“, fragte Milan.

Stein quälte sich ein ironisches Lächeln ab. „Wie sehe ich denn aus?“

Milan ersparte ihm die volle Wahrheit. Zum ersten Mal, seit er ihn kannte, sah Stein alt aus. Sein Gesicht war farblos, als wäre das Blut vollständig aus ihm gewichen, seine Wangen waren eingefallen, seine Augen glasig und sein Blick offenbar unscharf – es hatte den Anschein, als schaute er durch Milan hindurch. Auch seine normalerweise robusten Hände, die oben auf der pastellfarbenen Decke lagen, wirkten auf einmal knochig und gebrechlich.

„Sie haben schon bessere Tage gesehen“, gab Milan zu und fügte ermunternd hinzu: „Mustafa hat gesagt, Sie schaffen es.“

Stein setzte ein bitteres Lächeln auf. „Klar schaffe ich das.“ Aber jedes Wort, das über seine Lippen kam, schien ihn übermenschliche Kraft zu kosten. „Ich muss jetzt schlafen. Fahr nach Hause. Ich komme allein zurecht.“

Stein verzog das Gesicht ein letztes Mal vor Schmerzen und machte die Augen wieder zu. Milan wartete noch einen Augenblick, dann erhob er sich und ging in die Küche. Er schloss leise die Tür hinter sich. Wie alle anderen Räume in Steins Haus war auch die Küche klein und makellos sauber. Die Regale an der Wand waren voll mit beschrifteten Glasdosen und Gefäßen, die verschiedene Sorten von Olivenöl und Essig beinhalteten. Die breite Palette an Gewürzen und Feinkostzutaten deutete auf ein lebhaftes Interesse am Kochen hin. Ein Weinregal mit einer großen Sammlung von Weinflaschen stand in einer Ecke. Das Paradies eines Feinschmeckers.

Milan nahm sein Handy aus der Hosentasche und rief seine Mutter an. Er erzählte ihr, dass er mit Zeni unterwegs sei und bei ihr übernachten wollte. Es wäre das erste Mal, dass er in Khayelitsha über Nacht blieb. Zu Milans großer Überraschung zeigte Sabine Julitz keinen Widerstand. Sie richtete Zeni Grüße aus, wünschte ihrem Sohn eine gute Nacht und legte auf.

Seine Pflicht war jetzt getan. Milan holte das Stück Papier aus seiner Hosentasche. Er hatte es in Herrn Steins Manteltasche gefunden. Eine Liste mit Namen. *Lionel Kani. John Ngakane. Lily Phango. Oscar Hoyland.* Es war die Liste, die die Polizei auf der Leiche im Hotel Ambassador hätte finden sollen. Aber diesmal gab es keine Leiche.

Milan nahm sich einen Augenblick Zeit, um in Ruhe über seine Situation nachzudenken. Er war jetzt ein Mitwisser. Er hatte Stein vor der Polizei in Sicherheit gebracht und sich damit strafbar gemacht. Im Nebenraum kämpfte ein schwer verletzter Mann um sein Leben. Jedoch handelte es sich nicht um irgendeinen Mann, sondern um den Apartheid-Killer. Herr Stein war derjenige, der bereits ein Dutzend Menschen ermordet hatte, kaltblütig, ohne Gnade. Der Mann, der seit Monaten von der Polizei gesucht wurde. Der Mann, der eine ganze Nation in Atem hielt. Milan konnte es immer noch kaum glauben, dass Stein so viele Menschen umgebracht hatte. Es war schrecklich und faszinierend zugleich. Doch er hatte nicht vor, Stein zu verraten. Nicht ohne die ganze Wahrheit zu kennen.

Auf einmal merkte der Junge, dass sein Magen knurrte. Er hatte seit dem Frühstück nichts mehr gegessen und ihm wurde regelrecht schwindelig. Er schaute in den Kühlschrank und machte sich ein Sandwich. Als er fertig war, nahm er den Teller mit ins Wohnzimmer, wo er sich an den Esstisch setzte. Er warf einen Blick auf Herrn Stein. Er war bereits im Tiefschlaf, sein Mund stand weit offen, sein Kopf war nach hinten gesackt, seine blasse Hand lag oben auf der Decke.

Während Milan sein Sandwich aß, betrachtete er die Bücher im Regal. Auch hier hatte alles seinen Platz. Der Abschnitt direkt vor ihm war den deutschen Philosophen gewidmet. Adorno, Engels, Heidegger, Kant, Nietzsche. Auch einige, von denen Milan noch nie gehört hatte. Daneben befanden sich Bücher wie Steve Bikos *Ich schreibe, was mir passt; Der lange Weg zur Freiheit,* die Autobiografie, die Nelson Mandela in Gefangenschaft auf Robben Island geschrieben hatte, und die Bücher von Desmond Tutu wie *Gott hat einen Traum* und *Meine afrikanischen Gebete*. Mahatma Gandhi, Martin Luther King und Malcolm X gehörten auch in diese Abteilung.

Milan nahm das Buch von Steve Biko aus dem Regal. Er schlug es auf und sah, dass einige Zeilen mit Bleistift unterstrichen waren. Er las die erste Passage: „Es ist besser, für eine Idee zu sterben, als für eine Idee zu leben, die sterben wird."

Milan senkte das Buch und rief sich das Schicksal des schwarzen Bürgerrechtlers in Erinnerung. Steve Biko wurde damals von der Polizei aufgegriffen und so heftig gefoltert, dass er '77 in seiner Gefängniszelle starb. Obwohl der damalige Justizminister behauptet hatte, Biko sei infolge eines Hungerstreiks gestorben, wurden die Umstände seines Todes von der Presse aufgedeckt. Die Geschichte sorgte für internationale Empörung. Später, nach dem Ende der Apartheid, kamen die fünf Polizisten, die für Bikos Tod verantwortlich waren, vor Gericht. Aber sie wurden nicht verurteilt. Aus Mangel an Beweisen. Kein Wunder, denn der Prozess fand erst fünfundzwanzig Jahre später statt.

Waren es Schicksale wie das von Steve Biko, die Herrn Stein zu seinen grausamen Taten motiviert hatten?

Milan legte das Buch weg und schaute die Pistole an, die neben ihm auf dem Tisch lag. Mit dieser Waffe hatte Herr Stein bereits zwölf Menschen getötet. Ein weiteres Opfer war ihm heute durch die Lappen gegangen. Die Schrift auf dem kurzen Pistolenlauf verriet die Marke. Milan hatte von ihr bereits gehört. Er nahm die Waffe auf, sie passte genau in seine Handfläche. Jede Rundung des gewölbten Handgriffes traf die Linie seiner Finger, als hätte er selbst die Gussform dafür gestaltet. Milan hielt die Waffe hoch und legte seinen Zeigefinger an den Abzug. Er machte ein Auge zu und schaute den Lauf entlang. Er stellte sich vor, wie es wäre, wenn er jetzt das schmale Stück Metall zurückziehen würde. Aus dem Pistolenlauf würde ein kleines tödliches Objekt herausschießen, das einen Menschen umbringen könnte. Eine ungeheure Kraft. Eine erschreckende Kraft. Es durchfuhr Milan eiskalt.

„Lass die Finger davon", ertönte plötzlich Steins geschwächte Stimme und der Junge drehte sich erschrocken um. Stein musterte Milan mit einem müden Blick. „Leg sie hin."

Milan folgte der Aufforderung.

„Jetzt geh", seufzte der Lehrer. „Du musst nach Hause."

Das letzte Wort kam Stein kaum noch über die Lippen. Seine Augen fielen erneut zu. Sein Kopf kippte nach rechts. Milan machte einen Schritt auf ihn zu und beugte sich vor. Mit dem Ohr an seiner Nase konnte er sein Atmen hören. Dennoch hatte Milan nicht die Absicht, seinen Geschichtslehrer allein zu lassen. Er wartete noch einen Augenblick, dann drehte er sich um und ging ins Schlafzimmer zurück. Dort legte er sich auf Steins Bett und schlief augenblicklich ein.

Milan träumte wirr und angsterfüllt. Immer wieder sah er den Mann mit dem schwarzen Ziegenbart aus dem Ambassador vor sich. Er drückte Milan die Kehle mit seinen überdimensionalen Händen zu. Mehrmals wachte der Junge in der Nacht auf, schweißgebadet, und kämpfte sich von seinem unsichtbaren Gegner frei. Als er schließlich begriff, dass er allein war, durchfuhr ihn ein Gefühl der Verwirrung und Desorientierung. Er hatte keine Ahnung, wo er war. Der karge Raum, in dem er lag, jagte ihm Angst ein. Erst als er die karierten Filzpantoffeln auf dem Boden sah, kam es ihm wieder in den Sinn. Allmählich erinnerte er sich an die Vorkommnisse, die nicht nur zu seinem Traum gehörten. Der Flur im Luxushotel. Das verängstigte Zimmermädchen. Der Gast aus Zimmer 427. Seine Waffe. Das Blut.

Bei Tagesanbruch stand Milan auf. In der Nacht hatte er das Piepsen seines Handys nicht gehört. Zeni hatte ihm eine SMS geschickt. Sie machte sich Sorgen um ihn. Sie hatte mehrmals auf seine Mailbox gesprochen. Ein rascher Blick auf seine Uhr sagte Milan, dass es erst sieben war. Zeni würde noch schlafen. Außerdem wollte er sie nicht von Steins Haus aus anrufen. Er beschloss, sich später bei ihr zu melden.

Als Erstes ging er ins Wohnzimmer. Stein schlief noch. Milan vernahm sein schweres Atmen und war erleichtert, dass er die Nacht überstanden hatte. Sein Körper war zusammengekrümmt, der rechte Arm lag unter dem Kopf. Jetzt, bei Tageslicht, konnte Milan sehen, dass die helle Decke mit dunklem, getrocknetem Blut befleckt war.

Der Junge ließ Stein weiterschlafen und ging in die Küche. Er wollte Frühstück machen, damit Stein wieder zu Kräften kommen konnte. Auf der anderen Seite des Küchenfensters war ein kleiner Hinterhof. Hier hatte Herr Stein einen Kräutergarten angelegt. Steinplatten bahnten sich ihren Weg durch die ordentlichen begrünten Reihen. Kletterpflanzen rankten die Außenmauern hoch. Hinter dem Kräutergarten stand ein Stuhl mit einem Klapptisch. Milan stellte sich vor, wie Stein hier die Bücher las, die er in seinem Wohnzimmer aufbewahrte, eine heiße Tasse Kaffee auf dem Klapptisch, die Sonne im Gesicht. Eine kleine Insel in seinem einsamen Leben.

Milan ging in den Hof, schnitt frische Kräuter ab und bereitete Rührei zu. Während der Kaffee kochte, machte er auch Toast, schnitt Tomaten und briet einige Scheiben Speck an. Scheinbar hatte sich das wahrhafte Fest an Gerüchen bis in den Vorderraum ausgebreitet, denn als Milan das überfüllte Frühstückstablett ins Wohnzimmer brachte, war Herr Stein bereits wach.

Er schaute zu, wie Milan das Tablett auf dem Couchtisch abstellte und dampfenden Kaffee aus der Kanne goss.

„Du bist nicht nach Hause gefahren?“, fragte er mit heiserer Stimme.

„Nein. Ich habe hier geschlafen“, bestätigte Milan. „Haben Sie Hunger?“

Milan half Herrn Stein sich aufzusetzen und stützte seinen Rücken mit zwei dicken Kopfkissen ab. Stein hatte offenbar einen Bärenhunger, denn alles, was ihm Milan auf den Teller lud, aß er mit großem Genuss auf, auch wenn er dafür doppelt so lange brauchte wie sein Schüler. Seinen Appetit interpretierte Milan als äußerst positiv. Ein Mensch, der so viel Hunger hatte, starb nicht.

Sie frühstückten schweigend. Das einzige Geräusch war das Klirren des Bestecks auf den Tellern. Beim ersten Schluck Kaffee machte Stein die Augen zu und seufzte genussvoll.

„Das tut gut!“, hauchte er und hielt die Tasse mit beiden Händen fest. Er zitterte.

Als er keine Kraft mehr zum Essen hatte, räumte Milan die Teller zusammen und brachte das schmutzige Geschirr in die Küche. Er machte schnell den Abwasch und betrat kurz darauf wieder das Wohnzimmer. Stein hatte sich flach auf das Sofa gelegt

Ohne Milan anzuschauen, fragte er: „Wo ist die Waffe?“

Milan warf einen Blick auf den aufgeräumten Esstisch. Die Halbautomatik war nicht mehr da.

„Ich habe sie entsorgt“, log Milan. Der Revolver steckte in seinem Hosenbund.

„Wann denn?“, hakte Stein nach.

„Gestern Abend, ich bin noch einmal zu Mustafa gefahren. Ich habe sie ihm gegeben.“

„Sehr gut."

Stein seufzte müde. Er warf einen Blick durch den schmalen Spalt zwischen den Vorhängen. Die Sonne blendete ihn. „Fahr jetzt nach Hause. Denk darüber nach, was du tun willst."

Milan legte die Stirn in Falten. „Wie meinen Sie das?"

„Wenn du die Polizei anrufst, werde ich es dir nicht übel nehmen. Ich gebe dir mein Wort. Ich habe auch nicht vor zu fliehen."

Milan musste nicht lange überlegen. „Das werde ich nicht tun."

Stein lachte resigniert auf. „Vielleicht solltest du aber ..." Sein Lachen ging in ein schmerzhaftes Husten über.

Milan antwortete nicht. Er nahm den Schlüssel vom Tisch und legte Steins Telefon in dessen Reichweite.

„Ich komme gleich wieder", versicherte er und ging zur Haustür. Er blieb noch einen Augenblick auf der Türschwelle stehen und schaute zu Stein zurück. Er hatte die Augen schon wieder geschlossen. Dann verließ er das Haus, schloss die Tür hinter sich ab und eilte zur Hauptstraße. Von dort aus würde er mit dem Bus zurück ins Zentrum fahren.

Vor dem Ambassador Hotel erinnerte nichts an die dramatischen Vorkommnisse des Vortages. Der Verkehr strömte unermüdlich an dem überdachten Hoteleingang vorbei, der Portier stand auf dem roten Teppich, Limousinen und andere teure Autos fuhren in unregelmäßigen Abständen aus der Tiefgarage. Es war wie an einem ganz normalen Tag. Keine Spur von der Polizei, kein Anzeichen des Apartheid-Killers. Nur Sonnenschein und Meer,

Frühaufsteher und Jogger, die die frische Morgenluft an der Promenade genossen. Milans kleine Vespa stand noch immer neben der Parkuhr auf dem grünen Mittelstreifen. Milan trödelte nicht. Er hatte keine Lust zu warten, bis zufällig ein Polizist vorbeikam oder der Gast aus Zimmer 427 plötzlich auftauchte. Er holte seinen Roller und machte sich auf den Weg nach Hause. Dort fand er seine Mutter beim Frühstücken. Milan schaute auf die Uhr. Es war erst halb zehn.

„Morgen, Milan! Alles klar bei dir?" Sie schaute ihn neugierig an. „Wie war es bei Zeni?"

„Schön", erwiderte Milan wortkarg und machte sich auf den Weg nach oben.

„Willst du einen Kaffee oder einen Tee? Irgendwas zu essen?"

„Nee danke. Ich habe schon gefrühstückt."

Erneut machte er einen Versuch, nach oben zu gehen, aber bevor er den Raum verlassen hatte, sprach ihn seine Mutter wieder an.

„Fühlst du dich wohl bei Zeni? Ich meine, in Khayelitsha?"

Die Frage überforderte Milan. „Ja. Warum?"

Sabine zuckte die Achseln und aß ihren Toast. „Keine Ahnung. War nur eine Frage. Ich kann mir das nicht vorstellen, wie es ist, dort zu leben."

Milan blieb vor der Wohnzimmertür stehen. Seine Mutter hatte etwas auf dem Herzen.

„Ich habe mit Zenis Mutter über die neue Situation gesprochen", sagte Sabine zögerlich. „Die Sache mit dir und Zeni, meine ich. Sie mag dich sehr."

Milan wartete im Türrahmen.

„Ich habe sie gefragt, ob unser Arbeitsverhältnis in Ordnung für sie ist, wenn ihr beide zusammen seid. Sie hat gesagt, dass sie damit kein Problem hat. Aber für mich – wenn ich ehrlich bin – ist es schon ein Problem. Deswegen habe ich Frau Kumalo entlassen."

Milan starrte seine Mutter entgeistert an. „Du hast was?"

„Ich finde, das gehört sich nicht. Zenis Mutter kann hier nicht putzen, wenn ihr beide eine Beziehung habt. Ich meine, wie soll das gehen? Das ist nicht richtig."

Milan machte den Mund auf, um seiner Mutter zu widersprechen, aber Sabine ließ ihn nicht zu Wort kommen.

„Deswegen habe ich ihr eine Stelle bei *Rent-a-Plant* angeboten. Eine Teilzeitstelle. Aber immerhin. Es ist ein guter Job."

Sabine erlaubte sich ein flüchtiges Lächeln, als sie die Fassungslosigkeit im Gesicht ihres Sohnes sah.

„Ich wollte dir nur Bescheid sagen, falls du dich wunderst", setzte sie sachlich fort. „Entschuldigung. Ich wollte dich nicht aufhalten. Du kannst gerne nach oben gehen."

Milan machte einen Schritt auf seine Mutter zu. „Mama, das ist ja fantastisch ..."

Frau Julitz winkte ab. „Das ist doch selbstverständlich. Aber wir können ja ein anderes Mal darüber reden." Dann stand sie vom Tisch auf und ging in die Küche. „Ich muss auch gleich los."

Milan blieb noch einen Augenblick lang im Raum stehen, aber seine Mutter ignorierte ihn. Er schaute ihr eine Weile zu und freute sich. Dabei spürte er Steins Pistole, die ihm die ganze Zeit in den Rücken drückte, eiskalt und hart. Schließlich drehte er sich um und ging hoch in sein Zimmer. Dort nahm er die Waffe aus seiner Hose, hielt sie hoch und schaute sie an. Er hatte das Gefühl, dass es besser war, die Waffe zu behalten. Sicher ist sicher. Vielleicht würde er sie eines Tages brauchen, vielleicht wurde sie als

Beweisstück benötigt. Milan suchte ein Versteck für sie. Er entschied sich gegen die Schubladen seines Schreibtisches. Auch unter die Matratze wollte er sie nicht legen. Schließlich nahm er eine Handvoll CDs aus dem Regal über seiner Stereoanlage. Wenn er die Waffe flach gegen die Wand drückte, war genug Platz, um sie zu verstecken. Dann stellte er die CDs wieder davor. Keiner würde auf die Idee kommen, hinter die aufgestapelten CDs zu schauen. Hier war sie sicher.

Nachdem er das Versteck mehrmals überprüft hatte, eilte er wieder nach unten. Seine Mutter war schon weg. Er schnappte sich einen Stift und einen Zettel, schrieb „Danke, Mum!" darauf und ließ das Blatt auf der Anrichte liegen. Dann ging er in die Garage und machte sich auf den Weg zurück nach Athlone.

Während der Fahrt zogen dunkle Wolken auf und es fing sintflutartig an zu regnen. Der prasselnde Niederschlag peitschte Milan eiskalt ins Gesicht. Seine Hände waren klamm, seine Klamotten waren nass, er fuhr langsam und vorsichtig. Das Wasser sickerte ihm sogar bis in seine Schuhe. Als er bei Herrn Stein ankam, gab es keinen trockenen Fleck mehr an seinem ganzen Körper.

Stein hatte sich nicht vom Sofa gerührt. Er lag da und sah überrascht auf, als Milan patschnass durch die Haustür trat. Vielleicht hatte er die Polizei erwartet, vielleicht sogar den Mann aus dem Ambassador Hotel. Mit einer Mischung aus Erleichterung und Bestürzung begrüßte er Milan.

„Warum bist du wiedergekommen?", fragte er.

„Ich lasse Sie nicht allein", antwortete Milan und zog seine tropfende Jacke aus.

Stein musterte den Jungen von Kopf bis Fuß. „Du musst dich umziehen. Schau mal in meinem Zimmer nach. Dort findest du trockene Sachen."

Milan nahm das Angebot an. Im Schlafzimmer zog er seine nassen Kleider aus und schaute in Steins Schrank. Er musste grinsen, als er die unverwechselbaren Cordjacken und Stoffsakkos sah, die dort ordentlich in Reih und Glied hingen. Er nahm eine Stoffhose vom Bügel, schnappte sich einen Gürtel und fand ein T-Shirt in einer Schublade. Er zog die trockenen, aber übergroßen Klamotten an, schnallte sich den Gürtel um und ging zu Herrn Stein ins Wohnzimmer zurück.

„Wie geht es Ihnen?“, fragte er und blickte auf das Telefon, das noch immer an der gleichen Stelle lag. Stein hatte offenbar niemanden angerufen.

Stein seufzte müde. „Besser.“ Dann schlug er die blutige Decke auf und versuchte, sich zu erheben. „Hilf mir bitte. Ich muss zur Toilette.“

Milan half Stein vom Sofa auf. Sein Körper war schwer und steif. Er stöhnte und ächzte, verzog das Gesicht und hielt sich an Milan fest. Mit einem Arm um seine Hüfte und dem anderen unter seiner Achsel begleitete er den schweren Mann durch den Flur. Im Badezimmer blieben sie vor der Toilettenschüssel stehen. Milan machte den Deckel auf.

„Kommen Sie allein klar?“, fragte er.

„Ja“, antwortete Stein beschämt.

Schnell zog sich Milan zurück. Er machte die Badezimmertür hinter sich zu und wartete draußen im Flur. Kurz darauf hörte er das plätschernde Geräusch, als sich Herr Stein erleichterte.

Zurück im Wohnzimmer ließ sich Stein erschöpft auf dem Sofa nieder. Er holte tief Luft und fragte: „Warum machst du das, Milan?“

Milan nahm einen Stuhl vom Esstisch und setzte sich ihm gegenüber. Er ließ sich Zeit, bevor er die Frage beantwortete: „Ich will nur wissen, warum Sie es getan haben.“

Stein wandte sich ab und schloss die Augen. Milan war sich nicht sicher, ob es die Wunde oder seine Frage war, die ihm die Schmerzen bereitete. Er legte den Kopf in den Nacken, als wollte er wieder einschlafen. Einen Augenblick lang herrschte Schweigen im Raum. Milan wartete. Er hatte Fragen, viele Fragen. Er wollte endlich Antworten.

Schließlich seufzte Stein reuevoll und sagte: „Du findest mich vielleicht ignorant, aber ich glaube nicht mehr an die Gerechtigkeit durch Gesetze.“

„Wegen Dorothy?“, fragte Milan und musste an das Bild der fröhlichen Krankenschwester denken, das auf dem Schreibtisch lag.

Stein machte überrascht die Augen auf und schaute seinen Schüler verwundert an.

„Mein Großvater hat mir von ihr erzählt“, erklärte der Junge. „Und ich habe sie gesehen. In Fish Hoek. Mit Ihnen zusammen.“

Stein nickte wissend. „Stimmt. Du bist mir gefolgt ...“ Er sammelte seine Gedanken und sprach zögerlich weiter: „Für Dorothy war es viel schwerer als für mich. Sie hatte ihren Job verloren, ihr ganzes Leben. Zum Glück hat sie noch jemanden kennengelernt. So wie ich. Ohne ihren Mann hätte sie später nie wieder Fuß gefasst.“ Stein seufzte tief und schüttelte den Kopf. „Aber nein. Sie ist nicht der Grund, warum ich diese Menschen getötet habe. Unsere Geschichte ist nur eine kleine Geschichte. Eine von vielen. Ich habe diese Menschen getötet, weil ich es für richtig halte.“

„Warum sind Sie nicht zur Polizei gegangen?“

Stein lachte leise, aber die schüttelnde Bewegung verursachte ihm Schmerzen. „Es ist vorbei“, sagte er. „Die Polizei will damit nichts mehr zu tun haben. Die Zeit der Wahrheitskommission ist vorbei. Dieses Land will nach vorne schauen, nicht zurück. Wir sind die *Rainbow Nation*. Wer will schon ein Märchen zerstören?"

„Aber wenn Sie doch Beweise haben?", hakte Milan nach.

„Natürlich habe ich Beweise. Ich schlage nur zu, wenn ich zu hundert Prozent sicher bin", bestätigte Stein. „Aber das reicht der Polizei nicht. Doch ich sehe es anders. Ich brauche keine DNA-Proben, ich brauche keine verdammten Fingerabdrücke. Es geht um das System, verstehst du, um die wahren Entscheidungsträger, nicht um die Typen, die gemordet haben. Mit dem Blut an meinen Händen kann ich gut leben."

„Sie hätten vor Gericht gehen können. Es gibt Anwälte, Menschenrechtsorganisationen, Stiftungen."

„Ich weiß. Du hältst mich für überheblich", antwortete Stein resigniert. „Du hast recht. Aber ich habe nicht viel Zeit. Mein ganzes Leben habe ich mir Fragen gestellt. Jetzt stelle ich keine Fragen mehr. Jetzt handele ich."

Stein atmete schwer. Das Gespräch strengte ihn sichtlich an.

„Wie meinen Sie das? Sie haben nicht viel Zeit?", fragte Milan nach.

Stein zuckte mit den Schultern. „Ich bin sechzig. Irgendwann stirbt jeder."

Milan runzelte überrascht die Stirn. Vor dem heutigen Tag hatte Stein nie gewirkt, als ob er sich dem Tod nahe fühlen würde.

„Wer war der Mann im Hotel?", fragte Milan nach einer kurzen Pause.

„In Ordnung", erwiderte Stein mit gesenktem Kopf. „Du sollst es wissen. Sagt dir der Name *Afrikaner Broederbond* etwas?"

Milan zuckte mit den Achseln. „Nein."

„Der *Afrikaner Broederbond* war eine Geheimorganisation während der Apartheid und auch schon davor. ‚Die Bruderschaft' nannten sie sich. Weiße Nationalisten. Die südafrikanische Elite. Sie waren die Architekten der Apartheid und Drahtzieher der Regierung. Sie beherrschten auch die Wirtschaft. Der *Broederbond* hatte so viel Macht, das kann sich keiner von uns vorstellen. Wie eine Art Mafia. Nur operierte er nicht in der kriminellen Unterwelt, sondern hinter den Kulissen der Regierung, der Medien und der Wirtschaft. Mit anderen Worten: völlig legitim. Es gibt nichts Mächtigeres als eine Organisation, die niemand sieht, die niemand für möglich hält. Der *Broederbond* kontrollierte alles. Er herrschte über das ganze Land."

„Und der Mann im Hotel war Mitglied?", schlussfolgerte Milan.

Stein nickte. „Nicht nur Mitglied, sondern ein ganz hohes Tier. Als Anfang der 90er der *Broederbond* das Ende der Apartheid kommen sah, setzte sich die Organisation für den Transformationsprozess ein. Aber Kruger nicht. Nein. Er kämpfte sogar bis zum Schluss dagegen."

Transformationsprozess *Umwandlungsprozess*

Kruger. Richtig, so hieß der weißhaarige Mann im Hotel.

„Gehörten alle Ihre Opfer zum *Broederbond*?", fragte Milan.

„Fast alle", bestätigte Stein. „Vor dem Ende der Apartheid schätzte man die Zahl ihrer Mitglieder auf mehrere Tausend. Auch jeder Staatspräsident während der Apartheid war Mitglied."

„Und Catherine de Koning? Sie auch?"

„Nein. Aber ihr Mann."

„Als ich in Constantia war, habe ich mit ihrem Nachbarn gesprochen", erzählte Milan. „Er hat gesagt, die Frau war unschuldig. In den Nachrichten hieß es sogar, sie sei

Aktivistin gewesen. Was hat sie getan, um den Tod zu verdienen?“

Stein lachte verächtlich und schüttelte den Kopf. „Das ist wie in Deutschland nach dem Zweiten Weltkrieg“, sagte er. „Plötzlich gab es keine Nazis mehr. Nein, natürlich nicht. Niemand war ein Nazi. Aber wo sind sie alle hingegangen, diese Menschen? Sie sind nicht *alle* nach Südamerika ausgewandert. Nein. Und sie können sich auch nicht von heute auf morgen in Luft auflösen. Das Ende der Apartheid ist nicht lange her und ich kann dir sagen, wo diese Menschen heute sind. Sie sind hier, in diesem Land. Ihnen geht es gut. Sie haben Führungspositionen in den Medien oder beim Militär. Der *Broederbond* macht weiter seine Geschäfte, nutzt seine Kontakte, verkauft das Gold, Silber und Platin, das wir hier aus der Erde holen. Seine Mitglieder genießen ihre Pensionen. Ja, manche sind auch abgehauen, um ihre eigene Haut zu retten. Aber viele sind geblieben. Das ist ihre Heimat. Die verlässt niemand gern. Besonders wenn man für sie gekämpft hat. Diese Leute sind unantastbar und sie wissen es.“

„Dafür musste Catherine de Koning sterben?“, sagte Milan leise und senkte den Kopf.

Stein verneinte. „Vor fünfundzwanzig Jahren war Catherine de Koning mit einem Mann namens Craig Dean verheiratet, einem Geschäftsmann, der durch die Welt reiste. Er leistete einen ordentlichen Beitrag im Kampf gegen die Apartheid. Zumindest dachte man das damals. Aber in Wahrheit arbeitete Dean für die Staatssicherheit. Er war ein Maulwurf und ein verdammt guter dazu. Beim ANC stieg er die Karriereleiter hinauf. Auf dem Höhepunkt seines Werdegangs war er verantwortlich für die Finanzierung der Widerstandsbewegung. Während seiner Geschäftsreisen sammelte er Geld aus aller Welt, das dem

ANC und *Umkhonto* zugute kam. Der Staatssicherheit war es natürlich lieber, dass einer ihrer eigenen Männer diese unangenehme Tätigkeit ausübte als irgendjemand anders. Dadurch wussten sie ganz genau, wo das Geld ausgegeben wurde, zu welchem Zweck und in welcher Menge. Ein Doppelspiel. Außerdem manipulierte Dean die Bücher. Eine Menge Geld kam natürlich nie beim ANC an. Die ganze Geschichte verlief im Stillen – jahrelang, bis Dean dann Anfang der 80er aufflog. Er ist ziemlich schnell abgehauen. Heute lebt er in der Schweiz."

„Und seine Frau ist geblieben?", fragte Milan.

„Oh ja", nickte Stein mit einem vielsagenden Lächeln. „Das war typisch. In den guten Jahren waren die Ehefrauen dabei, aber als das Pflaster zu heiß wurde, wollten sie mit ihren Männern nichts mehr zu tun haben. Catherine Dean ließ sich von ihrem Mann scheiden. Eine kluge Frau war das."

„Und die Namen auf der Liste?", hakte Milan nach. „Die Kinder? Was haben sie damit zu tun?"

„Die Deans hatten sehr gute Verbindungen ins Ausland. Als Weiße genossen sie natürlich vollständige Bewegungsfreiheit. Du darfst nicht vergessen, der ANC war damals illegal. Auf jeden Freiheitskämpfer war ein Kopfgeld ausgesetzt. Viele mussten abhauen. Die Deans halfen ihnen dabei. Zusammen schmuggelten sie Regierungsgegner über die Grenze. Sie nutzten deren Vertrauen, um weitere verdeckte Agenten in den Reihen der Freiheitskämpfer im Ausland unterzubringen. Manche Fluchtaktionen endeten mit dem Tod. Catherine de Koning war daran beteiligt. In das Heim in Mosambik, wo die fünf ermordeten Kinder tot aufgefunden worden waren, hatte sie nur wenige Tage zuvor eine Lieferung gebracht. Sie war das einzige Verbindungselement zwischen dem Heim und der Staatssicherheit. *Sie* hat die ANC-Kämpfer dort verraten. *Sie* hat das Blut der fünf unschuldigen Kinder an den Händen, egal was ihr Nachbar dazu sagt. Ich kann es beweisen."

Die ausschweifende Geschichte von Catherine de Koning und die politischen Machenschaften und Intrigen unter der Apartheid erschütterten Milan zutiefst. Trotzdem wurde er das Gefühl nicht los, dass auch Catherine de Koning keine Hinrichtung verdient hatte.

„Und wie kommt es wirklich, dass mein Großvater sie kennt?", fragte Milan.

„Weil dein Großvater ein guter Mann ist", erklärte Stein mit wehmütiger Stimme. „Er hatte der Widerstandsbewegung Geld gegeben. Vielleicht hatte er nur ein schlechtes Gewissen wegen der Geschichte in District Six. Vielleicht glaubte er an den ANC. Ich weiß es nicht. Aber Catherine Dean war seine Ansprechpartnerin. Ihr Mann schickte sie oft vor, um das Spiel für seine ANC-Mitarbeiter glaubhafter zu machen. Ich habe den Namen deines Großvaters auf einer Liste der Geldgeber entdeckt. Deswegen bin ich zu ihm gegangen."

Milan zuckte überrascht zusammen. Sein Großvater hat die Widerstandsbewegung unterstützt? Davon hatte er nie etwas gesagt.

„Wusste er denn, wer Catherine de Koning wirklich war?", fragte Milan.

„Nein, natürlich nicht. Aber ich habe es ihm gesagt."

Milans Kopf schwirrte. Eine Flut von unbeantworteten Fragen überschwemmte ihn, aber Stein hielt eine Hand hoch, als ob er damit den Ansturm abhalten wollte.

„Ich muss jetzt aufhören. Das Reden strengt mich zu sehr an", sagte er, seine Stimme klang brüchig und er sank wieder zurück aufs Sofa. „Bevor du gehst, könntest du mir noch einen Gefallen tun."

Milan fing sich. „Ja natürlich“, erwiderte er.

„Hol mir eine Zeitung. Ich will wissen, was mit Kruger passiert ist.“

„Kein Problem“, sagte er und stand auf.

Stein deutete auf das Telefon. „Ich rufe morgen in der Schule an und melde mich krank“, sagte er. „Aber du musst das Drachenboottraining übernehmen. Auch in den nächsten Wochen. Wir haben nicht viel Zeit bis zum Wettbewerb.“

Milan nickte. Wer das Drachenboottraining leiten würde, war zurzeit das geringste Problem. Er ging in Steins Zimmer zurück, wo seine Klamotten mittlerweile halbwegs getrocknet waren. Dann zog er sich um und ging auf die Straße, um eine Zeitung zu kaufen.

„Herr Stein ist heute leider krank“, eröffnete Frau Hachtel, die Leiterin der deutschen Schule, der Abiklasse, doch kaum ein Schüler konnte das glauben. Stein meldete sich doch nie krank. Selbst wenn er stark erkältet war, stand er auf der Matte. Seit Jahren hatte er keinen einzigen Tag gefehlt. Die wenigen Anlässe, an denen er nicht in die Schule gekommen war, waren höchstens die Reisetage zu Drachenbootwettbewerben an die Westküste. Und an solchen Tagen war sowieso die Hälfte der Klasse bei ihm.

Milan hatte sich auch kurz überlegt, ob er sich krankmelden sollte, aber er entschied sich dagegen. Das hätte nur für noch mehr Aufsehen gesorgt und es reichte schon, dass Stein nicht da war. Frau Hachtel gab der Klasse die Anweisungen für die Ersatzarbeit und verließ selbst etwas durcheinander den Raum.

Sobald sie die Tür hinter sich zugemacht hatte, entflammte eine heiße Diskussion über Steins Abwesenheit.

„Weißt du, wo er ist?“, wandte sich Alexander an Milan.

„Woher soll ich das wissen?“, reagierte er gereizt. „Du hast doch Frau Hachtel gehört. Er ist krank.“

Natalie grinste. „Er hat bestimmt eine Frau kennengelernt und ist bei einem romantischen Wochenende irgendwo an der Küste hängen geblieben.“

„Oder er ist umgelegt worden“, sagte Sarah ernst. „Ich wette, Stein hat viele Feinde.“

„Quatsch!“, verneinte Milan. „Spinnt ihr? Er liegt bestimmt zu Hause mit Fieber oder so was.“

„Das glaubst auch nur du“, meinte Alexander und beendete damit das spekulative Gespräch.

Beim Drachenboottraining am Hafen übernahm Milan die Leitung. Er gab die Anweisungen und sorgte für Disziplin. Es war ein seltsames Gefühl, ohne Herrn Stein mit dem Drachenboot zu trainieren. Das Team war rastlos und unsicher. Als sie aus dem Hafen ruderten und das offene Meer erreichten, hatten die Kleineren im Team sogar Angst. Niemand verfügte über eine so klare Stimme wie Herr Stein. Niemand besaß seine Autorität. Beim Training paddelte die Mannschaft ohne Kraft und mit mangelnder Koordination, als ob sie darunter litt, dass ein treibender Teil ihres Mechanismus’ fehlte. So würde aus dem Team beim großen Wettbewerb in Durban kein Sieg herauszuholen sein. Die Mannschaft konnte nur hoffen, dass ihr Trainer in absehbarer Zeit wieder zur Verfügung stand.

„Morgen ist er wieder dabei!“, redeten sich die Kleineren voller Zuversicht ein.

„Er kommt spätestens bis Ende der Woche wieder“, sagten die Älteren optimistisch.

Milan schwieg. Genau genommen hatte er ja auch keine Ahnung, wie es nun weitergehen würde. Direkt im

Anschluss fuhr er samt Schultasche und nassen Sportklamotten nach Athlone. Zu seinem Entsetzen fand er Stein in einem sehr schlechten Zustand vor. Er lag zusammengekrümmt auf dem Sofa, sein Gesicht farblos und heiß, seine Haare schweißnass. Er hatte heftiges Fieber bekommen, murmelte wirres Zeug und wälzte sich unruhig hin und her. Milan wusste nicht, was er tun sollte. Stein brauchte dringend einen Arzt. Die Wunde war vielleicht infiziert. Egal, was die Ursache war, Milan war nicht mehr in der Lage, Stein zu helfen. Er wandte sich an den einzigen Menschen, der ihm jetzt in den Sinn kam: Dorothy.

Es dauerte nicht lang, bis Milan das kleine Notizbuch in einer der Schreibtischschubladen fand. Es beinhaltete zahlreiche Telefonnummern, manche mit kryptischen Bezeichnungen, die die wahre Identität des Empfängers tarnten. Doch der Name und die Telefonnummer von Dorothy Crowe waren nicht verschlüsselt. An der Vorwahl konnte Milan erkennen, dass sie außerhalb von Kapstadt lebte, vermutlich in einem Ort nicht weit von Fish Hoek, wo sich die beiden getroffen hatten. Während sich Herr Stein hinter ihm weiter auf dem Sofa quälte, rief er die ehemalige Krankenschwester an.

kryptisch *unklar, verschlüsselt*

Die Frau meldete sich mit einer sanften warmen Stimme: „Hallo, wer ist da?"

„Hallo, Frau Crowe. Mein Name ist Milan. Ich rufe aus dem Haus von Kurt Stein an."

Einen Augenblick lang herrschte Schweigen am anderen Ende der Leitung. Dann kam die Frage, mit der Milan bereits gerechnet hatte, leise, atemlos und voller Misstrauen: „Ich kenne Sie nicht. Wer sind Sie?"

„Ich bin ein Schüler von Herrn Stein. Ich war dabei, als er ..." Milan brachte die Worte kaum über die Lippen.

„Er wurde angeschossen, Frau Crowe, es geht ihm nicht gut."

Ein kurzer, heftiger Atemzug verriet Dorothys Überraschung. „Aber er lebt?", fragte sie hoffnungsvoll.

„Ja. Jetzt hat er hohes Fieber und ich mache mir Sorgen. Können Sie kommen? Ich weiß sonst nicht, an wen ich mich wenden soll."

Dorothy versicherte ihm, dass sie sich sofort auf den Weg machen würde, und legte auf. Knapp eine Stunde später klingelte es an der Haustür.

„Wo ist er?", fragte sie und Milan brachte sie zum Sofa.

Dorothy stellte ihre Tasche auf den Couchtisch und legte ihre Hand auf Steins feuchtkalte Stirn. Milan hörte, wie sie seinen Namen flüsterte. Dann machte sie ihre Tasche auf und holte einen kleinen Erste-Hilfe-Kasten hervor. Dem entnahm sie eine Spritze. Sie tauchte die Nadel in ein kleines Gefäß und zog den Kolben zurück. Der Zylinder füllte sich zügig mit einer transparenten Flüssigkeit, die Dorothy kurz darauf in Steins Körper spritzte. Stein hörte sofort auf zu murmeln. Seine krampfhaften Bewegungen ließen nach. Sein Körper entspannte sich.

Jetzt kümmerte sich Dorothy um die Schusswunde. Sie entfernte den Verband und betrachtete kritisch die Wunde. Die Haut war zum Teil aufgegangen und entzündet.

„Geh in sein Zimmer", sagte sie zu Milan. „Hol seinen Nähkasten. Ich muss das hier zunähen."

Milan folgte ihrer Anweisung. Im Schrank unter den Sakkos und Cordjacken hatte Milan einige Kisten gesehen. Zügig kam er ins Wohnzimmer zurück und machte den Nähkasten neben Dorothy auf. Mit präzisen Handgriffen nähte die Krankenschwester die Stelle zu. Dann nahm sie eine Salbe aus ihrer Tasche und schmierte sie großzügig darauf. Die Salbe war knallgrün und glänzend. Auf dem einfachen Etikett stand das Wort „Pferdesalbe". Als könnte sie Milans erstaunten Blick hinter ihrem Rücken spüren, sagte Dorothy zur Erklärung: „Mein Mann ist Tierarzt. Die Salbe wirkt Wunder. Sie unterstützt den Heilungsprozess und reduziert die Schwellung. Die Spritze ist auch von ihm."

Sie verband die eingecremte Stelle mit frischen Mullbinden und deckte Herrn Stein wieder zu. Als sie fertig war, packte sie ihre Sachen in Ruhe zusammen und stand auf.

„Ich komme morgen wieder", sagte sie sachlich. „Die Wunde muss behandelt werden. Sonst bekommt er Nekrose."

Milans starrer Gesichtsausdruck musste sein Unverständnis verraten haben, denn sie fügte erklärend hinzu: „Das Gewebe um die Wunde kann durch Verwesung verfallen. Das wäre an der Stelle sehr gefährlich. Sie liegt unmittelbar an den lebenswichtigen Organen. Es ist erstaunlich, dass er überhaupt noch lebt. Wenn ich die Wunde jeden Tag behandele, stehen seine Chancen gut."

Sie musterte Milan fragend, als wäre ihr gerade etwas eingefallen. „Wer hat die Patrone entfernt?", fragte sie besorgt.

„Ein Bekannter von ihm", erwiderte Milan.

„Und du? Warum warst du überhaupt dabei?"

Milan verzog das Gesicht. „Ist eine lange Geschichte", wich er aus.

„Du willst nicht darüber reden?", schlussfolgerte Dorothy kopfnickend und lächelte. Sie deutete auf Stein. „Du bist genau wie er."

Bevor Dorothy ging, suchten sie gemeinsam die Wohnung nach einem Zweitschlüssel ab, damit sie freien Zugang zum Haus haben konnte. Sie fanden ihn in einer Dose in der Küche. Dann verabschiedete sich Dorothy. Stein schlief weiter. Von dem Besuch seiner großen Liebe hatte er nicht das Geringste mitbekommen.

Während der restlichen Woche besuchte Milan Herrn Stein jeden Tag nach der Schule. Er blieb bei ihm bis spät in die Nacht, dann fuhr er nach Hause, um zu schlafen. Zu seinem großen Erstaunen stellte seine Mutter keine unangenehmen Fragen. Ab und zu erkundigte sie sich nach Zeni. Milan erzählte ihr irgendeine Geschichte, aber die Wahrheit war, er ging Zeni aus dem Weg. Er wusste, was sie zu seiner Situation sagen würde. Sie wäre entsetzt, würde ihm Vorwürfe machen, auf ihn einreden. Vielleicht würde sie sogar zur Polizei gehen. Aber das wollte Milan nicht. Seit dem kurzen Telefonat am Sonntagnachmittag hatte er sich überhaupt nicht mehr bei ihr gemeldet. Er wusste nicht, was er ihr hätte sagen sollen. Er hoffte nur, dass sie genug Geduld haben würde, bis die ganze Sache endlich vorbei war.

Herrn Stein ging es von Tag zu Tag ein bisschen besser. Bereits am Tag nach Dorothys erstem Besuch war das Fieber gesunken und der Lehrer kam allmählich wieder zu sich, deutlich geschwächt, aber am Leben. Nach und nach wurde die Schusswunde unter Herrn Steins Rippen immer dunkler. Die Schwellung ließ allmählich nach und die Haut wurde hart und zäh. Herr Stein blieb bettlägerig und war nach wie vor vollkommen auf Milan angewiesen. Der Junge kochte für ihn, kaufte Lebensmittel ein, leerte die improvisierte Bettpfanne, die jetzt rund um die Uhr neben dem Sofa stand, und versorgte ihn täglich mit der Zeitung. Obwohl sich die jeweiligen Besuche von Milan und Dorothy nie überschnitten, konnte Milan immer sehen, wenn Dorothy vorbeigekommen war und Stein behandelt hatte.

Ihre Besuche zeichneten sich außerdem in Herrn Steins Gemütslage ab. Nach einer Visite seiner ehemaligen Freundin leuchteten seine Augen und er war in einer deutlich besseren Verfassung. Er sprach über sie in den höchsten Tönen.

Das vereitelte Attentat auf Paul Kruger war natürlich auch das Thema der Woche in den südafrikanischen Medien. Zuerst hatte Kruger sich der Öffentlichkeit ferngehalten, doch dann konnte er scheinbar dem Reiz seines plötzlichen Ruhmes nicht widerstehen. Schließlich war er der Mann, der den Apartheid-Killer aller Wahrscheinlichkeit nach in die Flucht geschlagen hatte.

Da Herr Stein keinen Fernseher besaß, schaute Milan die Nachrichten jede Nacht zu Hause. Dort sah er Paul Kruger zum ersten Mal wieder, nur wenige Tage nach dem schrecklichen Vorfall. Der Mann strotzte vor Stolz. Sein Auftritt in den Medien veränderte die Stimmung im Land. Die heimliche Akzeptanz der mörderischen Aktivitäten des Apartheid-Killers wandelte sich in Entsetzen und Empörung über seine Arroganz und seinen Größenwahn. Kruger appellierte an die Humanität der Bevölkerung und es gelang ihm ein brillanter Schachzug, indem er sein Versäumnis in der Vergangenheit einräumte.

„Ich bin nicht unschuldig", sagte der ehemalige Geschäftsmann in einer Pressekonferenz, die er im Kapstadter Rathaus abhielt. „Ich hätte damals auch etwas gegen den Apartheidstaat unternehmen können. Ich gebe es ehrlich zu: Ich war zu feige. Ich hatte eine Frau, Kinder, einen Job. Ja, mein Leben war gut. Besser als das Leben meiner schwarzen Landsleute. Heute schäme ich mich dafür. Ich wünschte, dass ich damals mehr getan hätte, aber ich hatte Angst. Vor dem Knast, vor der Folter, vor der Möglichkeit, meine Familie zu verlieren. Wir hatten alle Angst.

So funktioniert letztendlich ein Polizeistaat. Den Mund halten, Kopf runter und durch, das war mein Lebensmotto. Ich kann jetzt zugeben, dass ich damals das System unterstützt habe, indem ich einfach stillgehalten und nichts dagegen unternommen habe. Wie Millionen andere Menschen auch. Wie die ganze Welt sogar. Aber berechtigt dies wirklich einen selbst ernannten Richter dazu, mich zu töten?“

Bei der Pressekonferenz schaute er direkt in die Kamera und war sichtlich gerührt. Seine Augen leuchteten emotionsgeladen.

„Ich habe damals nichts Falsches getan. Ich habe kein Verbrechen begangen. Meine einzige Sünde war meine Hautfarbe und die Tatsache, dass ich damals die Faust nicht erhoben habe. Es kann sein, dass es ohne Leute wie mich auch keine Apartheid gegeben hätte – das kann ich nicht beurteilen –, aber ich habe sie mir nicht selbst ausgedacht.“

Es wurde eine Nahaufnahme von Krugers gefalteten Händen gezeigt. Er presste seine Finger fest aneinander, als ob ihn seine Erinnerung viel Kraft kostete. Seine Knöchel waren blutleer. Es sah fast aus, als ob er betete.

„Der Apartheid-Killer interessiert sich nicht für die Wahrheit“, fuhr er mit einer gequälten Grimasse fort. „Er will Blut sehen. Er glaubt, dass er mit dem Blut unschuldiger Menschen alles wiedergutmachen kann. Aber die Rechnung geht nicht auf. Blut fordert nicht Blut. Blut fordert Frieden. Der Apartheid-Killer hat ein eigenes Universum erfunden. Es existiert nur in seinem Kopf. Dort, wo *er* die Gesetze macht. Wir, als ehrliche Bürger dieses Landes, dürfen seine Gesetzlosigkeit nicht einfach hinnehmen. Wir müssen den Apartheid-Killer so sehen, wie er ist: als einen kranken Mann, einen Menschen, der die Welt durch seine gestörten Augen wahrnimmt. Ich habe auf den Apartheid-Killer geschossen, weil es an der Zeit ist, ihm einen Strich durch die Rechnung zu machen. Seine kaltblütigen Morde müssen verhindert werden. Meine Kugel traf ihn hier." Er schlug sich dramatisch unter die Rippen. „Es ist sehr unwahrscheinlich, dass er noch lebt. Das können wir nur hoffen. Wir alle. Für unser ganzes Land. Ich glaube, ich kann mit Zuversicht sagen, dass wir nie wieder etwas vom Apartheid-Killer hören werden."

Manche Leute im Publikum applaudierten, als Kruger sich erhob und den Saal verließ. In den Medien wurde er wie ein Held gefeiert. Er gewann die Sympathie vieler Südafrikaner und vereinigte das Land gegen die Gewalt. Die breite Masse kam wieder zur Vernunft. Er hatte ihr klargemacht, wie der wahre Weg nach vorne aussah. Seine Kugel hatte einen Teufel aus der Welt geschafft.

Erstaunlicherweise schien die einseitige Berichterstattung über Paul Krugers Befreiungsschlag Herrn Stein nicht zu stören. Zumindest erweckte er diesen Eindruck bei Milan. Er war sogar der Meinung, dass es besser war, wenn die Polizei ihn für tot hielt. Außerdem hatte er die Morde nicht begangen, um den Menschen zu gefallen. Er war kein Populist. Er war von seinem Handeln überzeugt und hatte es für sich getan.

Bei Herrn Stein zu Hause war es meistens sehr ruhig. Nur gelegentlich fuhr ein Auto vorbei. Passanten gab es kaum. Ab und zu hörte man ein Flugzeug oder das Hupen der Autos auf der fernen Hauptstraße. Jeden Nachmittag kümmerte sich Steins älterer Nachbar pünktlich um seinen Garten und von draußen kam das beruhigende Geräusch von plätscherndem Wasser, während er liebevoll die Blumen bewässerte und trockene Blätter abzupfte. Ansonsten herrschte absolute Stille.

Dennoch klingelte manchmal das Telefon. Wenn Stein dazu in der Lage war, ging er ran. Wenn er schlief oder sich im Badezimmer aufhielt, nahm Milan den Anruf entgegen. Zunächst legten die Anrufer stets auf, sobald sie Milans fremde Stimme hörten. Später lauschten sie, abwartend. Milan hörte das Atmen am anderen Ende der Leitung und war sich nie sicher, ob es sich um einen Mann oder eine Frau handelte. Er versuchte, die anonymen Anrufer zum Sprechen zu bringen, doch sie gingen nie darauf ein.

Nur einmal traute sich einer der Anrufer, Milan anzusprechen: „Gib mir Stein", forderte der Mann in barschem Ton, ohne Bitte, Danke oder Auf Wiederhören zu sagen.

Das Klingeln hatte Stein geweckt. Milan ging zum Sofa und drückte ihm den Hörer in die Hand.

„Hallo?", sagte Stein knapp, und für das restliche Gespräch kamen ihm nur wenige Worte über die Lippen. Er grunzte seine Zustimmung, murmelte „alles klar" und „genau", mehr sagte er nicht. Es war offensichtlich, dass er nicht mit dem Anrufer in Milans Anwesenheit sprechen wollte.

Jeden Tag holte Milan auch Herrn Steins Post aus dem Briefkasten und brachte sie ins Haus. Mitte der Woche entdeckte er einen Brief, der vom Groote-Schuur-Krankenhaus geschickt wurde. Auf dem Umschlag stand das Wort „dringend".

Stein schlief. Milan ging in die Küche und machte den Umschlag auf. Als er den Inhalt las, wurde seine Kehle trocken. Der Brief war kurz und auf den Punkt gebracht:

*Sehr geehrter Herr Stein,*

*seit Ihrer Diagnose am Groote-Schuur-Krankenhaus im letzten Jahr sind Sie zu keinem der vereinbarten Termine erschienen. Darmkrebs streut sehr schnell. Es ist dringend ratsam, sich einer weiteren Behandlung zu unterziehen. Bitte melden Sie sich umgehend bei uns, um neue Termine zu vereinbaren.*

*Mit freundlichen Grüßen*
*Dr. Ismail Bajani*

Milan traute seinen Augen kaum. Stein war krebskrank. Das hatte er also gemeint, als er sagte, er habe nur wenig Zeit. Das war der Motor hinter seiner Entschlossenheit. Seine Zeit ging allmählich zu Ende. Er hatte nichts mehr zu verlieren.

Als Stein wieder wach wurde, drückte ihm Milan den Brief in die Hand. „Wenn Sie wieder auf den Beinen sind, sollten Sie unbedingt ins Krankenhaus gehen“, sagte der Schüler entschieden.

Stein warf nur einen kurzen Blick auf den Brief, dann schaute er aus dem Spalt zwischen den Vorhängen hinaus. Im Nebengarten schnitt sein Nachbar gerade die Hecke zurück.

„Ich werde nicht zur Weiterbehandlung gehen“, beharrte er. „Ich bin bereit zu sterben.“

Milan war entsetzt. „Und warum lassen Sie sich dann von mir und Dorothy pflegen?“, rief er wütend. „Das könnten wir uns echt sparen, finden Sie nicht?“

Stein blieb ruhig. „Ich habe noch etwas zu erledigen, bevor ich gehe.“

Milan lief im Zimmer auf und ab. „Wenn ich Sie an die Polizei übergebe, kommen Sie automatisch in Behandlung“, fiel ihm eine Lösung ein. „Die Behörden würden Sie nicht einfach im Knast sterben lassen.“

Stein nickte zustimmend und deutete auf das Telefon. „Bitte schön. Ein Anruf genügt.“

Milan und Stein starrten sich herausfordernd an. Für Milan stellte die Nachricht aus dem Krankenhaus alles in ein neues Licht. Aber als er in die Augen seines Geschichtslehrers blickte, wurde ihm in aller Härte bewusst, dass Stein nicht gerettet werden wollte. Die Fortsetzung seines Lebens wäre für ihn eine Qual, eine Last. Er hatte sich längst verabschiedet.

„Echt seltsam, das mit Herrn Stein“, meinte Alexander am Freitagabend, als die Drachenbootmannschaft zum zweiten Mal in dieser Woche ohne ihren Lehrer trainierte. „Frau Hachtel weiß immer noch nicht, wann er wiederkommt.“

Das Training war vorbei, ein Großteil der Mannschaft war schon nach Hause gegangen, nur Alexander und Milan befanden sich noch im Bootshaus, das für sie wie ein zweites Zuhause war. Die optimistischen Voraussagen der Kleineren hatten sich als unwahr herausgestellt. Die Stimmung unter den Teamkameraden war wieder schlecht, die Hoffnung auf einen Sieg in Durban schwand. Nichts, was Milan oder Alexander unternahmen, konnte sie aus ihrer trostlosen Stimmung herausreißen.

Milan zuckte mit den Achseln. „Ach, wahrscheinlich steht er Montag wieder auf der Matte.“

„Ich habe Frau Hachtel nach Steins Privatadresse gefragt“, erzählte Alex beiläufig. „Sie hat sie mir gegeben. Ich dachte, wir könnten mal bei ihm vorbeischauen.“

Milan zuckte unwillkürlich zusammen und erstarrte. „Ich glaube, das ist keine gute Idee“, hauchte er und schaute seinen Freund an, um zu überprüfen, ob er es wirklich ernst meinte.

„Warum nicht?“, widersprach Alexander. „Frau Hachtel weiß auch nicht richtig, ob er Familie hat. Vielleicht kümmert sich keiner um ihn. Er freut sich bestimmt, wenn wir ihn besuchen.“ Dann fügte er mit einem schiefen Grinsen hinzu: „Außerdem würde ich gerne sehen, wo er wohnt. Kennst du die Gemini Road?“

Milan packte das letzte Paddel ins Regal und drehte sich schwungvoll um. „Nein“, erwiderte er knapp und ging auf Steins Schreibtisch zu, der in der Ecke des Bootshauses stand.

Alexander zuckte mit den Schultern. „Na ja. Ich schau mal im Stadtplan nach.“

Milan konnte seinem Freund nicht in die Augen sehen. Mit dem Rücken zu ihm gekehrt, zischte er: „Ich glaube wirklich nicht, dass das eine gute Idee ist. Frau Hachtel hat kein Recht, die Privatadressen von Lehrern herauszugeben.“

„Wovon redest du?“ Alexander lachte ungläubig und legte die Stirn in Falten. „Sie hat sie doch nicht irgendjemandem gegeben. Sie hat sie *uns* gegeben.“

„Trotzdem“, beharrte Milan.

„Dann fahre ich eben allein hin“, folgerte Alexander lässig. „Wer weiß, vielleicht hockt er in seiner Bude mit einem kaputten Bein und kommt nicht ans Telefon.“

„Unwahrscheinlich“, murmelte Milan und suchte auf dem Schreibtisch nach den Bewerbungsunterlagen für Durban. Stein hatte ihn gebeten, die Anmeldung noch mal telefonisch zu bestätigen.

Schließlich ließ Alexander nach. „Na ja. Vielleicht überlegst du es dir ja noch anders. Ich glaube, Stein würde sich sehr freuen.“

Milan schüttelte den Kopf. „Nein danke. Das kommt mir komisch vor. Es ist zu ...“ – er suchte nach dem passenden Wort – „... zu privat.“

Alexander nickte verständnisvoll. „Na ja. Wie du willst."

Insgeheim hoffte Milan, dass er Alexander von seiner Idee abgebracht hatte, aber er war sich nicht sicher. Nachdem sie im Bootshaus fertig waren, verabschiedeten sie sich und gingen getrennte Wege. Alexander fuhr nach Hause. Milan behauptete, dass er nach Khayelitsha wollte, machte sich aber auf den Weg nach Athlone. Er wollte Herrn Stein vor dem möglichen Besuch von Alexander warnen. Allerdings schien diese Eventualität den Lehrer wenig zu stören.

„Dann wird er eben sehen, dass ich wirklich krank bin", folgerte er unbeeindruckt und widmete sich wieder seiner Tageszeitung.

An diesem Abend nahm Milan einen seltsamen Anruf entgegen. Dorothy war zur gleichen Zeit bei Herrn Stein zu Besuch. Zusammen hatten sie ihm ins Badezimmer geholfen, damit er sich zum ersten Mal duschen konnte. Herr Stein hatte seit dem Überfall im Hotel seine Kleider nicht mehr gewechselt und im Laufe der Woche fing er an zu riechen. Dorothy blieb bei ihrem Patienten im Bad, während Milan das Abendessen in der Küche vorbereitete. Dann klingelte das Telefon.

Ohne zu zögern, ging Milan ran. Eigentlich hatte er erwartet, dass der Anrufer wieder schweigen würde, sobald er seine Stimme hörte, doch diesmal war es anders.

„Du bist Milan, nicht wahr?", fragte der Fremde, dessen kratzige Stimme Milan von einem früheren Anruf wiedererkannte.

„Ja, das bin ich."

„Kurt hat mir von dir erzählt. Du bist ein guter Junge. Ist der Chef zu sprechen?", fragte er, ohne seinen Namen zu nennen.

„Nein“, antwortete Milan. „Er ist gerade im Bad.“

„Das ist schlecht“, die Stimme klang enttäuscht. „Kannst du etwas aufschreiben? Ich habe nicht viel Zeit.“

Milan eilte ins Wohnzimmer, zu der Nische, in der sich der Schreibtisch von Herrn Stein befand. Dort nahm er einen Stift in die Hand und zog einen Zettel hervor. „O. k.“

„Sag Kurt, dass ich fündig geworden bin. Er hatte eine Anfrage über einen gewissen Charles Kumalo gestartet. Schreib den Namen auf.“

„Charles Kumalo?“, Milan hielt erschrocken inne.

„Ja“, erwiderte der Anrufer. „K-U-M-A-L-O.“ Er buchstabierte den Namen und fügte sarkastisch hinzu: „Du weißt sicherlich, wie sich ‚Charles‘ schreibt?“

Das Blut in seinen Adern schien zu gefrieren. Mit zittrigen Fingern notierte Milan den Namen, der ihm bereits so bekannt war. Charles Kumalo. Zenis verstorbener Vater.

„Ich habe mit dem damaligen Gerichtsmediziner gesprochen“, fuhr der anonyme Anrufer sachlich fort. „Er hat zugegeben, dass Kumalo hinterrücks erschossen wurde. Die Kugel stammte aus einer Polizeiwaffe. Das ist wichtig. Das musst du Kurt sagen. Sieht aus, als wäre er von seinen eigenen Leuten umgelegt worden. Ich habe jemanden gefunden, der bei der Razzia dabei war. Ein Exbulle. Vielleicht weiß er mehr. Den Namen musst du Kurt geben: Smith. Alfred Smith.“ Der Anrufer legte eine Pause ein. „Die Adresse ist Hout Bay Road, Hausnummer 145. Hast du das notiert, Junge?“

Milan klemmte das Telefon zwischen Ohr und Schulter und schrieb eifrig den Namen des ehemaligen Polizisten und seine Anschrift auf. Die Hout Bay Road kannte er.

„Ich habe alles notiert“, bestätigte Milan mit leicht bebender Stimme.

„Gut. Gib die Infos an Kurt“, befahl der Anrufer barsch. „Frag ihn, ob er will, dass ich bei diesem Smith vorbeischaue. Er soll sich bei mir melden.“ Dann fügte er vorsichtshalber hinzu: „Und du behältst die ganze Sache für dich, ist das klar?“

Milan schluckte schwer. „Ja klar.“

„Dann mach's gut, Junge. Sieh zu, dass dein Lehrer bald wieder auf die Beine kommt.“

Dann legte der anonyme Anrufer auf. Milan starrte auf die Adresse. Alfred Smith. 145 Hout Bay Road. Einer der Männer, die Zenis Vater als letzte lebend gesehen hatten. Im Badezimmer hörte Milan die Stimmen von Dorothy und Herrn Stein. Sie lachten miteinander wie zwei kleine Kinder. Ohne zu zögern, schnappte Milan seinen Helm und verließ eilig das Haus. Auf dem Weg nach Hout Bay würde er einen Abstecher zu sich nach Hause machen, um die 9mm-Pistole aus seinem CD-Regal zu holen.

# Alfred Smith

Das Haus von Alfred Smith schmiegte sich an die lange kurvenreiche Straße, die sich durch die Berge zwischen dem hübschen Küstenort namens Hout Bay und dem südlichen Vorort Constantia schlängelte. Es lag eingebettet in einen weiten Wald aus gewaltigen Eukalyptusbäumen und Pinien, dunkel und isoliert. Das Haus war umsäumt von dichten Hecken, die einen Blick auf das Grundstück versperrten.

Bevor Milan am Außentor klingelte, holte er tief Luft und sammelte sich. Er zog die rote Schürze zurecht, die er sich um die Hüfte gebunden hatte. Der Firmenname seiner Mutter stand in gelben Buchstaben darauf: *Rent-a-Plant*. In der linken Hand trug er einen Strauch Königsproteas, der in einen blauen Keramiktopf gepflanzt war. Die kegelförmigen Zuckerbüsche mit ihren behaarten Blüten in Weiß, Gelb und Rot waren die Wappenblumen Südafrikas. Passend ausgewählt, wie Milan fand. Mit der rechten Hand überprüfte er den Revolver, den er unter seinem Hemd hinten in der Hose trug. Das Magazin war geladen, die Waffe gesichert.

Milan positionierte sich vor der Sprechanlage, damit die kleine Kamera die Schrift auf der Schürze gut lesen konnte. Dann klingelte er.

Es dauerte nicht lang, bis eine Stimme über die Sprechanlage ertönte. „Ja?“, fragte der Hauseigentümer. Er hörte sich überrascht und ziemlich angespannt an.

Milan räusperte sich und setzte ein bemühtes Lächeln für die Kamera auf. „Hallo, Herr Smith? Herr Alfred Smith? Ich habe eine Lieferung für Sie.“

Zunächst kam keine Antwort. Milan blickte freundlich in die Kamera und stellte sich vor, wie Alfred Smith ihn auf dem kleinen Bildschirm kritisch betrachtete. Milan sah nicht aus wie einer der üblichen Kleinkriminellen.

Um seine Unaufdringlichkeit zu unterstreichen, fügte Milan entschuldigend hinzu: „Wenn es Ihnen gerade nicht passt, kann ich ein anderes Mal wiederkommen."

Er drehte sich halb von der Kamera weg, um den Anschein zu erwecken, als wollte er gehen, doch da erklang wieder die kauzige Stimme aus der Sprechanlage: „Komm rein!"

Das kurze Brummen sagte Milan, dass Smith das Tor geöffnet hatte. Milan drückte dagegen und betrat das Grundstück. Beim ersten Anblick fiel ihm die Ironie seines Mitbringsels auf. Der wunderschöne Garten, der das Haus rundherum schmückte, war mit einer Vielzahl von Bonsaibäumen bestückt. Die japanischen Miniaturbäume standen in Schalen auf Tischen und Bänken oder in einem Ensemble vor einer bemalten Wand, auf der eine asiatische Landschaft abgebildet war. Milan staunte über die präzise beschnittenen Bäumchen, in denen offenbar eine Menge Arbeit steckte. Hier war mehr als nur ein leidenschaftliches Hobby zur Schau gestellt. Das hier war ein Lebenswerk.

Bevor Milan die Haustür erreicht hatte, ging sie auf und ein Mann trat auf die Türschwelle. Alfred Smith war eine bemitleidenswerte Erscheinung. Er sah ausgezehrt und abgespannt aus, seine Kleider hingen an seinem mageren Körper, als wären darunter kaum mehr als nur Knochen. Sein Gesicht war hager und blass, sein Schädel glatt rasiert. Sein schwarzes Polohemd, dessen Kragen hochgeschlagen war, war voller Flecken. Milan eilte den Gartenweg entlang und blieb vor dem pensionierten Polizisten stehen.

„Guten Tag, Herr Smith!", begrüßte er ihn freundlich. „Das hier ist für Sie. Ein Geschenk von Kollegen aus dem Präsidium. Eine Königsprotea."

Milan überreichte dem etwas verwunderten Smith die schöne Protea.

„Ja, ähm ... Vielen Dank“, stammelte der Empfänger leicht überfordert.

Als Milan die Pflanze los war, griff seine Hand automatisch nach der Waffe an seinem Rücken. Angesichts der verwahrlosten Gestalt vor ihm bekam es der Junge mit der Angst zu tun. Alfred Smith sah bedrohlich aus.

„Herr Smith, es gibt etwas, das ich Sie fragen muss“, fing Milan vorsichtig an. Smith schaute von den rötlichen Blättern der Protea hoch und starrte den Jungen mit einem verwunderten Blick an. „Anfang der 90er waren Sie noch bei der Polizei tätig“, fuhr er fort. „Ich wollte Sie etwas über einen ehemaligen Kollegen von Ihnen fragen. Einen gewissen Charles Kumalo.“

Als Milan den Namen sagte, schlang er die Finger seiner rechten Hand um den geschmeidigen Griff der Pistole und machte sich darauf gefasst, die Waffe zu ziehen. Doch Smith zuckte nicht mal mit der Wimper.

„Die Knarre brauchst du hier nicht“, sagte er stattdessen und blieb vollkommen ruhig. „Willst du nicht lieber reinkommen?“

Smith kehrte Milan den Rücken zu und ging vor ihm ins Haus. Milan blieb vor der Haustür stehen und schaute dem Hausbesitzer fassungslos hinterher. Zuerst wusste er nicht, wie er reagieren sollte. Doch eine Sache beunruhigte Milan noch mehr als Smiths scharfer Blick: dass der Expolizist jetzt außer Sichtweite war. Es könnte eine Falle sein.

Milan zog die Waffe hervor und trat in den dunklen Hausflur. Er schaute sich nervös um. Smith war im Nebenraum zu hören. Er machte eine Getränkedose auf und stieß einen müden Seufzer hervor. Milan umfasste die Waffe mit beiden Händen und rückte langsam im Hausflur vor. Als er die nächste Tür erreichte, sah er, dass er sich geirrt hatte. Es war keine Falle. Smith saß auf dem Sofa, eine Bierdose in der Hand, und starrte abwesend aus dem Fenster. Milan betrat den Raum und überprüfte die Lage. Das Wohnzimmer war geschmackvoll ausgestattet und – passend zu den Bonsais draußen – im asiatischen Stil gehalten. Das Haus wirkte sauber und ordentlich und stand im starken Kontrast zu dem verwahrlosten Eindruck, den Alfred Smith selbst machte. Auf dem Couchtisch vor ihm lag ein Haufen leerer Bierdosen, zum Teil platt gedrückt.

„Ich habe gesagt, lass die Waffe stecken, Kumpel", wiederholte Smith und es fiel Milan auf, dass er lallte. „Ich will nicht, dass du mir aus Versehen den Kopf abschießt." Er klopfte auf die Stelle neben sich auf dem Sofa und winkte den Jungen zu sich. „Jetzt setzt dich mal hin und sag mir, was zum Teufel jemand wie du mit Charlie Kumalo zu tun hat."

Milan rührte sich nicht von der Stelle. Er schaute von Smith zum Nebenraum, der durch eine offene Flügeltür zu sehen und ebenfalls geschmackvoll eingerichtet war. Dort stand ein großer Esstisch mit vier Stühlen. Auf dem Tisch standen zwei Bierkisten.

„Meine Frau ist letzte Woche gestorben", sagte Smith zur Erklärung. „Schöner Scheiß!"

Er ließ den Kopf hängen, als hätte er kaum noch Kontrolle über seinen Körper. Er war sturzbetrunken. „Jetzt spuck's aus, Kumpel!", zischte er und hob wieder den Kopf. „Was willst du über Charlie wissen?"

Milan steckte langsam die Waffe weg. Der betrunkene Mann war ungefährlich. Auch sein rauer Ton war frei von Aggression. Er tat Milan eher leid.

Der Junge ließ sich auf einem der Sessel nieder und sagte: „Meine Freundin ist die Tochter von Charles Kumalo."

Auch diese Information schien Smith nicht zu überraschen. Er nippte an seinem Bier. „Wie alt ist sie jetzt? Sechzehn? Siebzehn? Kommt ungefähr hin. Seine Frau war damals schwanger, als Charlie starb."

„Er wurde bei einer Razzia erschossen", stimmte ihm Milan zu. „In den Rücken."

Zum ersten Mal flackerte etwas in Smiths trüben Augen auf. Er musterte Milan überrascht. „Woher weißt du das?"

Milan überlegte, mit offenen Karten zu spielen, doch er entschied sich dagegen. „Das ist nicht wichtig." Er hielt kurz inne. „Ich weiß auch, dass Sie dabei waren."

Smith nickte. „Das stimmt. Du bist gut informiert." Er lehnte sich auf dem Sofa zurück und verlor sich einen Augenblick lang in seinen eigenen Gedanken. „Netter Kerl war das, der Charlie. Einer der Guten. Fleißig, intelligent, humorvoll. Ein exzellenter Polizist." Smith starrte vor sich hin und hielt seine Bierdose mit beiden Händen fest. „Wenn er sich nur aus der ganzen Scheiße herausgehalten hätte, dann hätte deine Freundin heute noch einen Vater."

Er schaute Milan aus traurigen Augen an.

„Wie meinen Sie das?", fragte der Junge nach. „Aus was hätte er sich heraushalten sollen?"

Smith sprach in abgehackten Sätzen, als würde seine Geschichte aus Tausenden Puzzlestücken bestehen. „Es waren damals verdammt schwierige Zeiten, das vergisst man schon manchmal. Zu Beginn der 90er. Nichts mit neuem Anfang, das Land befand sich im Kriegszustand. Nach der Entlassung von Nelson Mandela hatten wir alle Schiss. Die Staatssicherheit war nervös. Die Polizei auch. Die ganzen Politiker ließen uns im Stich. Es gab Akten, Protokolle, Informationen, die das Leben vieler Menschen hätten schwer machen können. Wir bekamen den Befehl, belastendes Material zu vernichten. Peter Kriel und ich.

Nur wir zwei. Wir waren die zuständigen Offiziere. Es wäre echt besser gewesen, wenn wir es einfach unter uns ausgemacht hätten, aber Charlie war schwer in Ordnung und hat uns dabei geholfen."

Smith legte eine Pause ein und schaute nachdenklich aus dem Fenster. Draußen sammelte sich eine Gruppe bunter Finken um ein Vogelhaus.

„Pete und ich sortierten die Akten hier in der Stadt aus. Besonders die alten Sachen. Charlie fuhr sie zu einer Farm auf dem Land. Dort hat er alles verbrannt, egal ob es belastend war oder nicht. Das war so viel Zeug, wir hatten überhaupt keinen Überblick. Und dann hat Charlie Scheiße gebaut." Smith hielt plötzlich inne, als wäre er zum schwierigsten Teil seiner Geschichte gekommen. Er schüttelte enttäuscht den Kopf. „Es muss Zufall gewesen sein. Keine Ahnung. Charlie hätte nie alles durchlesen können. Das wäre unmöglich gewesen. Es war Glück. Oder Pech. Wäre besser für ihn gewesen, wenn es nie passiert wäre. Er fand den Obduktionsbericht von Robert Zangwa. Schöner Scheiß. Er hätte ihn direkt verbrennen sollen, verdammter Idiot! Aber nein ..." Smith verzog unappetitlich das Gesicht und wandte sich fragend an Milan. „Sagt dir der Name Zangwa was?"

Milan hatte den Namen noch nie gehört. Er gab Smith dies mit einem knappen Kopfschütteln zu erkennen. Smith verzog wieder das Gesicht. „Solltest du aber. Zangwa war der Mädchenname von Charlies Frau." Smith beugte sich nach vorne und schaute Milan durchdringend an. „Verstehst du? Robert Zangwa war Charlies Schwiegervater. Der Vater seiner Frau."

Milan runzelte verwirrt die Stirn. „Zenis Großvater? Der Typ, der in Polizeigewahrsam starb?"

„Genau. Er hatte Selbstmord begangen", bestätigte Smith und fügte vielsagend hinzu: „offiziell."

„Und inoffiziell?“, fragte Milan atemlos.

Smith grinste schief. „Das stand im Obduktionsbericht. Er war zu Tode geprügelt worden.“

Milan schnappte erschrocken nach Luft.

Smith klärte ihn weiter auf: „Und im Obduktionsbericht stand auch, wer Robert Zangwa verhört hatte. Ein junger Mann. Sein erster großer Einsatz. Peter Kriel. Seine Kollegen haben ihm unsere Verhörmethoden beigebracht, aber er war offensichtlich zu weit gegangen. Nicht zum letzten Mal.“

Smith leerte seine Bierdose, als wollte er die unangenehme Erinnerung wegspülen.

Milan senkte seinen Kopf und dachte fieberhaft nach. Zenis Großvater wurde von Peter Kriel getötet, Kriel hatte die Sache vertuscht und zwanzig Jahre später stößt Zenis Vater auf den Obduktionsbericht. Musste er dafür sterben?

„Was ist dann passiert?“, fragte Milan, jetzt wollte er die ganze Wahrheit wissen.

„Charlie ist völlig ausgerastet“, setzte Smith seinen Bericht fort. „Er kam zum Präsidium zurück und stellte Pete zur Rede. Das war dumm von ihm. Er dachte, nur weil er im Polizeipräsidium war, konnte ihm nichts passieren. Aber er hatte sich geirrt. Mandela war schon frei, klar, aber so schnell änderten sich die Dinge nicht. Charlie hat Pete völlig unterschätzt. Und Pete war nicht gerade heiß auf die Idee, nach dreißig Jahren im Dienst in den Knast zu kommen.“

„Er hätte später vor der Wahrheitskommission aussagen können“, sagte Milan. „Er hätte dafür Amnestie bekommen.“

Smith lachte über Milans Naivität. „Pete vor der Wahrheitskommission? Ausgeschlossen. Außerdem wussten wir damals nichts davon. Man sprach schon darüber. Jedem war klar, dass wir irgendetwas brauchten, um uns zu schützen. Aber damals war alles noch ungewiss. Ich konnte Pete schon verstehen. Er hatte einfach Schiss, richtig Schiss."

„Und was ist dann passiert?", hakte Milan nach.

„Es gab einen Riesenstreit. In unserem Büro. Zwischen Pete und Charlie. Ich kann mich genau daran erinnern. Als wäre es gestern gewesen. Ein paar Kollegen und ich standen herum und schauten zu. Ich kannte die ganze Geschichte mit Zangwa nicht, aber sie überraschte mich auch nicht, wenn ich ehrlich bin. Pete war ein brutaler Typ. Wir hatten alle Angst vor ihm." Smith machte die Augen kurz zu, als müsste er sich anstrengen, um zum Ende der Geschichte zu kommen. „Mitten im Streit zog Kumalo seine Waffe und wollte Pete verhaften. Wegen Behinderung der Justiz oder so. Ich glaube nicht, dass er die Waffe benutzt hätte, aber das Ding ist kein Spielzeug, ja. Ein Kollege versuchte, Charlie zu beruhigen. Der drehte sich kurz um, um mit Harry zu reden, Pete zog seine Dienstwaffe und schoss. Selbstverteidigung hat er gesagt."

„Die Geschichte mit der Razzia war nur eine Vertuschung?", schlussfolgerte Milan.

Smith nickte beeindruckt. „Ja klar. Wir standen alle da wie die Idioten und dachten, was machen wir jetzt? Schwarzer Bulle von weißen Kollegen getötet – da wäre die Hölle los gewesen. Einer von uns kam auf die Idee mit der Razzia. Wir machten einen spontanen Besuch bei unseren Freunden, ein paar Dealern in Langa. Dabei haben wir einen Schusswechsel provoziert." Smith zeigte sich selbst einen Vogel. „Stell dir das vor, wir sind mit einem Toten im Kofferraum zu einer Razzia gefahren, dann haben wir rumgeballert wie die Irren, und als Verstärkung kam, lag Kumalo bereits auf dem Boden. Der Typ ist wie ein Held gestorben."

Smith zerdrückte seine leere Bierdose in der Hand. Er stand auf, um Nachschub vom Nebenraum zu holen. Milan wartete im Sessel und schaute den Finken zu, die noch immer draußen um das Vogelhaus versammelt waren.

„Lebt dieser Peter Kriel noch?“, fragte er nach einer Weile.

„Ja, ja“, hauchte Smith ernüchtert und kam mit einer neuen Bierdose ins Zimmer zurück. „Pete geht es gut. Pete ging es immer gut. Er ist nicht so wie ich. Er trinkt nur Tee.“

Er machte die Dose auf.

„Sie müssen gegen ihn aussagen“, sagte Milan entschlossen.

Smith lachte abfällig. „Aussagen? Gegen Pete? Du verstehst das nicht. Gegen einen wie Pete sagt man nicht aus. Es sei denn, man ist lebensmüde.“

Milan schwieg und versuchte, sich ein Bild von Peter Kriel zu machen, dem Mann, der Zenis Vater und ihren Großvater ermordet hatte. Irgendwo lief er frei herum. Er hatte sein Haus, seine Familie, seine Pension, so wie Alfred Smith. Für sein Verbrechen hatte er nie bezahlt. Außerdem waren Zenis Verwandte vermutlich nicht die Einzigen, die ihm zum Opfer gefallen waren. Es gab bestimmt noch andere. Ein Mann wie Peter Kriel tötete nicht nur einmal.

Die Ungerechtigkeit machte Milan wütend. Er hätte Peter Kriel auf der Stelle eine Kugel in den Kopf gejagt.

Zunächst merkte Milan nicht, wie sein Gegenüber ihn anschaute. Es war ein seltsamer, eindringlicher Blick. Smith musterte Milans junges, hübsches Gesicht und sah auf die Waffe, die in seinem Schoß lag.

„Weißt du, was ich an deiner Stelle machen würde?“, fragte er mit einer leisen Stimme, die Milan einen Schauer über den Rücken laufen ließ. „Ich würde das tun, was der

Apartheid-Killer getan hätte. Ich würde Peter Kriel umbringen."

Milan schaute Smith erschrocken an. „Wie meinen Sie das?"

„Ganz einfach. Einen Mann wie Pete kann man nicht vor Gericht bringen. Nein. Für ihn gibt es nur eine Art der Gerechtigkeit: den Tod." Smith lachte in sich hinein. „Alle denken jetzt, dass der Apartheid-Killer tot ist. Man könnte ihnen das Gegenteil beweisen. Das wäre ein Ding! Und weißt du, wo du Kriel finden kannst? Morgen Abend, bei der Neueröffnung des District-Six-Museums."

Milan runzelte die Stirn. Das Museum war seit einigen Monaten wegen Renovierungsarbeiten geschlossen. Die Neueröffnung wurde in den Medien groß angekündigt. Viele Politiker und Prominente waren dazu eingeladen. Es sollte ein großes Ereignis werden.

„Was macht er da?", fragte Milan verblüfft.

„Eine Perversion unserer neuen Gesellschaft", zischte Smith verächtlich. „Pete soll eine Rede halten. Um die ganze Sache von der anderen Seite zu beleuchten. Schließlich war er dabei, als das District Six plattgemacht wurde. Ich habe mir schon überlegt, ob ich ihn nicht selbst erledigen soll. Es kotzt mich an, dass er da oben steht und eine Predigt über die Vergangenheit hält. Ätzend ist das! Pete hat nur eines verdient: eine verdammte Kugel in den Kopf." Smith hielt seine rechte Hand hoch. „Aber weißt du, was mein Problem ist? Ich bin nicht mehr wie früher."

Milan konnte sehen, wie Smiths Hand zitterte. Er senkte den Kopf und murmelte: „Ich bin kein Mörder."

Smith lachte und zeigte auf die Waffe in Milans Hand. „Was machst du dann damit? Du hast sie doch vorher auf mich gerichtet! Du hast nicht gerade ausgesehen, als ob du damit ein Problem hättest."

„Es war nur eine Vorsichtsmaßnahme.“

Smith schnalzte missbilligend mit der Zunge und schaute grübelnd zur Seite. „Es wäre so einfach. Man müsste nur die Waffe vorher ins Gebäude reinschmuggeln und sie verstecken. Die Sicherheitsvorkehrungen werden während der Veranstaltung zu streng sein. Die Waffe muss schon drin sein. Aber das ist nicht das Problem ...“

Mit großen Augen schaute Smith die Königsprotea an, als wäre ihm etwas äußerst Raffiniertes eingefallen. Es arbeitete in ihm.

„Na, das ist eine verdammt gute Idee!“, hauchte er begeistert und wandte sich wieder Milan zu. Seine Augen leuchteten auf. Er starrte mit einem irren Blick auf Milans Schürze. „Die brauchen bestimmt Blumen für die Veranstaltung. Morgen früh reicht aber immer noch. Ja! Damit kommst du rein! Da hält dich keiner auf. Du schlenderst da einfach rein. Dann gehst du auf die Herrentoilette. Du versteckst die Waffe. Im Spülkasten. Oder in der Lüftung. Es gibt immer einen Ort, der groß genug ist, um eine Waffe zu verstecken. So eine, wie du sie in der Hand hast.“ Er zeigte erneut auf die Halbautomatik auf Milans Schoß. „Habe ich schon hundertmal gemacht. Geht ganz einfach. Dann verschwindest du. Später kommst du zur Eröffnung. Und dann machst du das Arschloch kalt.“

Milan runzelte die Stirn. Er war sich nicht sicher, ob Smith über sich selbst oder über ihn sprach.

„Ich kann dir das hier geben“, sagte Smith mit einem schiefen Grinsen und hielt eine Einladung hoch, die auf edles Papier gedruckt war. „Es ist eine große Ehre, zur Eröffnung eingeladen zu sein.“

Milan starrte die Einladung an, antwortete aber nicht. Doch Smith wartete seine Zusage nicht ab.

„Ich würde warten bis zur Pause“, fuhr Smith gedankenverloren fort. „Dann gehst du auf die Toilette. Wie alle anderen auch. Es gibt ein Durcheinander. Die Redner werden sich im Hinterraum aufhalten. Sie trinken dort einen Kaffee oder einen Sekt. Dann holst du die Knarre und stehst parat, wenn das Schwein wieder rauskommt. Die Herrentoilette ist im gleichen Flur. Es kann nichts schiefgehen. Dann ist seine Zeit um.“ Mit seiner rechten Hand formte Smith eine Waffe. Er hob sie hoch, schaute mit einem Auge seinen ausgestreckten Finger entlang und schoss. „Peng!“

„Und dann komme ich in den Knast“, sagte Milan missbilligend.

Smith schüttelte langsam den Kopf und zeigte auf Steins Waffe. „Keine Sorge. Das Ding hat einen Schalldämpfer. Du lässt die Waffe einfach aus der Hand gleiten, drehst dich um und verlässt in aller Ruhe das Gebäude. Bei der Menschenmenge passiert dir nichts. Bis einer gesehen hat, dass jemand auf dem Boden liegt, bist du längst weg.“

Milan musterte Smith. „Warum sagen Sie mir das alles?“

„Weil du hier bist“, antwortete Smith schlicht. „Das ist mehr als nur ein Zufall. Das ist Schicksal.“

Milan stand auf und schüttelte den Kopf. „Nein. Ich bin nur hierhergekommen, um herauszufinden, wer Zenis Vater umgebracht hat“, wehrte er sich. „Jetzt weiß ich es.“

Smith starrte ihn mit glasigen Augen an. „Ja genau. Und? Was machst du jetzt?“

„Nichts!“ Milan drehte sich um und wollte gehen, aber Smith sprang plötzlich vom Sofa auf und packte ihn am Arm.

„Was bist du denn für einer?“, zischte er wütend. „Du kannst nicht einfach hier in mein Haus reinspazieren, mich ausquetschen und dann einfach abhauen! Und was ist mit deiner Freundin? Kriel hat ihr das Wichtigste im Leben geraubt. Er hat ihre Kindheit zerstört. Hat sie nicht auch noch Schwestern? Und du willst ihn einfach laufen lassen? Das glaube ich nicht. Was bist du für ein Waschlappen?!“

Milan versuchte, Smiths Griff abzuschütteln, aber er hielt ihn zu fest.

„Ich will ihn nicht töten“, beharrte Milan, aber seine Stimme wurde schwach.

Smith zog den Jungen schroff an sich. Er starrte ihm eindringlich in die Augen. Sein Gesicht war so nah, Milan konnte den Alkohol in seinem Atem riechen.

„Peter Kriel hat nur eines verdient und das weißt du auch“, zischte er. „Du musst es tun. Das weißt du so gut wie ich!“

Der betrunkene Expolizist ließ schließlich los. Milan stolperte zurück und fing sich. Er schaute ein letztes Mal zu Smith, der zum Sofa zurückstolperte und sich erschöpft darauffallen ließ. Dann stürzte Milan aus dem Haus. Erst als er draußen war, entdeckte er die gedruckte Einladung, die Smith in die Tasche seiner Schürze gesteckt hatte. Zur Neueröffnung des District-Six-Museums. Auf ihr war zu lesen: *Karte gültig für eine Person. Wir freuen uns auf Sie!*

Immer wieder musste Milan an die Worte von Alfred Smith denken: *Es ist mehr als nur ein Zufall. Es ist Schicksal.* In der Tat wirkte die Kette von Ereignissen, die dazu geführt hatte, dass Milan im tadellosen Wohnzimmer von Alfred Smith stand und zum ersten Mal die Wahrheit über den Tod von Zenis Vater und ihrem Großvater hörte, nicht wie ein Zufall. Wie ein Echo hallten Smiths Worte in seinem Kopf wider. *Peter Kriel hat nur eines verdient, und das weißt du auch.* Milan sperrte sich innerlich gegen den Gedanken, so gut er nur konnte.

Er fuhr nach Hause. Wie immer parkte er seine Vespa in der Garage. Dort zog er die Schürze aus und versteckte sie in seiner Tasche, bevor er das Haus betrat. Als er durch die Seitentür ins Wohnzimmer ging, blieb er schlagartig stehen: Zeni saß auf einem Hocker in der Küche, ihren langen geschmeidigen Rücken zu ihm gekehrt, ihre Haare nach hinten gebunden. Auf der anderen Seite der Anrichte saß Milans Mutter.

Sabine blickte über Zenis Schulter und sah ihren Sohn als Erste. „Ach Milan, da bist du ja!", begrüßte sie ihn. „Schau mal, wer hier ist ..."

Milan ging auf die beiden Frauen zu. „Hi, Zeni!", sagte er und bemühte sich, das Gespräch mit Alfred Smith auszublenden und sich normal zu verhalten. Allerdings drückte Steins Pistole, die er noch hinten in der Hose trug, gegen seinen Rücken. „Wie geht's dir?"

Zeni sprang vom Hocker. „Wo warst du die ganze Zeit?", fragte sie direkt. „Ich habe mir Sorgen gemacht."

„Ich hatte viel zu tun diese Woche", wich Milan aus.

„Du hast seit Tagen nichts von dir hören lassen. Ich habe gedacht, dir ist irgendwas Schlimmes passiert."

„Es tut mir leid." Milan senkte den Blick. „Ich habe wirklich Stress zurzeit. Herr Stein ist diese Woche krankgemeldet und das ganze Drachenboottraining bleibt an mir hängen. Es wächst mir gerade alles über den Kopf."

Zeni musterte Milan. Er sah ihr an, dass sie ihm nicht glaubte.

„Und wo warst du Samstagnacht?", fragte jetzt Milans Mutter misstrauisch. „Bei Zeni warst du jedenfalls nicht."

Zärtlich nahm Milan Zenis Hand. „Komm, lass uns nach

oben gehen. Ich erkläre dir alles", sagte er leise und warf seiner Mutter einen Blick zu, der um Verständnis bat.

Zeni ließ sich von Milan durch den Raum ziehen. Sie schaute dabei über ihre Schulter und entschuldigte sich bei Milans Mutter. Dann folgte sie ihrem Freund die Treppe hoch in dessen Zimmer. Milan schloss die Tür hinter sich und ließ sich auf sein Bett fallen. Er atmete tief ein und sagte einfach: „Ich weiß jetzt, wer deinen Vater getötet hat."

Zeni erstarrte. Sie schaute Milan an, als wäre er vollkommen von Sinnen. „Wovon redest du?"

„Komm, setz dich, bitte", sagte er und klopfte auf die Stelle neben sich, aber Zeni blieb vor ihm stehen und schaute ihn mit einem durchdringenden Blick an.

Milan wusste nicht, wo er beginnen sollte.

„Herr Stein ist der Apartheid-Killer", sagte er schließlich. „Ich weiß das jetzt. Ich war dabei, als er diesen Kruger im Ambassador erschießen wollte ..."

Zeni riss die Augen erschrocken auf. „Oh mein Gott!"

Milan sprach unbeirrt weiter. „Ich habe Stein da rausgeholt und ihn nach Hause gebracht. Er wäre fast gestorben. Die ganze Woche war ich bei ihm. Ich und eine Frau. Wir haben uns um ihn gekümmert. Deswegen konnte ich mich bei dir nicht melden. Es ging einfach nicht."

Milan stand vom Bett auf und fing an, auf und ab zu laufen. Er redete ununterbrochen, fast fieberhaft.

„Er hat mir erzählt, warum er es getan hat, warum er getötet hat. Er hat gesagt, dass sie alle schuldig waren. Auch die Frau in Constantia. Er ist fest davon überzeugt. Manchmal rufen irgendwelche Leute bei ihm an. Meistens abends. Seine Informanten. Sie arbeiten für ihn. Gestern Abend kam auch so ein Anruf. Ich musste etwas für Stein aufschreiben. Den Namen eines Polizisten. Alfred Smith. Er hat mit deinem Vater zusammengearbeitet."

Zeni hielt sich ihre Hand vor den Mund.

„Ich war gerade bei ihm. Oben auf der Hout Bay Road. Smith hat mir alles erzählt. Du hattest recht. Sie haben damals deinen Großvater zu Tode geprügelt. Auf der Wache. Später fand dein Vater den Obduktionsbericht. Die Bullen wollten ihn verbrennen. Im Bericht stand die wahre Todesursache. Und der Name des zuständigen Polizisten: Peter Kriel."

Zeni unterbrach Milan erschrocken. „Kriel? Den Namen kenne ich. Meine Mutter hat mir von ihm erzählt. Nach dem Tod meines Vater war sie bei ihm."

„Als dein Vater hinter die Wahrheit kam, wollte er Peter Kriel hochnehmen. Es gab Streit. Einen Schusswechsel. Dein Vater starb dabei. Dann haben sie den Mord vertuscht. Mit dieser Razzia. Das war alles nur gelogen."

Zeni nickte langsam, als würde ihr erst jetzt das ganze Ausmaß von Milans Aussage bewusst. „Er saß meiner Mutter gegenüber und hat ihr dabei in die Augen geschaut", murmelte sie den Tränen nah. „Er hat sein Bedauern geäußert, ihr Blumen geschenkt, einen Scheck überreicht. Das hat er alles gemacht, dieser Kriel." Dann hielt sie inne und schaute Milan fragend an. „Bist du dir sicher, dass er es war?"

Milan nickte. „Ich glaube Smith."

Zeni schwieg. Sie starrte ausdruckslos ins Leere und dachte nach. Schließlich sagte sie: „Wir müssen zur Polizei."

„Nein, das können wir nicht", widersprach ihr Milan.

„Warum nicht?" Zeni war überrascht. „Wegen Herrn Stein?"

Milan drehte sich von seiner Freundin weg. „Nein", wich er gequält aus, aber die Unterstellung traf ihn. „Wir haben gegen Kriel nichts in der Hand."

„Wir müssen diesen Smith zu einer Aussage überreden“, schlussfolgerte Zeni entschieden.

Milan schüttelte den Kopf. „Das wird er niemals tun. Er hat Angst.“

Zeni warf die Hände in die Luft. „Was sollen wir denn sonst tun? Abwarten? Bis es Herrn Stein besser geht? Soll er seine Arbeit fortsetzen? Mit Kriel? Ist es das, was du vorhast? Warum schützt du ihn, Milan? Das geht nicht. Der Mann ist ein Mörder! Er ist nicht besser als Kriel. Wir müssen zur Polizei. Wegen beiden.“

Milan vergrub sein Gesicht in den Händen. „Ich kann Stein nicht ausliefern.“

„Warum nicht?“

„Er ist nicht irgendwer.“

„Er ist dein Geschichtslehrer. Mehr nicht.“

Milan schwieg. Zeni betrachtete ihren Freund. Er sah fertig aus. Durcheinander, hilflos und unglücklich. Nach einer Weile sagte sie leise: „Du findest es gut, was er macht ...“

Ihre Stimme verriet ihre Empörung.

Milan konnte Zeni nicht in die Augen schauen. „Er sorgt für Gerechtigkeit. Für Leute wie dich. Du solltest ihm dankbar sein.“

„Dankbar?“ Zeni spuckte das Wort förmlich aus. „Was würde es mir bringen, wenn einer wie Stein Peter Kriel töten würde?“

Milan hob den Kopf und schaute Zeni an. „Frieden“, sagte er entschlossen. „Gerechtigkeit. Glauben an die Menschheit. Das gehört auch zu *Ubuntu*.“

Zeni zuckte betroffen zusammen. *Ubuntu* war eine Lebensphilosophie der Xhosa. Es bedeutete Menschlichkeit, Mitgefühl, Gemeinschaftsgeist. *Ubuntu* stand für Respekt und für Würde. Es vertrat ein Weltbild, das das Überleben durch Solidarität und gegenseitige Versorgung ermöglichte, ein Ideal. Zenis Mutter hatte Milan diese Lebensauffassung erklärt. Sie hatte sie in einem einfachen Satz zusammengefasst: „Ein Mensch ist nur ein Mensch durch andere Menschen." Danach glaubte Milan zu verstehen, was *Ubuntu* wirklich bedeutete.

„Du hast nichts kapiert", zischte Zeni wütend. „Was Stein macht, hat mit *Ubuntu* nichts zu tun. Er ist ein Mörder."

Milan senkte beschämt den Kopf. Er hatte kein Gegenargument. Dennoch war er nicht in der Lage, Steins Schuld einzusehen.

„Du musst zur Polizei", redete Zeni mit Nachdruck auf ihn ein. „Du darfst das Gesetz nicht selbst in die Hand nehmen. Ich werde nicht zur Polizei gehen. Nicht heute und auch nicht morgen. Aber ich werde nicht immer für dich schweigen. Du musst dich entscheiden." Sie sah Milan ein letztes Mal an, dann drehte sie sich um und ging zur Tür. „Ich hoffe, du tust das Richtige."

Ohne zurückzublicken, verließ Zeni den Raum. Milan schaute ihr hilflos hinterher. Er hatte nicht die Kraft sie zurückhalten, auch wenn er es gewollt hätte. Er hörte, wie sie sich von seiner Mutter verabschiedete. Er trat an sein Fenster und zog den Vorhang zur Seite. Im Vorgarten lief Zeni zum Tor und drückte es auf. Kurz danach verschwand sie aus Milans Blickfeld. Er hoffte, dass es nicht das letzte Mal war, dass er sie gesehen hatte.

Wie durch magische Kräfte fühlte sich Milan am nächsten Tag zum District-Six-Museum hingezogen. Als er ankam, steckte das Museumspersonal mitten in hektischen Vorbereitungen für die abendliche Veranstaltung.

Milan setzte sich in ein Café schräg gegenüber vom Eingang und beobachtete das ständige Kommen und Gehen. Ein Lkw hielt vor dem Museum an. Vier kräftige Männer trugen Bretter und Einzelteile eines Gerüstes ins Gebäude hinein, die sie vermutlich innen zu einer Bühne zusammenbauen würden. Draußen vor dem Museum ließ eine andere Firma das Absperrgitter für die spätere Straßensperrung auf dem Bürgersteig ausladen. Ein Cateringbetrieb lieferte Getränke und Essen. Am Eingang stand ein einziger Sicherheitsbeamter, der die Besucher in Empfang nahm und ihnen Zugang zum Gebäude erteilte. Allerdings überprüfte er nie den Inhalt ihrer Lieferung.

Milan trank seinen Kaffee aus und ging am Museum vorbei, in die schmale Nebengasse, die zum Lagerraum von *Rent-a-Plant* führte. Er fragte sich, ob es wirklich Zufall war, dass die Blumenfirma seiner Mutter nur einen Block von dem kürzlich renovierten District-Six-Museum entfernt war. Dass ausgerechnet an dem Tag der Neueröffnung des Museums der Laden geschlossen hatte, jedoch Milan im Besitz eines Schlüssels war. War das Schicksal? Oder doch eher Zufall? Jetzt lag es an Milan zu entscheiden.

Sosehr er seine Freundin liebte, Milan war zu dem Schluss gekommen, dass sie sich irrte. Stein war kein kaltblütiger Krimineller, er war ein kluger, einfühlsamer Mann. Was er getan hatte, hatte er nicht aus Hass getan. Er hatte nicht getötet, weil es ihm Spaß machte. Er hatte das System verstanden. So wie Alfred Smith das System verstanden hatte. Und in diesem System blieb wahrhaftige Gerechtigkeit außen vor. Zeni hätte das auch verstanden, wenn sie mit Stein geredet hätte.

Wenn alles vorbei war, würde Zeni ihm dankbar sein, davon war Milan überzeugt. Im Prinzip hatte sie nur Angst. Angst zuzugeben, dass ein Mensch wie Peter Kriel den Tod verdient hatte. Aber danach – wenn sie endlich die Gerechtigkeit zu spüren bekam – würde sie erleichtert sein, wie neugeboren. *Die Menschen können ohne Gerechtigkeit nicht leben*, hatte Herr Stein gesagt. *Manchmal muss man sie sich einfach nehmen.* Jetzt wollte Milan genau das tun.

Der Lagerraum von *Rent-a-Plant* war durch ein aufrollbares Garagentor zugänglich. Hier standen die ganzen Pflanzen und Blumen, die Milans Mutter verlieh. Auch der kleine Transporter mit dem Firmennamen darauf parkte hier. Milan bewegte sich mechanisch. Er traf die Vorbereitungen, ohne darüber nachzudenken. Er zog sich die Arbeitsklamotten an, setzte sich ein *Rent-a-Plant*-Käppi auf, versteckte die Waffe in seinem Overall und holte ein Taschenmesser aus der Werkbank. Dann suchte er zwei schwere eingetopfte Palmen aus, die zur Veranstaltung passen könnten. Er lud sie in den Transporter und fuhr rückwärts aus der Garage. Er hatte es wirklich nicht weit. Kurz darauf hielt er vor dem Museum an. Er grüßte den Sicherheitsbeamten, kündigte seine Lieferung an und lud die Pflanzen auf einen kleinen Wagen. Der Beamte hatte nichts dagegen. Milan schob den schwer beladenen Rollwagen durch die Eingangstür und atmete erleichtert aus, als er das Museum betrat. Es war genau so, wie Smith es vorausgesagt hatte: Trotz der Waffe in seiner Hose war er problemlos durchgekommen.

Milan war schon mehrmals im District-Six-Museum gewesen und kannte die meisten Ausstellungsobjekte: die Fotos, die die Zerstörung von District Six zeigten, den riesigen Stadtplan, der unter einem Klarsichtschutz den ganzen Boden wie ein Teppich bedeckte und das damalige Viertel abbildete, die alten, abgerissenen Straßenschilder, die persönlichen Erinnerungsstücke der ehemaligen Einwohner, die Porträts und Wandbilder. Alles war in dieser alten Methodistenkirche untergebracht. Die Stimmung war melancholisch, aber auch seltsam energisch, als ob die Geister der ehemaligen Einwohner hier heute noch lebten.

Auch innerhalb des Museums herrschte geschäftiges Treiben. Die Bestuhlung wurde gerade aufgebaut, die Beleuchtung eingerichtet, das Catering im Café-Bereich aufgestellt. Milan schob den Rollwagen zur Bühne, die mittlerweile am Ende des großen Raums fertig aufgebaut war. Er hatte Glück. Die Bühne war mit einem dunkelroten Teppich ausgelegt. Die Palmen und deren Töpfe passten wunderbar dazu. Er stellte sie jeweils an beiden Seiten des langen Tisches ab, hinter dem die abendlichen Gäste ihre Vorträge halten würden. Die Männer, die die Stühle aufstellten, nickten anerkennend. Die Dekoration sah gut aus. Oben auf der Galerie richteten die Mitarbeiter Spots für die Palmen ein. Die grünen Blätter sahen brillant und wunderschön aus, die Bühne wirkte nun nicht mehr so trocken und leblos.

Milan ließ den Rollwagen stehen und ging auf die Herrentoilette. Der Raum war klein und eng und bestand nur aus einem einzigen Urinal und einer Kabine. Milan betrat die Kabine und schloss die Tür hinter sich ab. Er ging in die Hocke und tastete mit der Hand hinter die Toilettenschüssel, fand aber keine passende Stelle, um die Waffe zu verstecken. Er schaute nach oben und sah ein Belüftungsgitter. Alfred Smith hatte recht gehabt: *Es gibt immer einen Ort, an dem man eine Waffe verstecken kann.* Milan stieg auf den Toilettendeckel und schaute die Schrauben genauer an. Kleine Kreuzschlitzschrauben. Leicht eingerostet, aber immerhin nur zwei. Er nahm sein Taschenmesser aus der Hosentasche und fing an, das Gitter abzuschrauben.

Er hatte gerade losgelegt, als die Eingangstür aufging und jemand die Toilette betrat. Milan hielt schlagartig inne und lauschte angestrengt. Der Mann kam zur Kabine und drückte die Klinke herunter. Er hörte, wie der Besucher genervt mit der Zunge schnalzte. Dann verließ er den Raum wieder.

Milan arbeitete weiter. Immer wieder rutschte die Spitze des Taschenmessers aus dem eingerosteten Kreuzschlitz, doch er kam langsam voran. Er hatte gerade die erste Schraube gelöst, als erneut jemand die Toilette betrat. Es handelte sich offenbar um den gleichen Mann wie beim letzten Mal, denn er machte erneut einen Versuch, in die Kabine zu kommen. Als er die Tür immer noch verschlossen vorfand, fluchte er vor sich hin.

„Ist jemand da drin?", fragte er genervt.

Milan antwortete nicht. Er wartete mit angehaltenem Atem, bis der Besucher erneut die Toilette verließ. Dann setzte er seine Arbeit fort.

Die zweite Schraube löste sich schneller. Milan steckte sie in seine Brusttasche und entfernte das Gitter. Das Lüftungsrohr war verstaubt, aber leer. Es erstreckte sich einen halben Meter nach hinten. Milan holte die Waffe aus seinem Overall und legte sie hinein. Gleichzeitig ging die Tür auf und zwei Leute betraten den Raum.

„Die Tür ist kaputt", sagte der Mann, der schon vor zwei Minuten in der Toilette gewesen war.

Der zweite rüttelte an der Tür und stellte fest, dass sie verschlossen war. „Heute Vormittag war sie noch in Ordnung", sagte er. Milan erkannte die Stimme: Es war der Sicherheitsbeamte von draußen. „Sind Sie sicher, dass niemand da drin ist?" Er zog wieder heftig an der Klinke.

„Entschuldigung!", rief Milan aus lauter Verzweiflung. „Die Toilette ist besetzt."

Draußen schnaufte der erste Mann überrascht. „Ja, aber …“

„Verzeihung“, entschuldigte sich der Sicherheitsbeamte beschämt und wandte sich wieder dem Mann zu. „Sie müssen leider warten.“

„Aber er ist seit zehn Minuten da drin!“, beschwerte sich der Mann aufgebracht.

„Es tut mir wirklich leid“, rief Milan. Seine Finger zitterten, als er die erste Schraube wieder an den leeren Dübel ansetzte. „Es geht mir nicht so gut.“

„Gehen Sie doch auf die Damentoilette, wenn es so dringend ist“, schlug der Sicherheitsbeamte vor.

„Aufs Damenklo? Spinnen Sie?“, rief der Mann aufgebracht. „Ich warte hier.“

„Wie Sie wollen.“ Der Sicherheitsbeamte blieb diplomatisch. „Steht die Beleuchtung schon?“

Der Mann schnaubte ein verärgertes „Ja“, und der Beamte verließ den Raum.

„Einen Augenblick noch bitte!“, sagte Milan, um den ungeduldigen Toilettenbesucher zu beruhigen. Er nahm die zweite Schraube und setzte sie in das Loch. „Ich bin gleich fertig.“

„Das wird aber auch Zeit!“

Bald hatte Milan das Gitter wieder befestigt. Mit dem Knie betätigte er die Klospülung und sprang vom Deckel. Er steckte das Taschenmesser in seine Hosentasche und machte die Kabinentür auf.

„Na endlich!“, schnaubte der Beleuchter mit einem vernichtenden Blick.

„Es tut mir wirklich leid“, entschuldigte sich Milan erneut, aber der Mann drängte sich einfach an ihm vorbei. „Ich habe wohl etwas Falsches gegessen.“

Der Beleuchter knallte die Tür hinter sich zu. Milan

ging zum Waschbecken und wusch sich die Hände. An seinen Fingerspitzen klebte der orangefarbene Rost des Gitters. Er trocknete die Hände ab, verließ die Herrentoilette und eilte mit dem Rollwagen aus dem Gebäude.

Jetzt lag es an Milan. Der erste Teil des Plans war reibungslos verlaufen. Er hatte die Waffe ins Museum reingeschmuggelt; er hatte eine Einladung zur Neueröffnung in der Hand. Nun musste er nur noch entscheiden, ob er den Plan wirklich durchführen wollte. In nur wenigen Stunden würde der Einlass beginnen. Wenn er sich doch dagegen entscheiden sollte, könnte er die ganze Sache in letzter Sekunde abblasen. Er könnte aufstehen und gehen, einfach so. Aber auch wenn Milan es sich nicht eingestehen wollte, hatte er sich bereits entschieden. Er würde es tun.

Nachdem er seine Vorbereitungen getroffen hatte, besuchte Milan Herrn Stein in Athlone. Stein war in der Küche und machte sich einen Kaffee. Er konnte wieder ohne fremde Hilfe aufstehen und ein paar Schritte allein gehen. Jede Bewegung tat ihm weh und er musste sich festhalten, doch seine Kräfte reichten, um es zumindest in die Küche oder auf die Toilette zu schaffen. Es war ein Anfang und Dorothy bestand darauf, dass er ab jetzt jeden Tag an seiner Beweglichkeit arbeiten sollte.

Als Milan in die Küche kam, drehte sich Herr Stein nicht einmal um. Er stützte sich mit beiden Händen am Spülbecken ab. Mit dem Rücken zu Milan sagte er leise, aber bestimmt: „Verheimlichst du mir etwas, Milan?“

Die Frage überraschte den Jungen. „Wie meinen Sie das?“, sagte er unschuldig und sah das Telefon, das neben Stein auf der Arbeitsplatte lag.

„Ein Freund hat mich gerade angerufen", erklärte Stein, ohne sich zu rühren. „Er war irritiert, weil ich mich nicht zurückgemeldet hatte. Dabei wusste ich nicht mal, dass er mich überhaupt erreichen wollte. Er hatte nämlich nur mit *dir* gesprochen."

„Sie waren im Badezimmer", sagte Milan schnell.

Stein drehte sich langsam um und schaute den Jungen zornig an. „Warum hast du mir nichts von dem Telefonat erzählt?"

Milan zuckte die Achseln. „Ich habe es vergessen."

Stein holte tief Luft, als müsste er sich anstrengen, die Fassung zu bewahren. „Lüg mich nicht an!", brachte er mit kaum beherrschbarer Wut hervor. „Ich weiß, dass du dort warst. Du hast mit Smith gesprochen. Ich habe ihn angerufen. Er hat mir von deinem Besuch erzählt. Ich weiß, was du vorhast."

„Ich habe gar nichts vor", widersprach Milan energisch. „Der Typ checkt überhaupt nichts. Er ist ein Säufer."

„Es war *seine* Idee!", rief Stein aufgebracht. „Sein Plan!" Stein ließ das Spülbecken los, machte einen Schritt auf Milan zu und blieb vor ihm stehen. „Und ich kann dir nur davon abraten."

Vergeblich versuchte Milan, den Vorwurf weiterhin abzustreiten. „Ich weiß nicht, wovon Sie reden."

„Heute Abend. Wohin gehst du da? Zum District-Six-Museum vielleicht?" Stein lächelte lakonisch. „Ich hoffe nicht. Denn du bist zu jung, um dich in solche Sachen einzumischen."

Milan gefiel Steins herablassender Ton nicht. „Mit jung oder alt hat das nichts zu tun!", wehrte er sich scharf. „Es hat mit richtig oder falsch zu tun."

Herr Stein verzog das Gesicht und schaute Milan verächtlich an. „Du weißt nicht, was der Unterschied ist."

„Sprechen Sie nicht mit mir, als wäre ich ein verdammtes Kind!“, fuhr Milan seinen Lehrer an. „Ich habe Ihnen das Leben gerettet. Ich habe mich um Sie gekümmert, Ihnen etwas zu essen gegeben, Sie gesund gepflegt. Ich habe Sie nicht verraten. Sie können mir jetzt nicht sagen, was ich zu tun und zu lassen habe!“

„Wenn du diesen Mann umbringst“, sagte Stein mit bedrohlicher Stimme, „dann versaust du dir dein ganzes Leben.“

„So wie Sie?“, rief Milan außer sich. „Sie bereuen doch eher, dass Sie nicht früher damit angefangen haben. Oder etwa nicht? Seit dreißig Jahren warten Sie auf die Chance, einen Unterschied zu machen. Dreißig Jahre! Ich werde nicht so lange warten, das können Sie mir glauben.“

„Aber du hast damit nichts zu tun!“, zischte Stein. „Es ist nicht *dein* Vater, der ermordet wurde!“

„Ich tue es für Zeni“, widersprach Milan. „Für ihre Mutter. Und für ihre Geschwister. Für die Kinder ihres Großvaters. Ich tue es für die Gerechtigkeit.“

Stein lachte verächtlich. „Das ist doch lächerlich! Du brauchst niemandem etwas zu beweisen. Wozu? Die ganze Sache geht dich nichts an.“

Stein schüttelte enttäuscht den Kopf. Er war wieder ruhig geworden. Seine natürliche Autorität kehrte zurück. Nun war er nicht mehr der hilflose Patient der letzten Woche, sondern der alte Lehrer, der immer alles am besten wusste.

„Du kriegst es sowieso nicht hin“, fuhr er fort. „Und weißt du auch, warum? Weil du keinen blassen Schimmer hast, worum es hier geht. Wieso solltest du auch? Du kannst es verstehen, das ist klar. Ja. Du kannst es verstehen, genauso wie du ein historisches Ereignis im Geschichtsunterricht verstehen kannst. Du bist ein kluger Junge, das weiß ich. Aber spüren kannst du es nicht. Nein, das geht nicht. Und ohne es zu spüren, kannst du niemanden umbringen. Niemals! Das ist vollkommen unmöglich. Es ist eine Sache, jemanden töten zu wollen, aber etwas ganz anders, es auch zu tun.“

Milan starrte Stein herausfordernd an. Er wollte ihm widersprechen, doch er wusste, dass es ihm nicht gelingen würde. Nichts, was er sagte, könnte das Gegenteil beweisen. Es gab nur eine Möglichkeit: es wirklich zu tun.

Die Türklingel durchbrach die Stille. Milan fuhr überrascht zusammen. „Wer ist das?“, fragte er alarmiert. Er konnte einen Schatten neben der Haustür ausmachen, aber erkennen konnte er die Gestalt nicht.

Stein schaute auf die Uhr. „Keine Ahnung. Dorothy kann es nicht sein.“ Er machte zwei Schritte zur Tür und verlor plötzlich das Gleichgewicht. Als er zu Boden sackte, packte ihn Milan instinktiv unter dem Arm und hielt ihn fest.

„Herr Stein, ist alles in Ordnung?“, fragte Milan und hievte den schweren Mann hoch. Stein fasste sich an die Wunde und atmete schwer. Im gleichen Augenblick klingelte es erneut an der Haustür. „Setzen Sie sich hin ...“

Milan half seinem Lehrer aus der Küche. Er schnappte sich den Stuhl vom Esstisch und stellte ihn vor Herrn Stein hin. Mit einem Grunzen ließ sich der geschwächte Geschichtslehrer auf dem Stuhl nieder. Milan ging leise durch den Raum und blieb vor der Haustür stehen.

„Wer ist da?“, rief er.

Zunächst sagte der Besucher nichts. Dann hörte er eine Stimme, hell und jung: „Milan?! Bist du das?“

Milan erkannte die Stimme sofort. Es war Alex.

Verzweifelt blickte Milan zu Stein zurück. Der Geschichtslehrer saß in Jogginghose and Sweatshirt auf dem

Stuhl. Er sah krank aus, aber es gab kein Anzeichen von der Schusswunde, die er eine Woche zuvor zugezogen hatte. Stein nickte Milan zu und er machte die Tür auf.

Alexander stand an der Türschwelle und starrte Milan erstaunt an. „Was machst du denn hier?“, fragte er verblüfft.

Milan senkte kurz den Blick. „Ich dachte, ich schaue doch vorbei“, antwortete er knapp.

„Warum hast du mich nicht angerufen?“, wollte Alexander wissen. „Wir hätten zusammen kommen können.“

„Ich habe versucht, dich zu erreichen“, wich Milan aus und machte einen Schritt zur Seite. „Komm rein.“

Alexander runzelte verwirrt die Stirn, betrat aber trotzdem das Haus und sah Herrn Stein am Esstisch sitzen. Kaum hatten sie sich begrüßt, schlüpfte Milan an Alexander vorbei. „Ich wollte sowieso gerade gehen“, sagte er zum Abschied und ließ seinen Freund mit Herrn Stein zurück. Dann ging er zielstrebig auf seine Vespa zu. An Steins Worte wollte er nicht mehr denken.

## Das Attentat

Als Milan zum District-Six-Museum zurückkehrte, war die Straße vollständig abgesperrt. Das Museum war von Gittern umzäunt. Zwei Polizeifahrzeuge standen vor dem Eingang, zwei weitere parkten in den seitlichen Nebengassen. Die einzigen Autos, die Zugang zum abgesperrten Bereich hatten, waren die Taxis, Mietautos und Limousinen, die die Gäste zur abendlichen Veranstaltung brachten. Milan erkannte den Sicherheitsbeamten wieder, der am Vormittag allein vor dem Museumseingang gestanden hatte. Jetzt befand er sich in einem Gedränge von Polizisten, Fotografen und zusätzlichem Sicherheitspersonal, das nicht nur die Einladungen der Gäste überprüfte, sondern auch Leibesvisitationen bei ihnen vornahm.

Milan suchte wieder Deckung im Café gegenüber und beobachtete eine Weile das Geschehen vor dem Museum. Auf einem roten Teppich flanierten die ersten Gäste ins Gebäude hinein. Sie waren alle schick angezogen, in Abendgarderobe und den feinsten Anzügen. Sie lächelten breit in die Kameras der Journalisten, die ihre Ankunft für die morgigen Zeitungen fotografierten. Milan erkannte einige prominente Gäste: die Bürgermeisterin von Kapstadt, den Minister für Kommunikation, die Wohnungsbauministerin, zwei Schauspieler, die kürzlich in einem Kinofilm über das schicksalhafte Viertel mitgespielt hatten, ein paar hochrangige Soldaten, Herrn Abbot, den aus dem Fernsehen mittlerweile berühmten Polizeipräsidenten. Jeder, der in Kapstadt einen Namen hatte, war anwesend.

Auch Milan hatte sich dem Anlass entsprechend angezogen. Er trug den schwarzen Anzug, den er bei Themba Mbetes Hochzeit anhatte. Damit sah er viel älter aus und machte sich daher auch wenig Sorgen, in der Menschenmenge unangenehm aufzufallen. Eine Viertelstunde vor dem Beginn der Veranstaltung trank er seinen Kaffee aus, bezahlte und überquerte die Straße zum Museumseingang. In seinem neuen Outfit und ohne das *Rent-a-Plant*-Käppi erkannte ihn der Sicherheitsbeamte nicht wieder. Milan zeigte seine Einladung vor, ließ sich kurz durchsuchen und wurde höflich ins Gebäude durchgewunken.

„Schönen Abend, Sir!“, wünschte ihm der freundliche Museumswächter und Milan nickte ihm dankbar zu. Ein schöner Abend würde es sicherlich nicht werden.

Der Veranstaltungsraum war bereits voll. Das Museum bestand zum großen Teil aus nur einem Saal. Allerdings war der Saal ziemlich groß. Im ersten Stock erstreckte sich eine Galerie und die Mitte des Saals blieb dadurch bis zur hohen Kirchendecke offen. Im Erdgeschoss waren die Stuhlreihen bereits voll besetzt. Nur die Bühne war noch leer. Ein Platzanweiser zeigte auf die Treppe und wies Milan an, auf die Galerie zu gehen. Der elegante junge Mann ging die Treppe hinauf und las die alten Straßenschilder, die an jeden Treppenabsatz geschraubt waren. Richmond Street. Tennant Street. Primose Street. Mit jedem Schritt war noch eine Straße geräumt worden. Mit jedem Schritt wurden Hunderte von Leben zerstört. Mit jedem Schritt fragte sich Milan, ob sein Großvater zugeschaut hatte oder nicht. Welche Straßen waren damals in seine Zuständigkeit gefallen? Die Roos Street? Clyde Street? Oxford Place? Es waren so viele.

Oben auf der Galerie waren bereits eine Menge Leute versammelt. Sie drängten sich eng an die Balustrade und schauten nach unten auf die kleine Bühne und das wartende Publikum. Hier fand Milan auch seinen Platz. Von hier aus konnte er die ganze Veranstaltung im Auge behalten, auf die Pause warten, dann nach unten gehen und Steins

Pistole aus der Toilette holen. Von hier oben sah er auch die Tür zum Hinterraum, wo sich die Gastgeber und die eingeladenen Redner vermutlich noch aufhielten. Auch damit hatte Alfred Smith recht gehabt. Der Aufenthaltsraum war nur wenige Meter von der Herrentoilette entfernt, leicht versteckt hinter einem provisorischen roten Vorhang. Diese Abtrennung zum großen Saal würde Milan dienlich sein.

Bald war es so weit und die Veranstaltung konnte beginnen. Die Ehrengäste tauchten aus dem Hinterraum auf und betraten die Bühne. Sie nahmen an dem langen Tisch Platz und die Museumsleiterin eröffnete den Abend. Während sie über die heutige Relevanz des Museums sprach und dessen wichtige Aufgabe, die Vergangenheit nie in Vergessenheit geraten zu lassen, betrachtete Milan den Mann am Ende des Tisches. Peter Kriel. Er war der einzige Redner in Uniform. Er trug die schwarz-weißen Farben der Stadtpolizei, auf seiner Brust prangten zahlreiche Medaillen. Er war ein großer, kräftiger Mann, ungefähr im Alter von Herrn Stein – vielleicht ein bisschen älter –, mit einer gesunden Gesichtsfarbe und einem runden Bauch. Er hörte der Museumsleiterin zu und ließ seinen Blick über das Publikum schweifen. Milan zweifelte daran, dass er sich tatsächlich für das neue Öffentlichkeitsprogramm des Museums interessierte. Noch weniger für die Jugendarbeit in den Townships, auch wenn er einen interessierten Eindruck machte.

Bevor Peter Kriel das Wort ergriff, sprachen die Bürgermeisterin und der Kommunikationsminister aus Pretoria. Irgendwann hörte Milan nicht mehr zu. Die Worte, die durch den Saal schwebten, kamen ihm unbedeutend und überflüssig vor. Das Einzige, was zählte, war der Mann am rechten Ende des langen Tisches, der Mann, der Zenis Vater und Großvater getötet hatte. Milan starrte ihn die ganze Zeit über an, während sich die Stimmen der Redner in seinem Kopf zu einem monotonen Brummen verwandelten.

Als Peter Kriel endlich aufstand und nach vorne zum Rednerpult trat, wachte Milan aus seinem Trancezustand auf und war ganz Ohr.

„Ich fühle mich geehrt, hier heute Abend eingeladen zu sein", fing Kriel an, sichtlich gerührt. „Als das District Six freigeräumt wurde, war ich gerade in die Polizei eingetreten. Mein Vater war auch Polizist. Er hat vierzig Jahre dieser Stadt gedient und er überwachte die Räumung dieses weltberühmten Viertels. Heute Abend spreche ich für ihn und in seinem Namen ..."

Peter Kriel schaute kurz hoch, zur Galerie, und für einen flüchtigen Moment hatte Milan das Gefühl, dass er ihm geradewegs in die Augen schaute. Doch Kriel redete unbeirrt weiter. Er sprach von der Pflicht und dem Staat, von dem Irrtum des Apartheidsystems und der Ignoranz des ‚kleinen Mannes'. Vermutlich meinte er damit seinen eigenen Vater. Vielleicht sogar sich selbst. Er bat um Verständnis, Toleranz und Vergebung. Er zitierte aus der Bibel das Gebet Jesu am Kreuz: „Vater, vergib ihnen, denn sie wissen nicht, was sie tun." Er hoffte, dass die Menschen auch ihm und seinem Vater vergeben konnten für das, was sie getan hatten: dabei zu sein und dem Unsinn der Zwangsumsiedlung nicht zu widersprechen. Kriel sagte nichts von Mord.

Ignoranz *Unwissenheit*

Durch Pathos und glaubwürdiges Bedauern forderte er das Publikum auf, nach vorne zu schauen, und sein rührender Auftritt verschaffte ihm Respekt. Nur eine Person im Publikum wurde nicht mitgerissen und das war Milan. Er wusste, was der Mann am Rednerpult wirklich getan hatte.

Pathos *übertriebene Gefühlsäußerung*

Nach Kriels Vortrag wurde die Pause angekündigt. Die Ehrengäste verließen das Podium und zogen sich in den Hinterraum zurück. Das Publikum stand auf und vertrat sich die Beine. Überzeugter denn je schlüpfte Milan nach unten und machte sich auf den Weg zur Herrentoilette. Im Flur davor liefen Zuschauer hin und her, eine kleine Warteschlange hatte sich bereits vor der Damentoilette gebildet. Milan wartete auf der anderen Seite des Vorhangs. Er hatte nicht vor, die Waffe sofort zu holen. Er wollte warten, bis sich das Gedränge etwas gelegt hatte, damit er in aller Ruhe die Pistole aus dem Versteck holen konnte.

Immer wieder sah er zur Tür am Ende des Flurs. Dahinter stand jetzt Peter Kriel. Er sprach sicherlich mit der Museumsleiterin, ließ sich zu seiner mitreißenden Rede beglückwünschen und nahm die Komplimente mit Bescheidenheit an. Aber in zehn Minuten, wenn die Pause vorbei war und die Ehrengäste wieder das Podium betraten, war seine Zeit um.

Milan wartete in angespannter Haltung, den Blick auf die Tür zur Herrentoilette gerichtet. Noch strömten Männer hinein und wieder heraus. Danach holten sie sich etwas zu trinken und unterhielten sich im großen Saal. Das Buffet sollte erst im Anschluss eröffnet werden, aber bis dahin würde Milan schon längst weg sein.

Milan wartete geduldig. In regelmäßigen Abständen blickte er auf die Uhr, damit er die Zeit nicht aus den Augen verlor. Der Andrang auf der Toilette wurde weniger. Langsam gingen die Zuschauer wieder zu ihren Plätzen zurück. Vier Minuten vor dem Ende der Pause betrat Milan die Herrentoilette. Das Urinal war noch belegt, die Kabine auch.

*Kein Grund zur Panik,* sagte sich Milan und wartete geduldig. Doch mit jeder Sekunde wurde er nervöser. Nur mit großer Mühe konnte er die in ihm aufsteigende Panik unterdrücken. Er brauchte weniger als eine Minute, um das Gitter abzumontieren und die Waffe herauszuholen. Die drei Minuten, die noch blieben, waren ausreichend. Dennoch durfte er keinesfalls Kriel in der Passage vor der Toilette verpassen. Er musste rechtzeitig vor Ort sein. Er probierte es noch einmal an der Kabinentür, doch sie war immer noch verschlossen.

„Was ist?“, rief es ärgerlich von innen. „Kann man hier nicht mal in Ruhe aufs Klo gehen?“

„Die Pause ist gleich zu Ende“, sagte Milan, sein Ton war barsch und fordernd. Als ob jemand seine Behauptung bestätigen wollte, kam eine Ansage aus dem großen Saal: Die Zuschauer wurden gebeten, wieder Platz zu nehmen.

Der letzte Gast am Urinal beeilte sich. Er machte die Hose zu, wusch sich schnell die Hände und verließ die Toilette. Milan klopfte an die Tür.

„Entschuldigung! Können Sie sich nicht ein bisschen beeilen!“ Er schaute auf die Uhr. *Nur noch zwei Minuten.* „Ich würde ungern die zweite Hälfte verpassen!“

In der Kabine grunzte der Gast verärgert. Dann hörte Milan die Spülung. Mit einem Stöhnen stand der Toilettengänger auf. Kurz darauf öffnete er die Kabinentür.

„Unverschämtheit!“, schimpfte er, als er aus der Kabine trat und Milan schief anschaute.

Milan ging nicht auf seine Beschwerde ein, sondern drängte sich schnell an ihm vorbei. „Entschuldigen Sie!“, sagte er ebenfalls genervt und machte sofort die Tür hinter sich zu.

Jetzt musste es schnell gehen. Mit flinken Händen zog Milan das kleine Taschenmesser aus dem Versteck in seiner Unterhose und klappte den Schraubenzieher auf. Er holte tief Luft, sammelte sich kurz und sprang auf den Toilettendeckel. Dann fing er an, die beiden Schrauben am Gitter zu bearbeiten. Dabei zitterten seine Finger.

Trotzdem gelang es Milan, innerhalb kürzester Zeit das Gitter aufzuschrauben. Er streckte die rechte Hand in das Belüftungsrohr hinein und zog die Pistole heraus. Dann sprang er vom Deckel herunter und eilte aus der Toilette.

Milan hatte gerade die Waffe in seiner Sakkotasche versteckt und seine Position im Flur bezogen, als die Tür zum Hinterzimmer aufging und die Museumsleiterin ihre Ehrengäste hinausführte: die beiden Regierungsminister, die Bürgermeisterin, die berühmten Schauspieler und – am Ende der Reihe – Peter Kriel. Einer nach dem anderen ging an Milan vorbei, um dann hinter dem roten Vorhang in den großen Saal zu verschwinden. Der Kommunikationsminister schaute durch Milan hindurch und ignorierte ihn vollkommen, der zweite Minister blickte den Jungen leicht irritiert an, die Bürgermeisterin nickte ihm höflich zu und ging ebenfalls an ihm vorbei. Als die beiden Schauspieler den Saal betraten, machte Milan einen Schritt nach vorne und stellte sich direkt vor Peter Kriel.

„Herr Kriel?“, sagte er und bemühte sich, die Angst aus seiner Stimme zu verdrängen. In seiner Sakkotasche entsicherte er die Halbautomatik.

Kriel blieb stehen und musterte den Jungen mit einem durchdringenden Blick. „Ja?“, fragte er irritiert.

Der Mörder von Zenis Vater, der Mörder ihres Großvaters, stand jetzt weniger als einen halben Meter von Milan entfernt. Sein Zeigefinger war bereits am Abzug der Waffe. Milan streichelte die stahlkalte Kurve mit der Fingerspitze und wollte die Pistole gerade aus seiner Tasche ziehen, als der pensionierte Polizist einen weiteren Schritt auf ihn zu machte.

„Kennen wir uns?“, wollte Kriel wissen und reckte sein Kinn nach vorne. Sein Gesicht war so nah an Milans, dass er seine Augenfarbe erkennen konnte.

Milans Kehle wurde trocken. „N-nein“, stammelte er, kaum in der Lage zu sprechen.

Kriel kniff die Augen zusammen und ließ seinen Blick über jedes Detail in Milans Gesicht schweifen. „Na dann ...“, sagte er schließlich. Er zog den roten Vorhang zur Seite und betrat den großen Saal.

Milans Finger zuckte noch einmal am Abzug, sein Blick auf den massigen Rücken des ehemaligen Polizisten gerichtet. Aber es war zu spät. Er schaute dem Mörder hinterher, während er leichtfüßig auf das Podium hinaufsprang und mit einer kurzen Umarmung von der Museumsleiterin begrüßt wurde. Dann fiel der Vorhang wieder zu und Milan blieb allein zurück im Dunkeln. Er ließ die Waffe in seiner Tasche los und drehte sich langsam um.

Am Ende des Flurs war der Ausgang zu sehen, dahinter das Sicherheitspersonal. Leer und ausgelaugt schleppte sich Milan den Gang entlang. Im Saal stellte die Museumsleiterin den nächsten Redner vor und das Publikum applaudierte höflich. Während der Beifall verklang, machte Milan leise die Tür zur Straße auf. Sobald er um die Ecke gebogen war, fing er an zu rennen.

Milan lief und lief. Er hastete die Kapstadter Straßen entlang, bis ihm der Schweiß in Strömen über das Gesicht rann. Leichtsinnig hetzte er über die viel befahrenen Straßen und achtete dabei nicht im Geringsten auf die herannahenden Autos. Sie wichen ihm aus, bremsten scharf und hupten wütend, doch die aufgeregten Fahrer waren dem Jungen vollkommen egal. Er hielt keine Sekunde an.

Bei jedem Schritt schlug ihm die Waffe gegen die Hüfte. Sie baumelte noch in seiner Sakkotasche, eine dauernde Erinnerung an das, was er nicht geschafft hatte. Peter Kriel war mit dem Leben davongekommen. Herr Stein hatte recht gehabt. Milan hatte es nicht geschafft. Er war nicht dazu in der Lage.

Milan rannte in eine dunkle Gasse voller Lagerhäuser hinein. Auch hier, wo es deutlich ruhiger war, drosselte er nicht sein Tempo. Am Ende der Gasse kam er in einen kleinen Park, der ungefähr so groß war wie ein Häuserblock. Er war nur spärlich beleuchtet, doch Milan konnte ein metallisches Rohr ausmachen, das circa einen Meter über der Oberfläche quer durch die ausgetrocknete Grünanlage verlief. Milan betrat den Park und ging auf das Rohr zu. Es war mit Graffiti und gekritzelten Liebeserklärungen beschmiert. Der Park war dreckig und zugemüllt. Auf der anderen Seite des Rohres lehnten sich ein paar Obdachlose dagegen. Sie unterhielten sich und tranken. Das Rohr führte Milan zu einem Wasserkanal, der komplett ausgetrocknet war und Berge von Abfall enthielt: aufgeplatzte Mülltüten, Dosen und Gefäße, Schrott aller Art, sogar ein altes, verrostetes Fahrrad.

Milan nahm die Halbautomatik aus seiner Sakkotasche und betrachtete sie eine Weile. Diese Waffe hatte bereits zwölf Menschen in den ewigen Schlaf versetzt. Sie hätte fast auch einem dreizehnten Opfer das Leben genommen, aber Milan war daran gescheitert. Jetzt verstand er, was es bedeutete, einen Menschen zu töten. Auf einmal wurde ihm klar, wie blind er gewesen war. Er hatte sich von Stein irreführen lassen. Er hatte Verletzlichkeit mit Freundschaft verwechselt, Abhängigkeit mit Solidarität. Steins Argumente hatten ihn überzeugt, aber sie waren die Argumente eines Irren.

Er holte weit aus und warf die Pistole in den Kanal. Ein lauter metallischer Klang ertönte, als die Waffe gegen den restlichen Müll prallte. Der Lärm hallte durch die Nacht. Die Obdachlosen unterbrachen ihr Gespräch und horchten, aber Milan war leise wie ein Tier. Im düsteren Licht der Parkbeleuchtung sah Milan, dass die Waffe neben einer alten Ölkanne gelandet war, auf der das Wort *Exitus* stand.

Milan entfernte sich von den obdachlosen Männern und kramte sein Handy aus der Hosentasche hervor. Er rief eine Nummer an, die er schon langer nicht mehr gewählt hatte. Er wartete sehnsüchtig auf das erste Klingeln. Als am anderen Ende der Leitung schließlich Zenis Stimme ertönte, spürte er eine Welle der Erleichterung, und die Liebe, die er vom ersten Moment an für sie empfunden hatte, stieg wieder in ihm hoch.

„Hallo, Milan", meldete sie sich überrascht.

Er hatte kaum genug Kraft zu sprechen. „Hallo, Zeni ..."

Zeni musste die Verzweiflung und Müdigkeit in seiner Stimme bemerkt haben, denn sie sagte sofort: „Was ist passiert, Milan?"

„Es tut mir leid, Zeni", erwiderte er im Flüsterton. „Du hattest recht. Ich hätte Stein gleich der Polizei übergeben müssen. Er ist kein Held. Das weiß ich jetzt."

Auf einmal füllten sich seine Augen mit Tränen. Er schluckte und kämpfte dagegen an.

„Hat dir Stein etwas angetan?", fragte Zeni besorgt.

„Nein. Gar nichts", versicherte er ihr. „Stein ist zu Hause. Er hat mir nichts getan. Aber ich ... Ich wollte ihn umbringen. Peter Kriel. Ich stand ihm gegenüber. Aber ... ich konnte es nicht."

Er hörte, wie Zeni tief Luft holte. „Wo bist du gerade?", fragte sie.

Milan schaute hoch. Erst dann sah er das Polizeirevier auf der anderen Straßenseite. Der beleuchtete Eingang verriet den Namen der Dienststelle. Es war das Präsidium, in dem einst Zenis Vater gearbeitet hatte. Der Ort, an dem er auch gestorben war.

Als ihm das bewusst wurde, durchfuhr Milan eine neue Entschlossenheit. Jetzt wusste er, was er zu tun hatte.

„Ich bin im Park", antwortete er. „Gegenüber des Präsidiums. Ich gehe gleich da rein und werde der Polizei sagen, wo Stein zu finden ist. Es ist vorbei, Zeni. Es ist endlich vorbei."

Wieder schwieg Zeni einen Augenblick lang. Dann sagte sie: „Warte dort auf mich. Mein Cousin fährt gleich in die Stadt. Dann können wir zusammen hingehen."

Milan war überrascht. Schließlich handelte es sich nicht um irgendeine Polizeistelle. „Bist du dir sicher?", fragte er mit festem Blick auf das Präsidium.

„Ja. Ganz sicher", antwortete Zeni entschlossen. „Bis gleich. Und warte bitte auf mich."

Zeni beendete das Gespräch und Milan legte sein Handy auf die Bordsteinkante neben sich. Nach einer gefühlten Ewigkeit tauchte ein klappriges Auto auf der anderen Straßenseite auf. Themba Mbete saß hinter dem Steuer. Als Zeni ausstieg und sich von ihm verabschiedete, nickte Themba dem Jungen über die Straße zu. Milan musste an seine Hochzeit denken. Wie wohl er sich bei dem großen Xhosa-Fest gefühlt hatte. Freundschaft und Annäherung. Eine Feier der Liebe und des Zusammenhalts. Das war *Ubuntu* und nicht das, was Herr Stein getan hatte. All das hatte Stein versucht kaputt zu machen.

Themba fuhr wieder los. Zeni winkte ihm hinterher. Der Anblick seiner Freundin gab Milan neue Kraft. Er beobachtete sie, wie sie zu ihm über die Straße lief. Er hätte gerne für den Rest seines Lebens diesen Moment festgehalten. Einen Moment, in dem er Zeni zuschaute, wie sie ihren Kopf hob und Milan anlächelte. Es war ein Lächeln der Freude, aber auch der Traurigkeit. Ein Lächeln, das sich nach einer ganz anderen Zeit sehnte. Einer unbeschwerten Zeit.

Milan stand von der Bordsteinkante auf und nahm sie in seine Arme. „Ich bin so froh, dass du hier bist", sagte er.

„Ich auch". Sie strich ihm liebevoll durch die Haare. „Ich habe mir solche Sorgen um dich gemacht."

Milan nahm ihre Hand und küsste sie. „Es tut mir leid." Dann drehte er sich zum Präsidium um. „Komm. Wir bringen es hinter uns."

Zenis Blick fiel auf das beleuchtete Gebäude gegenüber. Sie zögerte. „Ich habe Angst."

„Du musst keine Angst haben", sagte Milan und drückte fest ihre Hand. „Jetzt sind wir zusammen."

Dann überquerten sie die Straße und betraten gemeinsam das prächtige Präsidium.

## Bei Themba Mbete

Milan schloss die Augen. Er drückte den Lauf seiner Halbautomatik gegen Thembas verschwitzte Stirn.

„Nein, Milan! Bitte nicht!“, rief Themba panisch. Er kniete vor dem weißen Jungen und zitterte am ganzen Körper. „Du machst einen Fehler.“

Milan blickte auf Themba hinab. Auf einmal war er nicht mehr der kultivierte, souveräne Mann, den Milan nur wenige Monate zuvor kennengelernt hatte. Ohne seinen Anzug, ohne seine blau getönte Brille, ohne seine Freunde um ihn herum sah er hilflos und armselig aus.

„Ich glaube nicht, dass ich einen Fehler mache“, zischte Milan wütend. Sein Finger zuckte am Abzug. Themba zog den Kopf zurück, doch Milan rückte mit dem Revolver nach. „Du hast meine Mutter getötet.“

Themba wollte etwas erwidern, aber die Waffe an seiner Stirn schnürte ihm die Kehle zu. Milan betrachtete sein unverständliches Gestammel als Geständnis.

Themba war der Mörder seiner Mutter.

Ohne den geringsten Zweifel.

„Warum? Warum hast du sie getötet?“, fragte Milan in einem bedrohlichen, ruhigen Ton. „Meine Mutter hat dir nie etwas getan. Sie hat Frau Kumalo Arbeit gegeben. Sie mochte Zeni. Sie ist ... sie war ein guter Mensch.“

Themba senkte den Blick. Er schluchzte leise.

„Warum warst du bei uns zu Hause?“, fragte Milan weiter. Er schüttelte verständnislos den Kopf. „Was hattest du dort zu suchen? Bist du eingebrochen? Wolltest du uns ausrauben? Ging es darum? Um Geld? Hast du gedacht, du könntest bei uns etwas holen? Am helllichten Tag? Warum? Bist du davon ausgegangen, dass niemand zu Hause war? Bist du deswegen tagsüber hingefahren?“

„Ich … ich war es nicht. Wirklich nicht“, wimmerte Themba atemlos. „Ich kann nichts dafür. Ich wollte es verhindern. Aber ich kam zu spät.“

Thembas Ausflüchte beeindruckten Milan nicht. Im Gegenteil, sie bestätigten nur seinen Verdacht. Er konnte die Schuld in Thembas Augen sehen. Er war in Milans Haus gewesen, wahrscheinlich zusammen mit seinen Freunden, vielleicht sogar allein. Er hatte das Haus ausrauben wollen. Und er war bewaffnet gewesen. Er oder seine Freunde. Auch wenn er den tödlichen Schuss nicht persönlich abgegeben hatte, war er schuldig. Themba war die Schlüsselfigur, die Verbindung. Nur *er* hatte den Tod von Milans Mutter zu verantworten. Er hatte Milans Familie zerstört.

Milan drückte den Lauf noch fester gegen Thembas Stirn. Jetzt spürte er, dass er es konnte. Abdrücken. Die Sache zu Ende bringen. Nicht wie vor vier Wochen, als er im District-Six-Museum Peter Kriel gegenübergestanden hatte. Damals konnte er es nicht. Ihm hatte etwas gefehlt. Die Wut vielleicht. Der Zorn. Es war so, wie Herr Stein gesagt hatte: Ohne die Wut zu spüren, kann man niemanden töten. Ohne persönlich betroffen zu sein. Aber jetzt ging es um Milans eigene Mutter. Nun brannte es in Milan und das Feuer stieg ihm bis in den Kopf.

Jetzt war er so weit. Jetzt konnte er töten.

„Du hast es verdient zu sterben“, knurrte er durch die zusammengebissenen Zähne und Themba riss die Augen panisch auf. Milan presste seinen Finger gegen den Abzug. Sein Herz raste. Es war nicht mehr so schwer, die kleine Bewegung zu Ende zu führen. Den Zeigefinger nach hinten zu ziehen. Ganz leicht. Diesmal würde er es schaffen. Diesmal würde es kein Zurück mehr geben.

Doch plötzlich erklang eine Stimme hinter ihm: „Milan! Hör bitte auf!“

Milan fuhr überrascht herum und richtete seine Waffe auf den unerwarteten Eindringling. Zeni stand im Türrahmen. Sie schaute Milan wie gelähmt an. Neben ihr kauerte Lefu, Thembas elfjähriger Sohn. Milan sah sein schmales engelhaftes Gesicht, seine dünnen Arme und übergroßen Klamotten. Er war ein Kind, unschuldig und vollkommen rein. Mit einem Mal wurde Milan von einem seltsamen Gefühl ergriffen: einer Mischung aus Scham und Entsetzen. Über die Ausweglosigkeit seiner Situation, über den kleinen Jungen vor ihm, über sich selbst. Das Gefühl zerrte an ihm und brachte ihn aus der Fassung.

Konnte er wirklich den Vater dieses unschuldigen Jungen umbringen?

„Lefu! Geh weg von hier!", rief Themba verzweifelt und richtete sich auf.

Milan drehte sich schwungvoll um und zielte wieder auf den Mann hinter ihm. „Du bleibst da!", zischte er angespannt.

Themba hielt inne und kniete sich wieder auf den Boden. Er hob besänftigend die Hände. „Milan, bitte. Nicht vor dem Jungen."

„Papa!", winselte Thembas Sohn. Mit angsterfüllten Augen starrte er die Schusswaffe in Milans Hand an.

„Es ist alles gut, Lefu", beruhigte ihn sein Vater. „Geh zu deiner Mutter. Ich komme gleich nach."

Der Junge machte den Mund auf, um zu widersprechen, aber Zeni drückte ihm sanft in den Rücken. „Geh ins Wohnzimmer, Lefu. Kümmere dich um deine Mutter. Du musst jetzt ganz stark sein. Wir kommen gleich. Alle zusammen. Dein Papa auch. Mach dir keine Sorgen. Danke, dass du mich geholt hast."

Lefu zögerte noch einen Augenblick, dann verließ er den Raum. Milan hörte, wie er zum Wohnzimmer lief und die Tür hinter sich zumachte. Die besorgte Stimme seiner Mutter war auch leise zu vernehmen. Ansonsten war es totenstill.

Zeni wandte sich wieder ihrem Freund zu. „Was machst du hier, Milan?“, fragte sie gefasst und rührte sich nicht von der Stelle.

Milan zeigte mit seiner Waffe auf Themba. „Frag doch ihn!“

Zeni machte einen Schritt in den Raum hinein. Sie bewegte sich langsam und vorsichtig. „Themba?“, sagte sie einfach.

Themba senkte den Kopf. „Es ist nicht seine Schuld“, murmelte er erschöpft. „Ich verstehe ihn. Ich verstehe ihn sogar sehr gut. Es ist furchtbar. Ganz furchtbar. Seine Mutter ist tot.“

Zeni blieb schlagartig stehen und hob die Hand zum Mund. „O mein Gott! Milan, stimmt das?“

Milan nickte. Die Schmerzen und die Wut stiegen wieder in ihm hoch. Er deutete auf Themba. „Er hat sie umgebracht.“

Milan sah, wie diese Aussage seiner Freundin die Gesichtszüge erstarren ließ. Themba schüttelte energisch den Kopf.

„Ich war es wirklich nicht“, protestierte er. „Ich schwöre es dir.“

Wie im Gerichtssaal hob Milan die Brille mit dem goldenen Rahmen hoch und zeigte sie Zeni.

„Ich habe die hier neben meiner Mutter gefunden. Sie gehört Themba“, sagte Milan ruhig und mit fester Stimme, als würde die Beweislage für sich sprechen. Themba machte den Mund auf, um Einspruch zu erheben, aber Milan redete unbeirrt weiter: „Ein Nachbar hat ihn draußen auf der Straße gesehen. Herr Reynolds. Er hatte die Schüsse gehört und die Polizei alarmiert. Er hat gesehen, wie Themba ins Auto gestiegen ist. Er sei ziemlich schnell abgehauen."

„Ich hatte Angst", flüsterte Themba. Seine Stimme bebte.

Milan lachte auf. Es war ein bitteres Lachen, voller Leid und Trostlosigkeit. „Klar hattest du Angst!", zischte er verächtlich. „Meine Mutter bestimmt auch."

„Bitte, Milan! Glaub mir! Ich war es nicht", flehte Themba.

„Wieso soll ich dir das glauben?"

„Weil es die Wahrheit ist."

Zeni ging noch einen Schritt auf Themba zu. „Themba, du musst uns alles sagen. Alles! Verstehst du? Bitte, sag uns, was passiert ist."

Themba kämpfte mit sich. „Ich wollte die Frau warnen", stammelte er. „Vor den Tsotsis."

„Du wolltest sie schützen?", wiederholte Zeni verständnisvoll.

Themba schluckte und setzte zaghaft seine Erklärung fort: „Ich habe Schulden. Hohe Schulden. Ich habe Geld investiert und alles verloren. Ich bin pleite. Ich stehe vor dem Ruin. Ich habe mir Geld von den Tsotsis geliehen. Sie waren die Einzigen, die mir helfen konnten. Jetzt wollen sie es zurück, aber ich habe nichts. Sie machen mich fertig, Zeni. Sie haben mich bedroht. Sie haben gesagt, sie würden Lefu umbringen."

Themba wandte sich wieder Milan zu.

„Die Tsotsis haben dich bei meiner Hochzeit gesehen. Sie wollten wissen, wer du bist. Und ich habe es ihnen gesagt. Ich habe ihnen erzählt, was sie wissen wollten. Sie haben mich dazu gezwungen. Ich musste die Sache klarmachen. Ich sollte herausfinden, wann das Haus leer ist, wann alle außer Haus sind. Es war *ihre* Idee, bei dir einzubrechen, nicht meine. Was hätte ich sonst tun sollen? Sie hätten meinen Sohn umgebracht, Milan. Das musst du doch verstehen?“

„Bist du mit ihnen hingegangen?“, fragte Zeni.

Themba senkte beschämt den Kopf. „Nein. Ich kam erst später“, antwortete er. „Sie waren schon weg, als ich ankam. Ich habe Milans Mutter gesehen. Sie war bereits tot.“

Tränen liefen über Thembas Wangen. Er schüttelte reuevoll den Kopf. „Es tut mir so leid, Milan. Es ist alles schiefgegangen. Deine Mutter hätte nicht zu Hause sein sollen. Sie hatte doch den ganzen Tag Außentermine. Deswegen sind die Tsotsis hingefahren. Ich habe bei ihrer Firma angerufen und mich als Kunde ausgegeben. Sie haben mir gesagt, was ich wissen wollte. Deine Mutter hätte den ganzen Tag unterwegs sein sollen.“

Milan sackte innerlich zusammen. Er senkte die Waffe. „Meine Mutter war heute krank“, murmelte er. Allmählich wurde ihm das volle Ausmaß dieses schrecklichen Zufalls bewusst: Wenn seine Mutter zur Arbeit gegangen wäre, würde sie jetzt noch leben.

„Ich weiß“, erklärte Themba. „Ich habe Zenis Mutter auf der Straße getroffen. Sie hat es mir erzählt. Aber da war es bereits zu spät. Die Tsotsis waren schon unterwegs. Ich habe versucht, sie einzuholen, aber ich habe es nicht geschafft. Es ist die Wahrheit, Milan, ich schwöre es.“

Themba zitterte noch immer, obwohl die Waffe nicht mehr auf ihn gerichtet war. Milan hörte sein Geständnis schweigend an. Er starrte vor sich hin. Sein Griff am Revolver lockerte sich. Etwas in Thembas Stimme sagte ihm, dass er die Wahrheit sprach.

„Ich bin abgehauen, weil ich Angst hatte“, erklärte er unter Tränen weiter. „Ich habe gedacht, wenn mich einer sieht, dann bin ich erledigt. Ein Typ aus der Township neben der Leiche einer weißen Frau – da stellt man keine Fragen mehr. Da bist du einfach schuldig. Es ist den Bullen egal, wen sie wegsperren. Hauptsache es kommt einer hinter Gitter. Noch ein Townshipbewohner weniger. Aber ich will nicht in den Knast. Ich habe Kinder, ich habe eine Frau. Ich muss für sie sorgen. Ich habe Panik bekommen und bin völlig ausgerastet. Es war alles meine Schuld. Die ganze Sache war meine Schuld. Ich hätte den Tsotsis nie etwas sagen sollen. Ich wollte doch nur meine Familie schützen!"

Themba brach zusammen und weinte bitterlich. Milan ließ sich auf den Stuhl neben dem Esstisch fallen. Auf einmal verschwand die Wut aus seinem Körper. Themba hatte seine Mutter nicht getötet, das wusste er jetzt. Jedoch war er kurz davor gewesen, den Cousin seiner Freundin umzubringen. Milan war zutiefst erschüttert.

„Ich bin heute beim Training länger geblieben", sagte er leise, als würde er die Kette der Ereignisse für sich gedanklich rekonstruieren. „Ich musste unsere Sachen zusammenpacken. Alles vorbereiten. Morgen fahren wir doch nach Durban. Zum Wettkampf. Die ganze Mannschaft. So wie Herr Stein das wollte." Er hielt kurz inne und schüttelte bestürzt den Kopf. „Es ist so seltsam. Ich habe Herrn Stein gestern im Gefängnis besucht. Zum ersten Mal. Er war so ruhig, so gelöst. Ganz anders als früher. Nicht mehr so hart. Sanfter irgendwie. Er hat sich bei mir bedankt. Er hat gesagt, er bereut, was er getan hat. Er sieht jetzt alles anders. Blut fordert nur noch mehr Blut, hat er gesagt. Irgendwann müssen wir damit aufhören. Einfach aufhören. Das hat er gesagt. Er meinte, es war gut, dass ich damals der Polizei Bescheid gesagt habe, dass er festgenommen wurde. Jetzt geht es ihm besser. Er ist jetzt in Behandlung. Er wird den Krebs wahrscheinlich besiegen."

Milan schaute zu Zeni hoch. Sein Blick suchte nach Verständnis. „Als ich nach Hause kam, stand die Haustür offen“, erzählte er. „So wie damals, als wir uns kennenlernten. Ja. Genauso wie damals.“ Er lachte kurz auf, doch sein Gesicht blieb finster. „Da waren Blutspuren vor der Haustür. Auf der Treppe, am Türgriff. Ich bin reingegangen. Meine Mutter lag neben dem Sofa. Flach auf dem Rücken. Es war schrecklich. Alles war voller Blut. Überall. Ihr Körper war noch warm. Sie fühlte sich an, als ob sie noch lebte. Aber sie atmete nicht mehr. Sie war tot.“

Milan machte die Augen zu und sah seine Mutter vor sich: Leblos lag sie auf dem Boden, unter ihrem Morgenmantel ergoss sich eine Blutlache über die weißen Fliesen. Trotz der klaffenden Schusswunde in ihrem Brustbein wirkte sie vollkommen friedlich. Jemand hatte ihr ein Kissen unten den Kopf gelegt, hatte ihr die Hände über dem Bauch gefaltet, den Morgenmantel zugebunden. Sie sah aus, als läge sie bereits im Sarg. Jemand hatte sie zurechtgelegt. Aber nicht die Mörder. Sondern Themba. Jetzt erst verstand Milan.

Minutenlang hatte er seine Mutter in seinen Armen gewiegt. Er hatte geweint, bis seine Tränen ihr ins Gesicht tropften. Er küsste ihre nassen Wangen und streichelte ihr blutverschmiertes Haar. Erst viel später sah er die Brille, die unter das Sofa gerutscht war. Die Brille von Themba Mbete. Er hatte keine Sekunde nachgedacht.

Milan holte tief Luft. Die Erinnerung war nur schwer zu ertragen. Mit seiner rechten Hand hob er die Waffe und legte sie auf den Esstisch neben sich. Der Revolver machte ein dumpfes Geräusch, als Milan ihn losließ.

„Der hier lag neben meiner Mutter“, sagte er zur Erklärung. „Der Revolver gehört meinem Vater. Meine Mutter hat wohl auf die Einbrecher geschossen. Und getroffen.

Deswegen waren Blutspuren vor der Haustür. Dafür hat sie mit ihrem Leben bezahlt."

Die ganze Zeit schaute Zeni ihn mit angehaltenem Atem an. Themba hörte auf zu weinen. Auch er betrachtete Milan wie gebannt.

„Draußen habe ich die Polizei gehört. Ich habe die Waffe an mich genommen. Sie versteckt. Die Polizei hat mich befragt, aber ich konnte nichts sagen. Ich habe die Aussage von Herrn Reynolds, unserem Nachbar, mitgehört. Seine Beschreibung traf genau auf Themba zu. Er erwähnte auch das Auto. Ich habe gewartet, bis die Polizei mit mir fertig war. Sie wollten mich mitnehmen. Wegen psychologischer Betreuung. Ich habe ihnen gesagt, dass ich zu Alexander gehen wollte. Zu meinem Freund. Dann bin ich abgehauen und hierhergekommen. Ich wollte ... ich wollte doch nur ..."

Milan brach ab. Mit den Fingerspitzen drehte er Thembas Brille in der Hand und starrte sie ausdruckslos an. Dann legte er sie neben die Waffe.

„Ich hätte es diesmal geschafft, Zeni", sagte er überzeugt und erschüttert zugleich. Er schaute seiner Freundin tief in die Augen. „Ich hätte diesmal abdrücken können."

Für einen Augenblick herrschte absolute Stille. Keiner bewegte sich. Milan ließ Zeni nicht aus den Augen. Sein Blick forderte sie heraus. Sie könnte ihm jetzt den Rücken kehren. Sie könnte sich einfach umdrehen und gehen. Sie wusste jetzt, wozu Milan fähig war. Sie musste sich keine Sorgen mehr um ihren Cousin machen. Milan würde ihm nichts mehr antun. Es wurde schon genug Blut vergossen. Sie konnte einfach den Raum verlassen und gehen. Ganz allein.

Aber Zeni ging nicht. Sie blieb noch einen Moment lang stehen, dann machte sie einen Schritt auf Milan zu.

Sie ging vor ihm in die Hocke und legte ihre Hände sanft auf seine Knie.

„Ich liebe dich, Milan", sagte sie leise. „Komm. Lass uns gehen. Meine Mutter hat etwas gekocht. Wir essen zusammen. Du musst zur Ruhe kommen. Du musst schlafen. Themba geht zur Polizei. Er wird gegen die Tsotsis aussagen. Er wird das Richtige tun. Du kannst heute bei uns bleiben. Morgen fahren wir zu dir nach Hause. Wenn dein Vater zurückkommt, müssen wir für ihn da sein. Wir beide zusammen."

Sie nahm Milan bei den Händen und stand wieder auf. Milan zögerte noch. Er suchte Thembas Blick.

Zenis Cousin schlug die Augen nieder, dann nickte er fast unmerklich. Die kleine Bewegung genügte Milan. Themba würde zur Polizei gehen. Er würde die Sache regeln. Die Mörder von Milans Mutter würden hinter Gitter wandern und ihre gerechte Strafe bekommen. Themba würde dafür sorgen.

Für einen kurzen Augenblick betrachtete Milan Zenis schmale Hände, die sich vorsichtig von den seinen lösten. Schweigend ging sie zur Tür, drehte sich um und streckte Milan ihre linke Hand entgegen.

Er stand auf. Beim Anblick des Revolvers auf dem Tisch verharrte er kurz. Wieder stieg das Gefühl der Scham in ihm auf. Er ließ die Waffe liegen und folgte seiner Freundin.

Hand in Hand verließen sie das Haus und gingen die Paradise Road entlang.

# Materialien

# Glossar

Der **African National Congress (ANC)** wurde 1912 gegründet, um Bürgerrechte für Nichtweiße in Südafrika zu fordern. 1960 wurde der ANC von der Apartheidregierung verboten. Bis zu diesem Zeitpunkt hatte die Organisation eine Politik der Gewaltlosigkeit praktiziert. Ein Jahr nach dem Verbot gründete der ANC jedoch einen militärischen Arm namens Umkhonto We Sizwe. 1990 – nach jahrzehntelangem Konflikt – wurde das Parteiverbot wieder aufgehoben. Anschließend nahmen die Führer des ANC an Verhandlungen mit den weißen Politikern der Nationalen Partei teil, die 1994 zu den ersten demokratischen Wahlen führten. Heute hat der ANC die Mehrheit im Parlament inne und stellt die Regierung der Republik Südafrika.

**Black Consciousness** („Schwarzes Bewusstsein") war eine Bewegung, die von **Steve Biko** begründet wurde. Ziel dieser Organisation war das Wiedererwachen des schwarzen Selbstbewusstseins. In Südafrika eiferten jahrelang die Schwarzen den Weißen nach. Mit der Black-Consciousness-Bewegung besannen sich die Schwarzen wieder auf ihre eigenen Werte. Steve Biko wurde 1977 von Polizisten ermordet.

**Buren** sind die Nachkommen der seit 1652 ins heutige Südafrika und Namibia eingewanderten niederländischen und deutschen Siedler. Sie sind heute ein großer Teil der weißen Minderheit, die ihre Sitten und besonders ihre Sprache Afrikaans bewahrt haben.

**District Six** war ein multikultureller innerstädtischer Bezirk von Kapstadt. 1966 wurde das Viertel von der Apartheidregierung für „weiß“ erklärt und abgerissen. Die Bevölkerung – etwa 60.000 Menschen – wurde in abgelegene Townships umgesiedelt.

**Homelands** oder **Bantustan** waren Reservate ausschließlich für Schwarze. Mit diesen Siedlungen wollte das Apartheidregime seine Politik der „separaten Entwicklung“ auch territorial durchsetzen. Obwohl die Homelands nur 13 Prozent des Staatsgebietes bildeten, lebten zwei Drittel der schwarzen Bevölkerung dort. Insgesamt wurden 3,5 Millionen Afrikaner dorthin zwangsumgesiedelt.

Die **Nationale Partei (NP)** war von 1948 bis 1994 die regierende Partei in Südafrika. Sie war verantwortlich für die Einführung der Apartheid. 1994 verlor die Partei jedoch ihre Macht an den ANC.

**Nelson Mandela** war einer der führenden Anti-Apartheid-Kämpfer Südafrikas und der erste schwarze Präsident des Landes (1994–1999). Er verbrachte 27 Jahre als politischer Gefangener in Haft, u.a. auf Robben Island in der Nähe von Kapstadt.

**Rassentrennung** diente der Macht der Weißen. Unter der Apartheid wurde die südafrikanische Bevölkerung in vier Rassekategorien aufgeteilt: Weiße, Schwarze, Farbige und Asiaten. **Farbige (Coloured)** waren Menschen, die sowohl schwarze als auch weiße Vorfahren hatten. 1990 bildeten die Farbigen ungefähr acht Prozent der gesamten südafrikanischen Bevölkerung und wohnten meist in der Gegend von Kapstadt. Während der Apartheid gab es sogar Fälle, bei denen Geschwister unterschiedlichen Rassekategorien zugeordnet wurden.

**Townships** sind Wohngegenden, die während der Apartheid ursprünglich für die schwarze und farbige Bevölkerung eingerichtet wurden. Auch heute noch sind sie so groß wie ganze Städte. Khayelitsha in Kapstadt ist die drittgrößte Township Südafrikas mit ca. 1,5 Millionen Einwohnern.

**Umkhonto We Sizwe** („Speer der Nation") war der bewaffnete Flügel des ANC. Nelson Mandela leitete die Organisation, bis er ins Gefängnis kam. Umkhonto We Sizwe führte vor allem Sabotageaktionen gegen das Apartheidregime durch.

Die **Wahrheits- und Versöhnungskommission** („Truth and Reconciliation Commission") wurde 1995 eingerichtet. Opfer und Täter von politisch motivierten Verbrechen, die während der Apartheid begangen wurden, sagten vor der Kommission aus. Das Ziel war die Versöhnung der zerstrittenen Bevölkerungsgruppen. Den Angeklagten wurde Straferlass zugesagt, wenn sie ihre Taten gestanden, den Opfern wurde finanzielle Hilfe versprochen. Nur drei Jahre später präsentierte die Wahrheits- und Versöhnungskommission ihren Abschlussbericht.

Die **Xhosa** zählen zu einem der einheimischen Völker Südafrikas. Ihre Sprache, isiXhosa, ist vor allem wegen der auffälligen Schnalzlaute bekannt. IsiXhosa wird von etwa neun Millionen Menschen gesprochen und ist nach Zulu die zweithäufigste Muttersprache in Südafrika.

## Interview mit dem Autor David Fermer

*Aus Ihrer Biografie geht hervor, dass Sie in London und Berlin studiert und in Peru als Lehrer gearbeitet haben. Sind Sie für die Recherchen Ihres Buches in Südafrika, in Kapstadt gewesen?*

Das Buch entstand über längere Zeit, in welcher ich mehrmals in Kapstadt und Umgebung war. Mein erster Besuch in Südafrika war ein regelrechter Kulturschock für mich. Die Apartheid war damals schon längst vorbei, dennoch waren deren Spuren deutlich auf den Straßen von Kapstadt zu sehen. Ich besuchte in Kapstadt einen Freund. Als wir zum Beispiel abends essen gingen, saßen wir meistens neben anderen Weißen im Restaurant und wurden von Schwarzen bedient. An der Tankstelle gab es nie weiße Mitarbeiter, sondern nur Schwarze. Ich habe mich oft geschämt und fühlte mich sehr unwohl. Ich suchte nach einem weißen Straßenreiniger, aber ich sah keinen. Wenn man durch die Windschutzscheiben der Autos schaute, sah man meistens weiße Gesichter. Diese für mich sehr präsente Trennung, die damals durch Geld und nicht durch Gesetze aufrechterhalten wurde, war wirklich ein Schock.

Ich habe mich dann mit der Geschichte der Apartheid beschäftigt, las viele Bücher darüber und war entsetzt über die Ungerechtigkeit des weißen Regimes. Wenn man Robben Island besucht, die kleine Insel in der Nähe von Kapstadt, wo Nelson Mandela und Hunderte von anderen politischen Gefangenen jahrzehntelang inhaftiert worden waren, kann man nur Wut empfinden. Als weißer Europäer – und in meinem Fall besonders als Brite – kann man durchaus auch Scham empfinden. In dieser Zeit kam mir die Idee für die Geschichte.

*Gab es Menschen, die Sie dort mit dem Leben der Weißen und der Schwarzen vertraut machen konnten?*

Zusammen mit meiner Frau habe ich einige Filme über südafrikanische Jugendliche fürs deutsche Fernsehen gemacht, u.a. über einen weißen Jungen, einen „coloured" Jungen und ein schwarzes Mädchen aus der Township, alle drei um die fünfzehn Jahre alt, alle drei aus unterschiedlichen Verhältnissen. Diese drei Jugendlichen gewährten uns einen intimen Einblick in ihr Leben.

Für mich war die Lebenssituation des Mädchens aus der Township besonders rührend, weil sie in einer kleinen Hütte lebte, weit weg vom Stadtzentrum, wie aussortiert. Ihre Familie war sehr arm. Wie die weibliche Figur aus meinem Roman wurde sie nach der Apartheid geboren, musste aber weiterhin mit den Konsequenzen des jahrzehntelangen Missbrauchs und der Ausbeutung leben. Natürlich gab es auch Lichtblicke der Hoffnung in ihrem Leben: Ihre ältere Schwester konnte studieren, was unter der Apartheid kaum möglich gewesen wäre, sie selbst ging zur Schule. Trotzdem war sie – im Vergleich zu den zwei anderen Jugendlichen – stark benachteiligt durch ihre Herkunft.

*Ist die Lebenssituation der Protagonisten des Romans exemplarisch für das Leben in Kapstadt, in Südafrika?*

Das ist eine schwierige Frage, aber ich befürchte, zum größten Teil ja. Dennoch sagen viele Leute, dass Kapstadt anders ist als das restliche Südafrika. Dort ist die Aufteilung der Rassen noch sichtbarer, weil die Menschen überwiegend noch in den Gebieten wohnen, denen sie damals zugeordnet wurden. Das kennzeichnet die Gesellschaft stark. Kapstadt ist auch die „europäischste“ Stadt Südafrikas. Dort waren die Schwarzen seit der Kolonialzeit eine Minderheit, im Gegensatz zum restlichen Land. In Kapstadt wohnt nach wie vor die größte „Coloured“-Bevölkerung des Staates. Insofern ist Kapstadt nicht ganz typisch für Südafrika. Dennoch siedelte ich meinen Roman dort an, weil ich den Ort kannte und weil ich immer den Bezug nach Deutschland suchte. Kapstadt hatte auch die größte deutsche Bevölkerung Südafrikas. Ich rede von deutschen Auswanderern, die vor und während der Apartheid dort ein neues Leben aufgebaut hatten. Es gibt nicht nur eine deutsche Schule in Kapstadt, sondern auch eine deutsche Bäckerei und eine deutsche Kirche. Natürlich gibt es im heutigen Südafrika auch arme Weiße und reiche Schwarze. Ich habe auch in einem Obdachlosenheim gedreht, wo einige weiße Familien lebten. Dennoch gleicht die heutige Verteilung des Vermögens und vor allem der landwirtschaftlichen Flächen zum größten Teil denen während der Apartheid.

*Wie realitätsnah sind die handelnden Romanfiguren, insbesondere Herr Stein?*

Wenn man heutzutage einen jungen Menschen aus Deutschland fragen würde, ob er oder sie sich vorstellen könnte, die verschiedenen Rassen in einem Land geografisch aufzuteilen, damit die Minderheit die Macht, die Industrie und das Land fest im Griff hielte, würde mir der Gefragte sicherlich einen Vogel zeigen. Aus der heutigen Sicht ist die Apartheid vollkommen realitätsfern. Sie übersteigt unsere Vorstellungskraft. Insofern ist Herr Stein eine radikale Figur, die aus einer sehr radikalen Situation entstand. Es gibt tatsächlich eine deutsche Schule in Kapstadt, insofern könnte es auch einen Herr Stein geben. Als ich dort zum ersten Mal aus „Justice“ las, wollten alle Schüler nur eins wissen: ob die Figur des Herrn Stein auf ihrem eigenen Geschichtslehrer basiere. Die Antwort war natürlich Nein, aber die Frage war schmeichelhaft, denn sie lehnten diese erfundene Figur nicht ab. Die Apartheid war so eine extreme Situation, dass man als Außenstehender nicht wirklich wissen kann, wozu Leute während dieser Zeit und als Konsequenz daraus fähig waren. Das Gleiche gilt für die Zeit in Nazi-Deutschland. „Justice“ spielt natürlich nach der Apartheid, dennoch sind viele Gefühle aus der Zeit noch präsent. Selbstverständlich wollen die Menschen in Südafrika heute nach vorne gucken, aber ich habe mich oft gefragt: Was machen sie mit ihrer Wut?

*Was hat Sie bewogen, dieses Buch zu schreiben?*

Wie viele andere Europäer meiner Generation habe ich immer von der Apartheid gewusst, auch in meiner Jugend, als sie Südafrika noch beherrschte. Aber ich glaube nicht, dass ich sie damals wirklich verstanden habe – zumindest nicht, was dieses schreckliche System im Alltag von Millionen Menschen angerichtet hat. Die Apartheid existierte von 1948 bis 1994, davor war der Kolonialismus. Wir reden von Jahrhunderten Unterdrückung. Ich bin Brite. Mein Land hat eine Menge zu verantworten auf der Welt, auch in Südafrika. Die Briten haben viel Mist angerichtet. Mit ihren Kolonialgedanken waren sie die Vorreiter der Apartheid, einer der brutalsten Menschenrechtsverletzungen des 20. Jahrhunderts. Ich wollte die Erinnerung an diese Epoche festhalten.

*Haben Sie sich mit Xhosa, der Sprache der Schwarzen, vertraut machen müssen?*

In Südafrika gibt es elf Amtssprachen. Wenn man die Daily Soaps dort guckt, ist es faszinierend, wie die Figuren nach Bedarf die Sprache wechseln. Dabei gibt es immer englische Untertitel. Das ist auf jeden Fall eine sehr schöne Seite an Südafrikas Multikulturalismus. Aber, ehrlich gesagt habe ich mich nicht viel mit Xhosa beschäftigt, obwohl es die zweithäufigste Muttersprache Südafrikas ist. Ich kann nicht mal den schönen Schnalzlaut hinkriegen, der für die Aussprache nötig ist.

*Welche Botschaft sollen die jugendlichen Leserinnen und Leser durch „Justice" erhalten?*

Ich schreibe nie, um Botschaften zu vermitteln, sondern lediglich, um eine gute Geschichte zu erzählen. Beim Schreiben von „Justice" war mir wichtig, dass junge Leser in Deutschland mehr über Apartheid-Südafrika erfahren, ohne einen historischen Roman zu lesen. Insofern ist das Ziel des Buches, dem Leser diese düstere Phase der nicht allzu weit entfernten Weltgeschichte näherzubringen. Mit „Justice" will ich natürlich nicht sagen, dass Selbstjustiz berechtigt ist, aber die Wut, die dahintersteckt, ist durchaus verständlich.

*Wie bewerten Sie das Ereignis der Fußballweltmeisterschaft 2010 in Südafrika aus der Sicht der Schwarzen?*

Das kann ich nicht beurteilen, weil ich seit der Fußballweltmeisterschaft nicht mehr in Südafrika gewesen bin. Ich vermute, dass eine Menge Geld ins Land geflossen ist, was im Prinzip gut ist. Dennoch befürchte ich, dass es die Armen nicht erreicht hat. Das ist schon ein trauriger Aspekt der modernen südafrikanischen Geschichte: dass allzu oft die Menschen, die jetzt an der Macht sind, sich von ihrer Macht korrumpieren ließen. Manche ANC-Politiker führen ein Luxusleben, das sich nicht einmal die größten Nutznießer des Apartheidsystems getraut hätten. Das ist bitter.

## ARBEITSANREGUNGEN

- Welche Spuren der Apartheid findet der Autor David Fermer bei seinem Besuch in Kapstadt?
- Welche Orte in Kapstadt weisen darauf hin, dass es dort deutsche Einwanderer gibt? Welche Vorteile und welche Nachteile könnte dies für das Zusammenleben der Menschen in der Stadt haben?
- Welche Antwort kannst du dem Autor auf seine Frage geben: „Was machen sie (die Schwarzen und Farbigen) mit ihrer Wut?"
- Warum will der Autor mit seinem Buch an die Zeit der Apartheid erinnern?
- Welche Befürchtung hat der Autor in Bezug auf das Geld, das für die Fußballweltmeisterschaft 2010 ins Land geflossen ist?

## Kapstadt – ein Spiegelbild Südafrikas

Südafrika – und eben auch Kapstadt – ist geprägt von starken Gegensätzen; die unterschiedlichsten Lebensformen und -umstände prallen dort aufeinander. In kaum einem anderen Land der Welt ist beispielsweise die Schere zwischen Arm und Reich so groß wie in Südafrika. Buren mit Wohlstandsbäuchen und Yuppies mit Jaguar leben neben einer bitterarmen, meist schwarzen Bevölkerungsschicht. Das Land befindet sich außerdem im Spagat zwischen Moderne und Tradition: Man datet sich per Internet und doch zahlt der Bräutigam den Brautpreis, oft in Form von Kühen. Man checkt seine E-Mails per iPhone und geht anschließend zum Medizinmann oder zum Heiler.

Frühmorgens rauschen in Kapstadt Heerscharen von Managern, Ärzten und Anwälten auf teuren Rennrädern in die Küstenberge hinauf, um zwei Stunden später mit dem Geländewagen zur Arbeit zu fahren. Sonntags trifft man sich in den botanischen Gärten zum Picknick mit Käse und Wein. Gepflegte Strände laden zum Verweilen ein, Restaurants, Theater und Weingüter zum Besuch, Einkaufscenter zum Shoppen. Die Weißen und Farbigen der Mittel- und Oberschicht wohnen in Häusern mit hohen

Mauern, Alarmanlagen und Pool im Garten. Private Sicherheitsdienste patroullieren hier Tag und Nacht.

Nur wenige Kilometer entfernt, in den Townships, breitet sich das Elend der Schwarzen aus. Ein Meer aus Blechhütten, von denen nicht alle Strom und fließendes Wasser haben. Man kocht auf tragbaren Kochplatten und über dem Feuer. Betten sind Luxus, geschlafen wird auf Matratzen. Als Tapete dient Zeitungspapier. Die Bewohner verlassen die Townships allenfalls zum Arbeiten als Haushaltshilfe, Gärtner oder Kellner in vollgepferchten Minibus-Taxis, welche sie in die besseren Viertel bringen. Die Hälfte der Menschen ist arbeitslos. Township ist aber nicht immer gleichbedeutend mit Wellblechhütten. Es gibt auch Viertel, in denen kleine gepflegte Bungalows stehen mit Mittelklassewagen vor der Tür. Dort gibt es Kindergärten, Schulen, Universitäten und Krankenhäuser. Allerdings ist es noch nicht gelungen, die Kriminalität der rivalisierenden Gangs in den Townships einzudämmen. Drogenhandel, Vergewaltigungen, Raub und Diebstahl sowie Morde sind an der Tagesordnung. Die Arbeitslosigkeit, die gesellschaftliche Stellung des Mannes und die Apartheid sind Gründe dafür. Zudem ist die Gefahr, sich dort mit HIV zu infizieren, außerordentlich hoch. Als weißer Tourist sollte man sich niemals allein in diesen Gegenden bewegen.

# Südafrika – eine Regenbogennation

Der Kapstadter anglikanische Erzbischof Desmond Tutu bezeichnet die südafrikanische Bevölkerung als „the rainbow people of god“ (Gottes Regenbogenmenschen).

## Am Ende des Regenbogens

Am Ende des Regenbogens
wird ein Ort sein, Bruder,
wo die Welt jederart Lied wird singen können,
wo wir zusammen singen werden, Bruder,
denn wir wissen die Weise nicht
und diese Weise ist schwer zu lernen.
Doch können wir lernen, Bruder, du und ich.
Es gibt keine Weise, die eine schwarze wäre.
Es gibt keine Weise, die eine weiße wäre.
Es gibt nur eine Musik, Bruder,
und es ist die Musik, die wir singen werden
am Ende des Regenbogens.

### ARBEITSANREGUNGEN

- Was meint Desmond Tutu damit, wenn er die Südafrikaner als Regenbogennation bezeichnet?
- Welche große Hoffnung haben die Menschen, die dieses Lied gemeinsam singen?

## Textquellen

*Seite 247–251:* Interview mit dem Autor David Fermer (Originaltext).

*Seite 253–254:* Kapstadt – ein Spiegelbild Südafrikas (Originaltext).

*Seite 255:* Am Ende des Regenbogens. Aus: BA MONIMAMBU. Lieder verbinden Völker. Aachen: Missio aktuell 1980.

## Bildquellen

*Seite 247:* © Thienemann Verlag.
*Seite 253:* © Panther Media GmbH.
*Seite 254:* © alamy images.
*Seite 255:* © Picture Alliance.